Robert B. Miller/ Stephen E. Heiman

mit Tad Tuleja

Konzeptorientiertes Verkaufen

W0059600

Robert B. Miller/ Stephen E. Heiman
mit Tad Tuleja

Konzeptorientiertes Verkaufen

2., durchgesehene Auflage

Ins Deutsche übertragen von Günther H. Wagner

verlag
moderne industrie

Die Deutsche Bibliothek – CIP-Einheitsaufnahme

Miller, Robert.:
Konzeptorientiertes Verkaufen / Robert B. Miller ; Stephen E.
Heiman. Mit Tad Tuleja. Ins Dt. übertr. von Günther H.
Wagner. – 2. Aufl. – Landsberg/Lech : Verl. Moderne Industrie,
1992
  Einheitssacht.: Conceptual selling ‹dt.›
  ISBN 3-478-21212-X
NE: Heiman, Stephen E.:

Die Originalausgabe ist unter dem Titel „Conceptual Selling" erschienen.

2., durchgesehene Auflage 1992

© 1987 by Miller-Heiman, Inc.

© 1991 verlag moderne industrie AG & Co., Buchverlag, D-8910 Landsberg/Lech
Alle Rechte, insbesondere das Recht der Vervielfältigung und Verbreitung sowie der Übersetzung, vorbe-
halten. Kein Teil des Werkes darf in irgendeiner Form (durch Fotokopie, Mikrofilm oder ein anderes Ver-
fahren) ohne schriftliche Genehmigung des Verlages reproduziert oder unter Verwendung elektronischer
Systeme gespeichert, verarbeitet, vervielfältigt oder verbreitet werden.
Umschlaggestaltung: Hendrik van Gemert, 8915 Fuchstal-Leeder
Satz: GHW Unternehmensberatung GmbH, 8500 Nürnberg
Druck: Hofmann Druck, 8900 Augsburg
Bindearbeiten: Thomas Buchbinderei, 8900 Augsburg
Printed in Germany: 2 10 21/29 22 52
ISBN 3-478-21212-X

Inhaltsverzeichnis

Abbildungsverzeichnis 11

Vorwort 13

"Ich zickte, wenn ich hätte zacken sollen" 15

Teil 1
Die Grundprinzipien konzeptorientierten Verkaufens

1 Warum Menschen wirklich kaufen 31

Die offensichtlichste Tatsache der Welt 34
Die Mythen des Verkaufens 37
Korrektur der Mythen: die Konzentration
auf den Entscheidungsprozeß 42
Taktische Planung: die drei Phasen des
Verkaufsgespräches 44

2 Jenseits allen Produkt-Weihrauchs 47

Niemand kauft ein Produkt um seiner selbst willen 49
Keine Annahmen 51
Das Konzept identifizieren 52
Drei Schlüssel zu den Resultaten 54
"Kundenorientiertes" Verkaufen 57
Ihre zwei wesentlichen Aufgaben 59
Der häufigste Fehler des Verkäufers 62
Weitere Vorteile 64
Das Konzept des Kunden "weiterentwickeln" 67

Teil 2
Die drei Phasen des Verkaufsgespräches

3   Phase 1: Informationen beschaffen 71

Das 80-Prozent-Syndrom 73
Warum reden Verkäufer so viel? 76
Der Fragenprozeß 78
Drei Leitlinien zum Entwickeln von Fragen 80

4   Der Fragenprozeß 83

Bestätigungsfragen 85
Informationsfragen 90
Meinungsfragen 94
Commitmentfragen 99
Leitlinien zur Fragensequenz 104

**5   Konstruktiver Austausch von
      Informationen** 107

Der Fragenschock 109
Goldenes Schweigen 112
Der Nutzen des Goldenen Schweigens 116
"Techniken", die vermieden werden sollten:
gefährliche verbale Signale 118

6   Phase 2: Informationen geben 123

Warum es wichtig ist zu differenzieren 125
Einmalige Stärken 128

7   Phase 3: Commitment erreichen 133

Commitment erreichen: die Schlüsselideen 134
Wachsendes Commitment 136
Wann Sie kein Commitment erhalten können 138
Definition des Begriffes "Fundamentale Probleme" 140

Symptome Fundamentaler Probleme 143
Fragen zu Fundamentalen Problemen 145
Der "schiefgegangene" Verkauf oder die
"Enttäuschung des Kunden"............................. 148
Commitmentsignale 150

Teil 3
Die Straße der
Jeder-gewinnt-Philosophie

**8   Ihr wichtigstes Ziel: Ich gewinne/
      Du gewinnst** 155

Die Ich gewinne/Du gewinnst-Matrix 157
Warum Ich gewinne/Du gewinnst so attraktiv ist 159
Ich gewinne/Du verlierst: der "Gegenschlag"-
Quadrant... 160
Ich verliere/Du gewinnst: seinen Laden
verschenken 164
Wann sich ein Glücksspiel lohnt 168
Ich verliere/Du verlierst: der "magnetische"
Quadrant... 170
Probleme, im Ich gewinne/Du gewinnst-
Quadranten zu bleiben 172
Grundlagen der Jeder-gewinnt-Philosophie 176

**9   Der Weg zu Ich gewinne/Du ge-
      winnst: Joint-Venture-Verkauf** 177

Die drei Arten des Denkens 178
Erkennendes Denken 180
Entgegengesetztes Denken............................... 182
Übereinstimmendes Denken 184
Zeitaufwand und Reihenfolge 185
Verkehrt herum verkaufen 187
"Einscitig" gegen "Joint Venture" 190
Es sich selbst leicht machen 192
Joint Venture und der Denkprozeß........................ 194
"Beiträge", "Aneignung" und Commitment
des Kunden 197

7

**10 Aufgaben und Methoden mitein-
ander verbinden: die Matrix der
Verkaufsgespräch-Ansätze** 199

Quadrant 1: Konzept/Joint Venture 201
Quadrant 2: Produkt/Joint Venture 202
Quadrant 3: Konzept/Einseitig 203
Quadrant 4: Produkt/Einseitig 205
Die Falle "Vierter Quadrant" 207

Teil 4
Der Start:
drei Vorbedingungen des Verkaufsgespräches

11 Glaubwürdigkeit 213

Die Bedeutung der Glaubwürdigkeit 214
Elemente der Glaubwürdigkeit 216
Woran läßt sich vorhandene oder fehlende
Glaubwürdigkeit erkennen? 219
Glaubwürdigkeit "erlangen" 222
Leitlinien, wie man sich Glaubwürdigkeit
verdienen kann 225
Glaubwürdigkeit und Zeitplanung 229
Wann Terminvereinbarungen bestätigt
werden sollten 233

**12 Überzeugende Gesprächs-
begründung** 235

Überzeugende Gesprächsbegründung:
die Schlüsselgedanken 236
Die Kriterien einer Überzeugenden
Gesprächsbegründung 240
Keine "Kalt-Akquise" 243
Erwartungen in das Gespräch setzen 244
Den Zweck der Besprechung verifizieren 247
Der Umgang mit "Überraschungsgästen" 248
Drei persönliche Probleme -
und unsere Antworten auf sie 249
Der langfristige Rücklauf 252

13 Das Ziel Ihres Verkaufsgespräches 253

Das traditionelle "Ziel" 254
Noch einmal: Commitment 257
Optimale Kundenaktion 258
Noch akzeptable Kundenaktion 262
Was tun, wenn Sie das Minimum
nicht erreichen? 264
Die Anforderungen steigern 268

Teil 5
Die Stunde Null

14 Üben 271

Der Gesprächs-Leitfaden 273
Eine Probe "ohne Risiko" 278
Feedback zur Generalprobe 280
Das Verkaufsgespräch, das nicht "geprobt"
werden kann 282
Wie oft soll geprobt werden? 284

**15 Beurteilung des
Verkaufsgespräches** 287

Prozeß eins: Rückblick 289
Prozeß zwei: Sortieren 294
Prozeß drei: "Vorwärtsschreiten" 297

Schluß: Verkaufen nach dem Abschluß 299

Miller Heiman, Inc. 303

Stichwortregister 307

Abbildungsverzeichnis

Abb. 1: Die Gleichung für den Verkaufserfolg 33

Abb. 2: Die drei Phasen des Verkaufsgespräches 44

Abb. 3: Das Konzept des Kunden verstehen 59

Abb. 4: Die Verknüpfung des Produktes mit dem Kunden-
Konzept 60

Abb. 5: Das "80-Prozent-Syndrom" des Verkaufsgespräches 74

Abb. 6: Zweck und Einsatz von Bestätigungsfragen 86

Abb. 7: Schlüsselworte in Bestätigungsfragen 89

Abb. 8: Zweck und Einsatz von Informationsfragen 90

Abb. 9: Schlüsselworte in Informationsfragen 92

Abb.10: Zweck und Einsatz von Meinungsfragen 95

Abb.11: Schlüsselworte in Meinungsfragen 97

Abb.12: Zweck und Einsatz von Commitmentfragen 101

Abb.13: Schlüsselworte in Commitmentfragen 102

Abb.14: Merkmale einer optimalen Kommunikation 107

Abb.15: Die Sequenz der Sprech- und Denkpausen 112

Abb.16: Bereiche möglicher Einmaliger Stärken 130

Abb.17: Mögliche Fundamentale Probleme der Kaufbeeinflusser 141

Abb.18: Symptome Fundamentaler Probleme 143

Abb.19: Zweck und Einsatz von Fragen zu Fundamentalen Problemen 145

Abb.20: Schlüsselworte in Fragen zu Fundamentalen
Problemen 146

Abb.21: Bereiche möglicher Fragen zur Implementierung 151

Abb.22: Die Ich gewinne/Du gewinnst-Matrix 158

Abb.23: Das "Hundebein" der Ich gewinne/Du gewinnst-Matrix 166

Abb.24: Die natürliche Sequenz des Entscheidungsprozesses 178

Abb.25: Der "traditionelle" Ablauf des Verkaufsvorganges 187

Abb.26: Die alternativen Ansätze des Verkaufsgespräches 195

Abb.27: Die Matrix der Verkaufsgespräch-Ansätze 200

Abb.28: Signale vorhandener Glaubwürdigkeit 219

Abb.29: Signale fehlender Glaubwürdigkeit 220

Abb.30: Die Wege zur Glaubwürdigkeit 222

Abb.31: Wie man sich Glaubwürdigkeit verdient 228

Abb.32: Der Zweck einer Überzeugenden Gesprächs-
         begründung 238

Abb.33: Die Kriterien einer Überzeugenden Gesprächs-
         begründung 242

Abb.34: Grundlagen der Terminvereinbarung 246

Abb.35: Alternative Kundenaktionen und die Kriterien
         ihrer Beurteilung 263

Vorwort

Konzeptorientiertes Verkaufen legt den Schwerpunkt genau da hin, wo er hingehört: auf den Kunden. Jedes einzelne Element im *Konzeptorientierten Verkaufen* erinnert uns ständig daran, daß wir definitiv nur dann gewinnen können, wenn unsere Kunden gewinnen.

Wir haben lange gebraucht, bis wir erkannten, daß der sicherste Weg, zum Verlierer zu werden, der ist, sich mehr auf den Wettbewerb als auf den Kunden zu konzentrieren. *Konzeptorientiertes Verkaufen* ist ein praktischer Leitfaden zu dem Ziel, den Kunden immer an die erste Stelle zu setzen.

Anders als die üblichen Verkaufstrainings liefert *Konzeptorientiertes Verkaufen* keine Tricks, mit deren Hilfe Verkaufsvorgänge abgeschlossen werden sollen; es ist viel mehr ein Prozeß ohne manipulativen Charakter, der eigentlich von selbst zum Abschlußerfolg führt und darüber hinaus langfristig erfolgreiche Geschäftsbeziehungen zwischen Käufer und Verkäufer fördert.

Einer der besonderen Reize des *Konzeptorientierten Verkaufens* ist die Tatsache, daß seine Prinzipien keinen kulturellen Grenzen unterworfen sind. Wir von Coca-Cola, einem weltweit tätigen Unternehmen, das seine Produkte in über 155 Ländern verkauft, haben festgestellt, daß *Konzeptorientiertes Verkaufen* uns zum einen eine gemeinsame Sprache für unsere Kommunikation liefert und zum anderen die Grundsätze für unsere täglichen Verkaufsbemühungen, die jeder von uns auf der ganzen Welt gleichermaßen versteht.

Mister Robert W. Woodruff, der letzte Patriarch von The Coca-Cola Company, sagte einmal: "Die Welt gehört den Unzufriedenen." Die ständige Unzufriedenheit mit dem, was wir erreicht haben, ist ein wesentlicher Motor unserer Bemühungen, unsere Kunden zu Gewinnern zu machen und damit selbst zu gewinnen. Auf der Schwelle in das zweite Jahrhundert des Bestehens von The Coca-Cola Company wissen wir, daß das, was uns gestern erfolgreich machte, einfach nicht ausreichend sein wird, um die er-

13

reiche Position morgen zu verteidigen. Wir müssen auf unsere Kunden hören, um ihre sich ändernden Bedürfnisse in dieser dynamischen Welt zu erkennen. Wir können es uns nicht leisten, die Ahnungslosen zu spielen und damit zufrieden zu sein, wie wir heute unser Geschäft machen.

Konzeptorientiertes Verkaufen hat sich für uns als eine praxiserprobte, effektive Methode erwiesen, mit der wir das Ziel unserer Bemühungen erreichen können.

Donald R. Keough
President and Chief Operating Officer
The Coca-Cola Company

14

"Ich zickte, wenn ich hätte zacken sollen"

Warum die besten Verkaufsprofis der Welt einen Leitfaden für Verkaufsgespräche haben wollten

Die Boxschüler von Jim Corbett pflegten zu sagen, daß ein Sparringskampf mit ihm einem Kampf zwischen Vergangenheit und Zukunft vergleichbar sei: Ihre Schläge landeten immer an Orten, die er lange vorher verlassen hatte.

Jeder, der heute im Berufsleben steht, kann sich eine sehr gute Vorstellung davon machen, wie sie sich fühlten. Veränderungen auf den heutigen Märkten sind so rasant, das Prinzip der Loyalität gegenüber bekannten Produkten ist so fragwürdig und die Wettbewerber sind so raffiniert und aggressiv geworden, daß es scheint, man müsse an jedem neuen Tag doppelt so schnell laufen wie bisher, nur um mit den sich verändernden Bedürfnissen seiner Kunden auf gleicher Höhe zu bleiben und man müsse doppelt so hart zuschlagen als jemals zuvor, um ein neues Geschäft "festnageln" zu können - und selbst dann bleiben die Zielvorgaben ständig im Fluß.

Wir kennen zum Beispiel niemand im Geschäftsleben, der nicht an einem strahlenden Morgen aus dem Haus gegangen wäre, um dann plötzlich zu entdecken, daß ihm einer seiner ältesten und zuverlässigsten Kunden von der Konkurrenz weggeschnappt worden ist. "Früher," beklagte sich neulich ein Verkaufs-"Veteran" bei uns, der seit zwanzig Jahren im Geschäft war, "früher konntest Du davon ausgehen, daß Du den Auftrag in der Tasche hattest, wenn der Vertrag unterschrieben war. In den durcheinander geratenen Märkten von heute kannst Du Dich keine zehn Minuten darauf verlassen." Jeder im Verkauf kann dies bestätigen.

In diesem Klima ständigen Wandels bedarf es einer klar formulierten Methode, um beständiges Wachstum vorhersagen zu können - ein Wachstum, das nicht nur die Veränderungen überdauert, denen Ihr eigenes Geschäft und das Ihrer Kunden jetzt schon ausgesetzt ist, sondern auch solche, an die bisher kein Mensch gedacht hat. Denn die kommenden Veränderungen

15

werden diejenigen Geschäfte auf dramatische Weise bedrohen, denen kein zuverlässiges System zugrunde liegt, um ihnen zuvorzukommen.

Mit den eher zufällig erfolgreichen Verkaufsmaschen, welche die Hauptstützen im Verkauf früherer, ruhigerer Jahre waren, lassen sich die Gründe nicht einmal erahnen, warum uns manche Geschäfte in den heutigen, überhitzten Märkten entgleiten. Jeder, der sich heute noch blindlings auf diese Techniken verläßt, muß sich mehr und mehr mit dem französischen General vergleichen lassen, der in den dreißiger Jahren die Maginotlinie bauen ließ: Als Hitlers Panzer anrückten, mußte er erkennen, daß das einst uneinnehmbare Bollwerk für eine Kriegsführung gebaut worden war, die es so gar nicht mehr gab.

Heute brauchen Sie als Eckpfeiler für ein erfolgreiches Geschäft eine Methode, mit deren Hilfe Sie Ihre Verkaufsgespräche so weit über die traditionellen Techniken hinaus managen können, wie der frühere Stellungskrieg vom Blitzkrieg übertroffen wurde. Gefragt ist eine systematische Vorgehensweise, die es Ihnen und Ihrem Unternehmen erlaubt, Ihre verkäuferischen Aktivitäten *hinter* der Linie zu positionieren, die einer unserer Kollegen einmal als "die Gnade und Barmherzigkeit des nächsten Tages" bezeichnet hat. Denn auf diese sind Sie sonst angewiesen, weil jederzeit ein Konkurrent bei einem Ihrer Kunden hereinschneien könnte, um diesen auf ein Bedürfnis anzusprechen, das Sie bisher nicht identifiziert haben und Ihnen damit womöglich den Boden unter den Füßen wegziehen würde.

Dieser radikal neue und absolut systematische Verkaufsansatz - der einzige Ansatz, der beständiges Wachstum in den unbeständigen Märkten von heute sicherstellt - ist genau das, was Miller-Heiman bringt.

Unser erstes Buch, *Strategisches Verkaufen*, erschloß weiten Kreisen im Verkauf - dem weltweit größten Berufsstand - eines von mehreren verschiedenen Programmen, die wir in den letzten dreizehn Jahren als einzige den erfolgreichsten Unternehmen dieser Welt geliefert haben. Es macht den sorgfältig getesteten, wiederholbaren Prozeß zur Planung erfolgreicher Verkaufsstrategien für weitaus mehr Verkäufer verfügbar, als wir mit unseren Workshops alleine hätten erreichen können - Strategien, die für jeden Ihrer Verkaufsvorgänge gültig sind, bei denen es darauf ankommt, zur richtigen Zeit mit den richtigen Leuten am richtigen Tisch zu sitzen, um ein individuelles Verkaufsziel zu erreichen.

Was kann man sich mehr wünschen? Reicht es nicht, eine Strategie kennengelernt zu haben, mit deren Hilfe es möglich ist, sich optimal auf konkrete Verkaufsgespräche vorzubereiten? Sollte nicht jeder Verkaufsprofi, der diesen Namen verdient, in der Lage sein, jede Begegnung mit einem Kunden zu einem erfolgreichen Ergebnis zu führen, sobald er nur an die richtige Türe geklopft hat?

Die Antwort, die wir auf diese Fragen von über 95 Prozent unserer Kunden - und dazu zählen weltweit die ersten Adressen - erhalten haben, läßt sich kurz und bündig auf den Punkt bringen: Strategisches Verkaufen ist ein erstaunlich effektives Programm, wenn es um solide, grundlegende Resultate geht. Wenn es aber darum geht, seinen Wettbewerbsvorsprung in unbarmherzigen, verrückt spielenden Märkten von heute zu behalten, liefert es nur die "halbe Miete".

Also haben wir bei Miller-Heiman das Programm *Konzeptorientiertes Verkaufen* im wahrsten Sinne des Wortes als Antwort auf das Verlangen nach der "zweiten Hälfte" des Spielplanes entwickelt: diejenige Hälfte, die das ergänzende, wiederholbare System liefert, mit dem Sie jeden Verkaufsvorgang Schritt für Schritt managen können, *nachdem* Sie die richtige Person zur richtigen Zeit an den richtigen Tisch gebracht haben - mit anderen Worten, wenn es um die *konkrete Umsetzung* Ihrer Strategie geht.

Das Managen von konkreten Verkaufsgesprächen wird oft als Verkaufs-"Taktik" beschrieben, und in den späten siebziger Jahren haben uns viele unserer Kunden etwas sehr Überraschendes über Taktiken erzählt: genau diejenigen Leute, die eigentlich dazu prädestiniert sein sollten, ihre Verkaufstaktiken zu planen, machen im taktischen Bereich überhaupt keine Planung, und zwar einschließlich der hochqualifizierten Verkaufsprofis, die bereits gelernt haben, ihre jeweilige Gesamt-Verkaufsstrategie zu planen. Anstatt sich auf eine taktische Vorgehensweise zu stützen, die ebenso effektiv ist wie die Strategie, die sie bis zu diesem Punkt gebracht hat, verlassen sich selbst die Besten unter ihnen auch in schwierigen und kritischen Gesprächen auf die zwei Dinge, auf die sich Verkäufer schon verlassen haben, als die Phönizier noch Handel mit den Ägyptern betrieben haben: ihre überragenden Produktkenntnisse und ihre wortgewaltige Redegewandtheit, mit denen sie ruhigere Jahre gemeistert haben. Es gilt immer noch die alte Annahme, die Schnelligkeit Ihrer glänzenden Beinarbeit sei ausreichend, um den Kunden zur Unterschrift taumeln zu lassen, sobald Sie einmal mit ihm in den Ring gestiegen sind.

Lassen Sie uns dies mit einer anderen Geschichte aus der Welt des Boxsports illustrieren. Es war genau dieses blinde Verlassen auf eine Annahme, die Jack Roper, einen Anwärter auf den Weltmeistertitel im Schwergewicht, aller Chancen beraubte, als er sich bis zu einem Titelkampf gegen Joe Louis im Jahre 1939 durchgeboxt hatte. Die Strategie, mit der Roper bis zu diesem Kampf aufgestiegen war, war gut. Sie hatte ihn erfolgreich durch Jahre harter Arbeit geführt. Sie hatte ihm geholfen, die schwierigsten Gegner auf der Welt zu bezwingen und sie hatte ihn schließlich genau in die richtige Position für den größten Erfolg seiner Laufbahn gebracht. Aber genau an dieser Stelle mußte er eine schmerzliche Erfahrung machen: Strategie alleine war nicht genug. Seine phantastische Beinarbeit erwies sich als taktisch wertlos. So wurde aus ihm nicht mehr als eine Fußnote in der Geschichte des Boxsports, an die man sich nur noch wegen seines inzwischen klassischen Eingeständnisses nach seiner K.-o.-Niederlage erinnert: "Ich zickte, wenn ich hätte zacken sollen."

Möglicherweise gibt es keinen einzigen lebenden Verkäufer, der nicht in seinem Beruf die Erfahrung von Roper gemacht hat. Und so, wie die Dinge heute laufen, wissen auch Sie - nach Ihrem K.o. in einem Verkaufsvorgang - meistens nicht mehr als er über die Gründe, wo und warum Sie etwas falsch gemacht haben. Mit leeren Auftragsformularen und nicht unterzeichneten Verträgen können Sie nur benommen und verwirrt nach Hause trotten und sich fragen, wo Sie hätten zacken sollen, als Sie gerade zickten.

Weil wir bei Miller-Heiman immer das auch praktizieren, was wir lehren, und weil eines der Dinge, die wir unsere Kunden lehren, zuhören - wirklich zuhören - ist, und, nicht zuletzt, weil wir in all' den Jahren immer wieder festgestellt haben, daß die Vorschläge unserer Kunden zu einer Verbesserung unserer Programme geführt haben, haben wir ihre Bitte sehr ernst genommen.

"Sehen Sie," haben sie uns gesagt, "wir sind froh, daß wir jetzt die zuverlässige Disziplin und die wiederholbare Struktur für eine wirkungsvolle Strategie haben, die Sie uns lehrten. Wir sind jetzt mit zuverlässiger Vorhersagbarkeit in der Lage, uns selbst bei unseren schwierigsten Kunden effektiv zu positionieren. Aber dann lassen Sie uns hängen. In dem kritischen Moment, wenn wir mit einem Kunden oder Interessenten ins Gespräch einsteigen und es Zeit ist, die Strategie *umzusetzen*, müssen wir auf traditionelle Versuch-und-Irrtum-Techniken zurückgreifen. Wir kommen uns vor wie der General, der seine Truppen in eine perfekte Kampfstellung gebracht hat und dann feststellt, daß die einzigen Waffen, die er

18

ihnen mitgeben kann, Steinschleudern sind. Was wir jetzt brauchen, ist ein *taktisches* System, das so zuverlässig und wiederholbar ist wie das strategische - eines, mit dem wir jedes konkrete Verkaufsgespräch zum bestmöglichen Ergebnis für uns, aber auch für unseren Kunden, führen können."

Konzeptorientiertes Verkaufen war und ist unsere Antwort auf diese Anfrage. Die zwei zusammenhängenden Tatsachen, von denen dieses System ausgeht, sind den meisten Verkäufern vollkommen unbewußt, obwohl genau diese Tatsachen uns gegenüber von unseren Kunden immer wieder in den Vordergrund gestellt werden:

1. Wenn sich Verkäufer überhaupt auf ein individuelles Verkaufsgespräch vorbereiten, konzentrieren sie sich im allgemeinen nur auf eine Sache: die aufpolierte "Produktmasche", von der angenommen wird, sie sei alles entscheidend.

2. In den letzten Jahren, in denen ständig rascher folgende Veränderungen zum einzig Beständigen im Verkauf geworden sind, ist diese Masche nicht nur zum unwichtigsten Teil eines Verkaufsgespräches geworden, oft wirkt sie sogar *gegen* Ihren Erfolg.

Konzeptorientiertes Verkaufen zeigt Ihnen Schritt für Schritt und mit Hilfe Ihrer eigenen Verkaufssituationen an lebendigen, realen Beispielen, wie Sie die zunehmend unzuverlässigeren verkaufstechnischen Maschen durch ein einmaliges *System* für Verkaufsgespräche ersetzen können. Das System basiert auf der früher nicht erkannten Tatsache, daß das, was in jedem guten Verkaufsgespräch abläuft, ein klar definierbarer *Prozeß* ist, der Sie und Ihren Kunden zu Partnern mit gegenseitigen geschäftlichen Erfolgen macht.

Wir behaupten aus zwei Gründen, Konzeptorientiertes Verkaufen sei ein einmaliges System. Wenn wir zuerst bei uns selber nachschauen, stellen wir fest, daß Konzeptorientiertes Verkaufen von unserem eigenen Programm Strategisches Verkaufen - von dem es darüber hinaus unabhängig ist - und von allen anderen Programmen, die wir anbieten, vollkommen verschieden ist. Viele unserer Kunden buchen bei uns nur den Workshop Konzeptorientiertes Verkaufen. Andere wiederum beginnen ihre Zusammenarbeit mit Miller-Heiman mit Konzeptorientiertem Verkaufen und buchen dann den Workshop Strategisches Verkaufen, den Schlüssel-Kunden-Management-Prozeß oder eines unserer anderen Programme.

Schauen wir, zweitens, nach außen, dann stellen wir fest, daß Konzeptorientiertes Verkaufen vollkommen verschieden ist von *allem anderen*, was auf dem Markt angeboten wird oder häufig angeboten wurde, bevor es sich als nur kurzfristig "revolutionär" herausgestellt hat. Nirgendwo gibt es ein anderes Programm, das Ihnen eine praxiserprobte Methode in einer Serie von Einzelschritten liefert, die jeder verstehen und einsetzen kann und mit der Sie unzuverlässige und nicht testbare Verkaufsmaschen durch einen vollkommen zuverlässigen und vollkommen getesteten Prozeß ersetzen können, einen Prozeß, der es Ihnen ermöglicht, jedes Verkaufsgespräch zu einem gewinnbringenden Abschluß zu führen.

Konzeptorientiertes Verkaufen ist das einzige Programm, das Ihnen genau zeigt, wie Sie zusammen mit Ihrem Kunden arbeiten müssen, um die wirklichen Gründe dafür zu finden, warum - oder warum nicht - Ihre Ware oder Dienstleistung in ein Geschäft münden wird, das für Sie beide gut ist. Es ist das einzige Programm, dessen Ziel nicht nur darin besteht, Ihnen zum befriedigenden Abschluß eines einzelnen Verkaufsvorganges zu verhelfen, sondern auch zu einer langfristigen Partnerschaft mit Ihren Kunden - Partnerschaften, die gefestigt sind durch das Wissen, daß Sie aus ebenso soliden Gründen, die der andere versteht, verkaufen, wie *Ihre Kunden kaufen*. Schließlich - und am wichtigsten - ist Konzeptorientiertes Verkaufen das einzige Programm, das es solchen Partnerschaften erlaubt, so dynamisch zu sein, wie sie sein müssen, um unübersichtliche Marktsituationen und damit eine der schwierigsten Situationen des Geschäftslebens zu meistern.

Das System, das wir anbieten, stellt buchstäblich eine Drehung um 180 Grad dar zu der bekannten Idee, verkaufen heiße, den Fuß zwischen die Türe zu stellen und anschließend sein Produkt auf den Tisch zu knallen. Es ist ein System, und das haben wir immer wieder überprüft, das erheblich wertvoller ist als die "ausgefeilteste" Verkaufstechnik nach dem bekannten Strickmuster.

Aber sein Wert liegt nicht nur darin, daß es von allen anderen Angeboten verschieden ist. Wie bei allen wichtigen Dingen im Geschäftsleben liegt sein entscheidender Wert in der Tatsache, daß es beständig sichere Geschäfte liefert, unabhängig von allen Turbulenzen in Ihrem eigenen Markt oder dem Ihres Kunden. Mit Konzeptorientiertem Verkaufen erreichen Sie dieses Ziel. Es ist ein System, das in jedem Kaufvorgang aus zufriedenen Kunden wirkliche Partner macht. Es ist ein System, das voraussagbar zu den begeisterten aktiven Vollreferenzen und Folgeaufträgen führt, von denen langfristig steigende Verkaufsumsätze abhängig sind. Und - wenn wir zum Ausgangspunkt zurückkehren - es ist ein System, das beständig das wichtigste Resultat von allen hervorbringt: steigende Einkommen bei allen Beteiligten.

Dem letzten Punkt - steigenden Einkommen - wollen wir etwas mehr Aufmerksamkeit schenken, weil er uns eine spezifische Aussage über den Wert Konzeptorientierten Verkaufens in den sich schnell wandelnden Märkten unserer Zeit erlaubt. Natürlich können wir nicht vorhersagen, wie sich Ihr Gewinn steigern wird, wenn Sie Konzeptorientiertes Verkaufen umsetzen. Aber wir können Ihnen einen Anhaltspunkt liefern durch den Bericht dessen, was einer unserer Kunden erreichte, als er zu der bereits effektiven Anwendung des Programmes Strategisches Verkaufen das taktische Programm Konzeptorientiertes Verkaufen "hinzuschaltete".

Shade Information Systems ist einer der Marktführer im Bereich Computer-Peripherie mit Hauptsitz im Mittleren Westen (der USA - Anmerkung des Übersetzers). Vor einigen Jahren schrieb uns einer ihrer Verkaufsmanager, um zu berichten, daß sie - nachdem sie neben unserem strategischen System zusätzlich unser taktisches Planungssystem, also Konzeptorientiertes Verkaufen, eingeführt hatten - in der Lage waren, sich *"innerhalb von nur zwei Jahren ohne die Einführung neuer Produkte von einem Unternehmen mit 20 Mio $ Jahresumsatz zu einem solchen mit 46 Mio $ zu entwickeln"*.

Neben der Tatsache, daß dieses bereits erfolgreiche Unternehmen in zwei Jahren seinen Umsatz ohne die Einführung neuer Produkte mehr als verdoppelte, unterstreicht die Erfahrung von Shade den Wert von Konzeptorientiertem Verkaufen auch auf andere Weise. Shade betreibt sein Geschäft mit Computer-Vordrucken, ist also in einem der am heißesten umkämpften Märkte tätig - heiß umkämpft nicht nur wegen der Zahl der Wettbewerber, sondern auch, weil auf diesem Markt die Kunden extrem anspruchsvoll sind und weil sowohl der technologische Fortschritt als auch das Marketing hier sehr intensiv sind. In jeder der hier genannten Beziehungen stellt Shade nichts Außergewöhnliches dar, sondern arbeitet unter den *typischen* Konditionen, unter denen heute gearbeitet wird und unter denen wir auf dem Weg zum Ende des 20. Jahrhunderts weiterarbeiten werden.

Konzeptorientiertes Verkaufen ist das einzige Programm, das speziell entwickelt wurde, um langfristige Erfolge unter genau diesen Bedingungen abzusichern. Und es ist das einzige Programm, das unter diesen Bedingungen von Marktführern der verschiedensten Branchen bereits erfolgreich getestet wurde - von Unternehmen, deren Management und deren Verkäufer vorausblickend genug waren, um zu erkennen, daß die Menschen, die von ihnen kaufen - wie alle Kunden heute besser informiert sind, mehr verlangen und qualitätsbewußter sind als jemals zuvor.

Diese Marktführer haben eine grundsätzliche Tatsache erkannt. Sie wissen, daß sich der Verkauf ändern muß, weil sich die Menschen, die kaufen, geändert haben. Sie erkennen, daß sich diese Veränderung in der Spitze bereits vollzogen hat - daß sich die Spitze bereits abgewendet hat vom Gerassel mit Produktmerkmalen und den alten Verkaufsmaschen. Marktführer von heute wissen, daß heute in Verkaufsgesprächen mehr gefragt, gelernt, aufgedeckt und diskutiert werden muß und daß es mehr auf den Austausch zuverlässiger Informationen ankommt als jemals zuvor. Konzeptorientiertes Verkaufen deckt diese Anforderungen ab, weil es Ihnen aufzeigt, wie Sie einen sehr spezifischen Kommunikations-Prozeß zwischen Käufer und Verkäufern entwickeln und anwenden können, der - auf vorhersagbare und beständige Weise - zu guten Verkäufen führt.

Unser Ziel ist nicht nur, Sie und Ihre Kunden von den Effekthaschereien der blinden "Techniken" zu befreien. Es soll für Sie gleichzeitig zur zweiten Natur werden, sich auf den spezifischen Prozeß zu konzentrieren, der die Grundlage für jede Kaufentscheidung bildet. Niemand sonst lehrt diesen Prozeß, weil niemand sonst ihn bisher identifiziert hat. Aber Konzeptorientiertes Verkaufen identifiziert nicht nur diesen für den Verkaufserfolg kritischen Faktor. Vielmehr liefert es Ihnen auch eine solide, geprüfte Methode, um den Prozeß so zu steuern, daß Sie - unbeschadet der unvorhersehbaren Veränderungen, die das Morgen auf Ihren Märkten bringen mag und unabhängig davon, wie dramatisch und bedrohlich diese Veränderungen anderen erscheinen mögen - niemals zu einem "Jack Roper im Verkauf" werden, der zickte, als er hätte zacken müssen.

Wir sagten, Konzeptorientiertes Verkaufen sei vollkommen verschieden von *Strategischem Verkaufen* und von diesem ebenso unabhängig wie von allen anderen Programmen, die wir anbieten. Das stimmt. Der gesamte Prozeß und all die neuen Begriffe und Planungsmethoden, die Sie in diesem Buch kennenlernen, sind einmalig für Konzeptorientiertes Verkaufen.

Aber natürlich sind sich Konzeptorientiertes Verkaufen und unsere anderen Programme ähnlich.

Die wichtigste Ähnlichkeit ist unser Konzept, das gleichzeitig unsere Philosophie und unsere Verpflichtung darstellt, nämlich "Ich gewinne/Du gewinnst". Ich gewinne/Du gewinnst ist unsere Kurzfassung zu sagen, daß in jedem wirklich erfolgreichen Verkaufsvorgang beide, der Kunde und der Verkäufer, "gewinnen" müssen - daß also jeder am Ende des Vorganges für sich feststellen können muß, daß seinen Interessen auf die bestmögliche Weise gedient wurde.

Es ist uns bewußt, daß Sie diese Aussage überraschen mag, weil wir in dieser Einleitung immer wieder Metaphern aus der Boxwelt und dem militärischen Bereich verwendet haben. Aber das haben wir aus zwei guten Gründen getan. Zum einen wissen wir, daß Verkäufer sie unmittelbar verstehen, weil sie der Methode entsprechen, nach der die meisten von ihnen trainiert wurden. Zum zweiten betonen sie die Tatsache, daß Sie getroffen, und zwar erheblich getroffen werden können, wenn Sie Ihre Verkaufsgespräche nicht effektiv steuern. Durch die Anwendung dieser auf Konfrontation ausgerichteten Bilder wollen wir *nicht* den Eindruck vermitteln, daß nach unserer Meinung der Kunde unser Feind sei. Tatsächlich wäre nichts der Wahrheit ferner als diese Überlegung. Die Grundlage unseres gesamten Systems ist und bleibt unsere feste Überzeugung, daß Verkaufen nicht länger als eine Serie von Einzel-Konfrontationen betrachtet werden darf.

Dafür gibt es einen sehr pragmatischen Grund. Die ständigen Veränderungen, mit denen heute jeder von uns zurechtkommen muß, sind in sich selbst Herausforderung genug. Das Letzte, was ein Kunde wünscht, ist einem Verkäufer mit der alten "Der-Kunde-soll-selbst-aufpassen-Haltung" zu begegnen: einem Charakter wie Sam Slick, der immer mit Platitüden, den neuesten Witzen und einem Lächeln aufwartet, aber im Grunde genommen nur an seinem Auftrag interessiert ist - selbst wenn er Ihnen weh tun müßte, um ihn zu ergattern. Ich gewinne/Du gewinnst heißt genau das Gegenteil dessen zu tun, was Sam Slick nachgesagt wird, und wir haben es für den wahrscheinlich überzeugendsten aller Gründe entwickelt: Es ist der einzige Weg zu Ihrem Kunden, der Ihnen nicht nur zum heutigen Auftrag verhilft, sondern auch zu beständigen und steigenden Geschäften in der Zukunft.

Einen anderen Punkt, in dem sich Konzeptorientiertes Verkaufen und unsere anderen Programme ähnlich sind, haben wir bereits erwähnt. Es ist der pragmatische Ansatz zur Lösung *Ihrer* Probleme. Wie in allen unseren Programmen finden Sie auch im *Workshop* Konzeptorientiertes Verkaufen keine Fallbeispiele. Vielmehr wenden die Teilnehmer die Methode sofort auf ihre bevorstehenden Verkaufsgespräche an. Nach den Erfahrungen, die Tausende von Teilnehmern inzwischen gemacht haben, werden Sie durch dieses Vorgehen unmittelbar - und mit einer größeren Genauigkeit, als Sie sich dies vielleicht im Augenblick vorstellen können - erkennen, was genau Sie in jedem Ihrer individuellen Verkaufsgespräche tun müssen, um sie zu einem Ich gewinne/Du gewinnst-Ergebnis zu führen.

Eine dritte Ähnlichkeit besteht in unserem "Publikum": den Profiverkäufern, die Jahr für Jahr zu uns kommen, um ihre verkäuferischen Kenntnisse und Fähigkeiten zu verbessern. Es sind nicht die "Fußkranken der Nation", sondern es sind die Erfolgreichsten unter ihnen, die uns bitten, sie noch erfolgreicher zu machen, und das tun wir.

Aber damit bewegen wir uns nicht auf einer Einbahnstraße. Die Tatsache, daß unsere Kunden auch uns geholfen haben, erfolgreicher zu sein, ist vielmehr ein schlagender Beweis für unsere Jeder-gewinnt-Philosophie. Wir haben darauf hingewiesen, daß wir Konzeptorientiertes Verkaufen vor allem als Antwort auf die dringende Bitte unserer Kunden entwickelt haben. Aber das ist nur *ein* Beispiel dafür, wie die Teilnehmer an unseren Workshops eine - wie wir für sie - wertvolle Stütze für uns waren.

Inzwischen haben Zehntausende von Verkäufern und Verkaufsmanagern an einem oder mehreren unserer Workshops teilgenommen. Ihnen allen persönlich zu danken, ist nicht möglich. Aber wird sind in der Lage, uns bei ihren Unternehmen zu bedanken. Und das tun wir wirklich sehr gerne, indem wir ihnen dieses Buch widmen.

Das soll mehr sein als eine Höflichkeitsgeste von unserer Seite. Denn im wahrsten Sinne des Wortes haben uns diese Unternehmen - alles Spitzenunternehmen in ihrer Branche - geholfen, Konzeptorientiertes Verkaufen zu dem zu machen, was es ist, indem sie es dem härtesten aller denkbaren Tests unterzogen haben: dem Test in der turbulenten Arena sich revolutionär verändernder Märkte von heute. Deshalb gilt den folgenden Unternehmen unsere Wertschätzung:

ABB Robotics	Allen-Bradley Company
Abbott Transistor	Alpha Industries
Ademco	American Express
ADP	American Movie Classics
Advanced Matrix Technology	American Power Conversion Co.
Advo Systems	Analog Design Tools, Inc.
Airborne Express	Anchor Pad International
Alexander & Alexander, Inc.	Andersen Consulting
Alexander Proudfoot	Andrew Corporation

A. O. Smith
Apollo Computer
Apple Computer
Applied Materials
ARA Vending
Arbitron
ARC International
Arete Systems
Arcata Graphics
Arkwright Mutual Insurance
ASK Computer Systems, Inc.
AT&T
Avis, Inc.
Bank of America
Barclays Bank
Baxter-Dade
Baxter Health Care Corporation
Baxter Scientific Products Div.
BBN Software
BC Analytical
Bell Canada
Bell South
Beloit Corporation
Bentley-Nevada Corporation
Booz Allen & Hamilton
Borland
Bowater Computer Forms, Inc.
Boyle Midway
Bunker Ramo
Cable & Wireless
      Communications
Cadet Cleaners
Caldwell Partners
Candela Electronics
Capitol Broadcasting
Case Communications
Caterpillar Logistics
CCA Systems
Centron
Century Adhesives
Checkpoint Systems
Chemical Leaman

Ciba-Geigy
Cincom Systems, Inc.
Cincinnati Bell Information
      Systems
Citation Computers
Clark Bardes Organization
CMP Publications
Coca-Cola Bottling Company
Coca-Cola de Espana
Coca-Cola USA
Codex Corporation
Cognos, Inc.
Coleman Company
Columbia Computing
Computer Entry Systems
Computer Management Services,
      Inc.
Computer Sciences Corporation
Comshare, Inc.
Concurrent Computer
      Corporation
Connector Systems
Container Corporation of
      America
Contel ASC
Continental Can Company
Control Data Corporation
Corning Glass Works
Corroun & Black
Coulter Corporation
Cuna Insurance
daka Corporation
Darex S. A. (Mexico)
Data Documents
Data General
Datachecker/DTS
Data IO
Datamyte Corporation
Data 3 Systems
Decker Communications
Deloitte, Haskins & Sells
Deluxe Data System

Desktop Products
Diasonics
Dictaphone
Digital Communication
    Associates
Digital Equipment Corp. of
    Canada
Direct Technology, Ltd.
Dow Chemical Company
Dow Corning
Dun's Marketing Services
E. I. Dupont de Nemours & Co.
Eastman Kodak Co.
Emery Worldwide
Equifax
Equicor
Excelan
FHP, Inc.
Falcon Jet
Filtrol
Fisr Bank Systems
First National Bank of Chicago
Floating Point Systems
Frank B. Hall & Co., Inc.
Fujitsu America, Inc.
G. D. Searle Laboratories
Gartner Group
Gaylord Container
GEC Plessey
General Electric Company
Genasys
Gerbert Alley
Gillette
G. L. Hodson
Goldhill Computers
Graniterock
GTE/Sylvania Corporation
HBO & Company
Harris-Lanier Corporation
Hartford Insurance
Hercules, Inc.
Herman Miller, Inc.

Hewlett-Packard Company
Hitachi Data Systems
Honeywell, Inc.
Hyatt Hotel Corporation
IBM
ICL/Datachecker
Illinois Power Company
Infonet
Information Systems of America
Interbio
Interep
Interlink
Itron Corporation
ITT Dialcom, Inc.
J. D. Edwards
John Fluke Manufacturing
Katz Communications
Kimberly-Clark
KLA Instruments
L. M. Ericcson
Lam Research
Landis & Gyr
Lee's Carpet
LifeScan
Liquibox Corporation
Lincoln Int'l Info Services
Lockheed Georgia Co.
Logic Group
Logical Solutions
Logicon
Lotus Development
Lustre, Inc.
Lyons Transportation
Macquarie Bank
Marriott Corporation
Massachusettes Mutual Life Ins.
Master Chemical Corporation
Maxwell Communications
Mayo Medical
McCormack & Dodge
McDonnell Douglas
MCS, Inc.

Medstat Systems
Mentor Graphics
Mepco Centralab
Metalspray of Virginia
Michigan Consolidated Gas
     Company
Micromotion
Microrim, Inc.
Miles Australia
Motorola
Nanometrics
Nashua Corporation
National Computer Systems
National Semiconductor
NBI, Inc.
NCR Canada
NCR Corporation
Netmap International, Inc.
Network Solutions
Network Systems
Newcity Communications
Norstan Communications
North America Van Lines
Northern Telecom
Octel Communications
OKI Semiconductor
Ogden Allied
Omega Performance
On-Line Software International
Oracle Corporation
Pacific Bell
Pacific Realty
Pansophic Systems
Pediatric Nursing Specialists
Pepsico, Inc.
Periphonics Corporation
Phamis, Inc.
Pharmacia Diagnostics
PHH Environments
Philips New Zealand
Phillip Crosby & Associates
Phillips Components

P. I. E. Nationwide
Pitman Company
Policy Management Systems
Praxa Limited
Price Waterhouse
Prime Computer
Progressive Insurance
Promus Co.
Puget Energy Systems
Quintron
Quad Systems
Quantum
R. R. Donnelly & Sons Co.
Racal Milgo, INC:
Rand McNally
Relational Technology, Inc.
Reserve Financial Management
Reynolds Metals
Rockwell International
Rohm & Haas
Royal Trust Company
Sabritas S. A. (Spain)
Sanford Bernstein
Schweppes
Scientific Atlanta
Scitec Communication Systems
Seattle Silicon
SEI Corporation
Shade Information Systems
Sheldahl, INC:
Sherwin Williams
Shipley Company
Silicon Graphics
Simware
Soil Shield International
Softbridge
SSA Services
Stars, Inc.
Steelcase, Inc.
Sterling Pharmaceuticals
Sterling Software
Sun Microsystems

Sungard Data Systems
SW Operating Services
Sweda International, Inc.
Symbolics
Synercom
Synergex Corporation
Sytek Corporation
Tandem Computers
Tektronics, Inc.
Telecom Auckland
Telecom Wellington
Telenet
Telerate
Tencor Instruments, Inc.
Teradyne/Zehntel, Inc.
Texas Instruments
The Bank of California
The Forum
The Hertz Corporation
The Vendo Company
3 COM
Timeplex
TMC
TNT North America
Toshiba
Tricom Computers

Tridom Corporation
UMI Corporation
Underwriters Salvage
Unisys
Universal Furniture Company
University Micro Film Int.
U. S. Sprint
USG Interiors
Valmet Automation
Versar
Virtual Technology
Vistar S. A. (Mexico)
Viewlogic
Volt Electronics
Wang
Weiland Furniture
Westinghouse
Wheat First Securities
Woolpert Consulting
Wood Food Services
WSU Foundation
XA Systems
Xerox Canada
Yellow Freight
Zytec

Darüberhinaus sind wir unseren beiden Frauen, Diane und Rosalie, ebenso zu großem Dank verpflichtet wie Cathi Gregory, Ralph "Jake" Jacobsen, Lila Karpf, John Knopp, Larry Lowery, David Miller, David Shick, Barry Trailer und Tad Tuleja. Ohne sie wäre dieses Buch nicht entstanden.

R. B. M.
S. E. H.

Walnut Creek, California

Im Jahre 1990

Teil 1

Die Grundprinzipien konzeptorientierten Verkaufens

1 Warum Menschen wirklich kaufen

Vor mehreren Jahren hatte ein großer amerikanischer Hersteller Schwierigkeiten mit dem Dienstleistungsunternehmen, welches Dutzende von Cafeterias für seine Angestellten im ganzen Lande betreute. Deshalb dachte man an einen Wechsel, und der zuständige Vizepräsident lud auf Anweisung der Geschäftsleitung die vier größten Anbieter dieser Branche in das Stammwerk des Herstellers nach Chicago ein. Jedem Kandidaten für den neuen Vertrag wurde im Einladungsschreiben zur Auflage gemacht, seine Vorschläge in neunzig Minuten einem Komitee zu präsentieren, das sich aus Managern der Bereiche Finanzen, Betriebsstätten und Personalwesen zusammensetzte. Die Präsentation sollte einen Monat nach der Einladung stattfinden.

Weil dieser Vertrag zur Belieferung und Betreuung zahlreicher Cafeterias einen Jahresumsatz von mehreren Millionen Dollar versprach, zeigten alle vier eingeladenen Anbieter größtes Interesse. Ihre Verkaufsmanager bestimmten Spitzenleute zur Vorbereitung der Präsentation, nicht ohne diesen sehr klar zu machen, daß sie Top-Präsentationen abzuliefern hatten. Die vier ausgewählten Mitarbeiter - alle hervorragende, erfahrene Profis - erkannten sofort, daß dieses Verkaufsgespräch in Chicago eines der wichtigsten sein würde, das sie jemals führen würden. Deshalb versäumten sie bei ihren Vorbereitungen nicht die geringste Kleinigkeit.

Aber sie bereiteten sich nicht alle auf die gleiche Weise vor.

Drei von ihnen taten dies in der bei Verkäufern altbewährten Art. Sie stopften ihre Köpfe voll mit Produkt- und Serviceeigenschaften und trichterten sich nächtelang die Leistungsmerkmale ihrer Unternehmen ein. Sie paukten die Präsentationstechnik, mit der sie seit Jahren erfolgreich gearbeitet hatten. Und sie bereiteten zeitlich perfekt abgestimmte, brillant gestaltete Gesprächsunterlagen vor, sodaß es unmöglich schien, daß ein gesunder Mensch ihr individuelles Serviceangebot ablehnen könnte.

Alle Verkaufsgespräche sollten mit eingängigen Anekdoten beginnen (um "Rapport" mit dem Komitee herzustellen), beinhalteten zahlreiche Argumente und Gegenargumente (um die unausweichlichen Einwände zu entkräften) und reichliche Möglichkeiten zu einem Probeabschluß, wobei noch das übliche Begleitmaterial zu erwähnen wäre: Die drei genannten Kandidaten hatten so viele Faltblätter, Statistiken, Overheadfolien, Diagramme und farbige Übersichten zusammengestellt, daß man damit einen Parlamentsausschuß während eines ganzen Jahres hätte beschäftigen können.

Wenn Sie jemals einem potentiellen neuen Kunden eine Ware oder eine Dienstleistung präsentiert haben, haben Sie sicherlich längst erkannt, daß wir hier die traditionelle "Zirkusnummer" beschreiben. Die Zirkusmetapher ist hier sicherlich angebracht, weil die Idee, die hinter solchen Verkaufspräsentationen steht, dieselbe ist wie diejenige, welche die Grundlage aller großen Spitzenveranstaltungen bildet: Sie sind der Showmaster und haben für Schwung zu sorgen, um die Aufmerksamkeit des Kunden wachzuhalten, damit er sich nicht ablenken läßt oder gelangweilt fühlt. Sie brauchen nur genug tanzende Hunde und tänzelnde Ponys in die Manege zu schicken, und der Kunde wird von Ihrer Vorstellung so geblendet sein, daß die Tinte auf seinem Scheck bereits trocken ist, bevor er weiß, was mit ihm geschieht.

Der Mann, der vom vierten Anbieter - wir wollen ihn Rolf nennen - ins Rennen geschickt wurde, verkaufte nicht auf diese traditionelle Weise. Ein paar Monate, bevor der amerikanische Hersteller seine Einladungen zur Präsentation verschickt hatte, hatte Rolf an einem unserer zweitägigen Workshops *Konzeptorientiertes Verkaufen* teilgenommen. In diesen zwei Tagen haben wir ihm eine Methode zur Gestaltung seiner Verkaufsgespräche vorgestellt, die alle seine bisherigen Präsentationen auf den Kopf stellte - und die den Kern der Frage trifft, die wir als Überschrift für dieses Kapitel gewählt haben: warum Menschen wirklich kaufen.

Wir werden in diesem ganzen Buch darüber reden, warum Menschen kaufen und wir werden es Ihnen - wie Rolf - beweisen, wie Sie ein weitaus gewitzterer und erfolgreicherer Verkäufer werden können, wenn Sie den *Kaufprozeß Ihres Kunden* verstehen -. erfolgreicher, als Sie es möglicherweise sein können, wenn Sie sich auf die Darstellung Ihres Produktes beschränken in der Hoffnung, daß einer Ihrer Hinweise zum gewünschten Erfolg führt. Der erste Schritt im Verständnis dieses Prozesses ist eine vergleichsweise einfache Botschaft, die wir Rolf mitgegeben haben:

> *Menschen kaufen aus ihren eigenen Gründen,*
> *nicht aus denen des Verkäufers.*

Diese Aussage ist von erheblicher Bedeutung, denn wenn und solange Sie nicht wissen, warum Ihre Kunden kaufen - oder nicht kaufen - wollen, handeln Sie mit Scheuklappen vor den Augen. Sie mögen noch so viele

Gründe dafür haben, warum Sie glauben, daß Ihre Ware oder Dienstleistung etwas Großartiges sei. Sie alle sind bedeutungslos, solange jeder einzelne Kunde nicht seine eigenen, soliden Gründe dafür hat, warum er mit Ihnen Geschäfte machen will.

Obwohl es schwierig sein kann, diese Gründe herauszufinden, so ist der Verkaufserfolg heute doch genau davon abhängig, dies zu tun - und jede Änderung in den Gründen des Kunden (was häufig vorkommt), von einem Verkaufsgespräch zum anderen, nachzuvollziehen. In dieser Zeit sich beschleunigenden Wandels stehen selbst langjährige Kunden täglich vor neuen Problemen, die Ihre Waren oder Dienstleistungen in einem völlig neuen Licht erscheinen lassen. In dieser Situation - und sei es auch nur für eine Minute - die Überlegungen des Kunden als selbstverständlich bekannt zu betrachten, kann der sichersten Geschäftsverbindung zum Verhängnis werden. Und dies ist genau das, was mit dem Chicagoer Vertrag passierte: Der bisherige Vertragsinhaber verlor das Geschäft, weil er es versäumt hatte, sich der veränderten Meinung des Herstellers über die von ihm benötigten Serviceleistungen anzupassen.

Wir halten das Verstehen der Bedürfnisse Ihrer Kunden für so wichtig, daß wir es, zusammen mit den Produktkenntnissen, die jeder Verkaufsprofi einfach haben muß, zu einem Teil der "Gleichung" für den Verkaufserfolg machen:

$$
\left\{ \begin{array}{c} \text{Kenntnis} \\ \text{der Kunden-} \\ \text{bedürfnisse} \end{array} \right\} + \left\{ \begin{array}{c} \text{Produkt-} \\ \text{kenntnisse} \end{array} \right\} = \left\{ \begin{array}{c} \text{Solide} \\ \text{Verkaufs-} \\ \text{erfolge} \end{array} \right\}
$$

Abbildung 1:   *Die Gleichung für den Verkaufserfolg*

So wie es die Reihenfolge in der Anordnung der einzelnen Faktoren dieser Gleichung zeigt, glauben wir, daß jeder solide Verkauf *mit dem Kunden beginnen* muß: mit seinen Bedürfnissen, mit seinen Problemen und mit seiner Palette von Gründen, etwas zu kaufen.

33

Die offensichtlichste Tatsache der Welt

Offensichtlich? Für jeden, der mit dem Verkauf aus beruflichen Gründen zu tun hat, sollte die Tatsache, daß Menschen aus ihren eigenen Gründen kaufen - und daß *Sie blindlings verkaufen*, solange Sie diese Gründe nicht kennen -, die offensichtlichste Tatsache der Welt sein.

Aber sie ist es nicht. Von der Vorgehensweise der meisten Verkäufer ihren Kunden gegenüber aus gesehen, ist es vielmehr offensichtlich, daß sie diese Wahrheit nicht nur mißachten, sondern daß sie ermutigt, ja sogar trainiert wurden, sie zu ignorieren. Dies zeigte sich zum Beispiel in der Art und Weise, in der sich die Konkurrenten von Rolf auf ihr Verkaufsgespräch in Chicago vorbereiteten. Denn all ihre Statistiken, ihre Folienparaden und ihre flotten Sprüche liefen auf die, wenn auch versteckte, Botschaft hinaus, die ganz einfach lautet: "Hier sind *meine* Gründe dafür, warum Ihr Jungs den Wunsch zu kaufen haben solltet."

In dem Monat vor der Präsentation in Chicago, in dem seine Wettbewerber Bühnenshows vorbereiteten, die selbst Las Vegas stolz gemacht hätten, behielt Rolf "die offensichtlichste Tatsache der Welt" fest im Auge. Er bereitete weder eine Zirkusnummer vor noch eine Liste zur Einwandbehandlung, noch ein bis zum letzten Komma perfektes Neunzig-Minuten-Drehbuch. Statt dessen konzentrierte er sich darauf, was er *herausfinden* mußte, um ermitteln zu können, ob sein Unternehmen dem Hersteller tatsächlich eine brauchbare Lösung liefern konnte.

Auf der Suche nach möglichen Kaufgründen des potentiellen Kunden erledigte er zum Thema Möglichkeiten und Probleme beim Interessenten einige Basisarbeiten: er sprach mit Leuten, die mit dem Hersteller schon Geschäfte gemacht hatten; er besuchte eines seiner Werke, um einen ersten Eindruck von der jetzigen Situation in den Cafeterias zu bekommen; er versuchte so viel wie möglich darüber zu erfahren, *warum* sie so unzufrieden waren.

Natürlich erhielt er nicht alle gewünschten Antworten; und so begann er, eine Liste zu erstellen, wie er es in unserem Workshop *Konzeptorientiertes Verkaufen* gelernt und geübt hatte, und zwar nicht eine Liste von Stellungnahmen, die er dem Komitee abgeben wollte, sondern eine Liste sehr spezifischer *Fragen*, die er am Anfang des Gespräches stellen wollte. Diese Liste von Fragen wurde zur Grundlage von Rolfs ganzer Präsentation.

34

Würde dieses offensichtlich vom Üblichen abweichende Vorgehen funktionieren? Würde die fragenintensive, kundenzentrierte Vorbereitung für dieses Gespräch - das wichtigste Verkaufsgespräch seiner ganzen bisherigen Karriere - effektiver verlaufen als die Zirkusnummern der Vergangenheit?

Nachdem er den Vertrag abgeschlossen und eine sechsstellige Provision kassiert hatte, erklärte uns Rolf, wie hervorragend alles gelaufen war. "Es war fast zu einfach," sagte er. "Ich hatte nicht mehr als fünfzig Worte zu reden. Ich stellte mich vor, sagte ihnen, daß ich von ihren Schwierigkeiten in ihrer Cafeteria-Bewirtschaftung gehört hätte und bat sie, mir diese zu erläutern."

"Mehr als eine Stunde lang bin ich nahezu nicht zu Worte gekommen. Sie überschlugen sich dabei, mir zu helfen, hinter ihre Probleme zu kommen. Etwa alle zehn Minuten, wenn die Informationen abflauten, stellte ich eine Frage zu einem Bereich, in dem ich noch Informationslücken hatte und das ganze Spiel ging von vorne los. Indem ich Ihrem Vorschlag folgte, zuerst Informationen zu sammeln, die für mein Verständnis ihres Kaufprozesses entscheidend waren, hatte ich für die Präsentation eigentlich nur diese Informationen zu verwerten und mir Notizen zu machen."

"Nachdem sie schließlich alles dargelegt hatten, überflog ich meine Notizen und gab ihnen ihre eigenen Aussagen sozusagen zurück. 'Es scheint so, als hätten Sie Probleme in dem Bereich und in dem und in dem. Das könnten wir so erledigen und dies, denke ich, können wir so machen.' Es wurde für mich zur natürlichsten Sache der Welt, ihnen einen kurzen, improvisierten Überblick darüber zu geben, wie sie mit unseren Einmaligen Stärken ihre Probleme lösen könnten. Zu diesem Zeitpunkt waren wir bereits wirkliche Partner in diesem Prozeß geworden. Ich mußte ihnen nicht einmal Preise nennen; sie baten mich vielmehr, den Vertrag ausarbeiten zu lassen."

"Als ich ging," beendete Rolf seinen Bericht, "und mir ein paar gedankliche Notizen für unsere Vertragsabteilung machte, begegnete ich demjenigen meiner Konkurrenten, der als Nächster dran war. Er schleppte sich ab mit seinen Portfolios und Projektoren, und ich mußte innerlich grinsen."

In den vergangenen Jahren, in denen wir Profis wie Rolf *Konzeptorientiertes Verkaufen* vorgestellt haben, haben wir Hunderte von Stories wie die seine gehört. Dabei werden immer wieder dieselben Dinge erwähnt: erstens, das unverhohlene Erstaunen der Kunden darüber, einem Verkäufer zu begegnen, der nicht pausenlos redet und zweitens der Eifer, mit dem Kunden zur Zusammenarbeit mit einem Verkäufer bereit sind, der mehr Zeit auf Fragen verwendet, anstatt alle möglichen Dinge zu erzählen.

Auf die eine oder andere Weise schließen alle Erfolgsstories über *Konzeptorientiertes Verkaufen* die eine grundlegende Erkenntnis ein, die Rolf so formulierte: "Dieses Verkaufsgespräch hat das erneut bewiesen," erzählte er uns, "was ich immer und immer wieder feststelle, seitdem ich begonnen habe, "konzeptorientiert" zu verkaufen. Ich mußte diesen Jungs gar nichts *verkaufen*. Sie hatten bereits tausend Gründe, warum sie kaufen wollten. Ich hatte nur herauszufinden, welches diese Gründe waren und sie wissen zu lassen, daß es spezifische Möglichkeiten dafür gab, wie ich ihnen helfen konnte, ihre spezifischen Bedürfnisse zu befriedigen und ihre spezifischen Probleme zu lösen."

Die meisten Verkäuferinnen und Verkäufer gelangen nie zu dieser Erkenntnis. Darauf trainiert, ihr Geschäft als die große Kunst des Überredens zu verstehen, sind sie davon überzeugt, sie *müßten* "dem Kerl etwas verkaufen", indem sie ihm Gründe dafür liefern, etwas zu kaufen. So versuchen sie, den Verkaufsvorgang ständig unter Kontrolle zu halten, indem sie so lange zugkräftige Argumente betonen und mit Merkmalen und Vorteilen ihrer Produkte rasseln, bis selbst der widerspenstigste Interessent (so lautet die Behauptung) freiwillig sagt: "Ja, ich kaufe."

Aber in diesen Tagen gewitzter und anspruchsvollerer Kunden löst sich diese Theorie mehr und mehr in Wohlgefallen auf. In Wirklichkeit - und das fanden Rolfs Wettbewerber in Chicago heraus - ist es gerade dieser Wunsch des Verkäufers, den Verkaufsvorgang unter Kontrolle zu behalten, der den Verkaufsvorgang außer Kontrolle geraten läßt. Ganz und gar nicht zufällig ist dies das unausweichliche Ergebnis der weitverbreiteten Annahme, der erfahrene Verkäufer sei immer eine Art Ringrichter oder jemand, der "das Kommando übernimmt".

Die Mythen des Verkaufens

Dieser irrigen Annahme liegt der größte Teil des Wissens über unseren Beruf zugrunde. Betrachten Sie nur fünf bekannte Beispiele für dieses vorhandene Wissen - Überzeugungen, die ziemlich präzise als die Mythen des Verkaufens bezeichnet werden können.

Mythos 1: Pusche die "Reizende Sphinx". Die folgende Szene stammt aus einer neueren Fernsehproduktion: Ein junger Schuhverkäufer wird vom Ladenbesitzer zur Seite gerufen, nachdem er einer Kundin ein Paar Sandalen des Modells 'Kleine Elite' gezeigt hatte. "Hatte ich Ihnen nicht gesagt, daß Sie das Modell 'Reizende Sphinx' verkaufen sollen? Warum zeigen Sie ihr die 'Kleine Elite'?"

"Sie sagte, daß sie ihr gefallen, Boß."

"Es *interessiert* mich nicht, was ihr gefällt. An einem Paar 'Kleine Elite' verdienen wir vier Mark und fünfeinhalb an einem Paar 'Reizende Sphinx'. Tun Sie, was ich Ihnen sage: Puschen Sie die 'Reizende Sphinx'!"

Auch wenn dies eine witzige Übertreibung sein mag, so ist die Situation doch nicht ungewöhnlich. Sie ereignet sich tagtäglich und auch nicht nur im Einzelhandel: Wir erleben sie laufend auch im Firmengeschäft. Die zugrundeliegende Annahme ist, daß gutes Verkaufen immer "verkäufer-bestimmt" ist. Wenn Sie (oder Ihr Boß) aus jedem einzelnen von tausend verschiedenen Gründen die 'Reizende Sphinx' puschen wollen, dann ist es Ihr Job, sich darum zu kümmern, dran zu bleiben und jede, aber auch wirklich jede Kundin davon zu überzeugen, daß die 'Reizende Sphinx' genau das ist, was *sie* auch will.

Die Idee, daß diese Art "Produkte zu puschen" gutes Verkaufen sei, ist der älteste, der dauerhafteste und wahrscheinlich der teuerste aller Verkaufsmythen. Er geht Hand in Hand mit der alten Idee, verkaufen habe ein Zahlenspiel zu sein nach dem Motto: Je mehr Geld Du jemand aus der Tasche ziehst, umso besser für Dich. In Übereinstimmung mit der Zahlenspiel-Philosophie sind die Bedürfnisse und Wünsche des Kunden nur dann wichtig, wenn sie nicht zu dem passen, was Sie puschen. In diesem Falle ist es, ausgehend von der Tatsache, daß Ihr Hauptziel immer die Höhe des Umsatzes ist, Ihr Job, die Meinung des Kunden zu ändern. Wie? Puschen Sie die 'Reizende Sphinx'.

Die Mentalität, "Produkte zu puschen", erklärt besser als alles andere, warum sich Verkäufer so oft selbst ins Knie schießen. Aber sie ist sicherlich nicht der einzige Mythos, der von der Ringrichterhaltung im Verkaufen hervorgebracht wurde.

Mythos 2: Tue alles, was zum Ziel führt. Wenn Ihr Hauptanliegen nicht darin besteht, Ihren Kunden zufriedenzustellen, sondern so viel Geld wie möglich aus seiner Tasche in Ihre eigene zu bugsieren, dann folgt daraus sehr häufig, daß Sie sich nicht allzu viele Gedanken darüber machen, wie Sie Ihr Ziel erreichen können. Es ist Ihnen alles erlaubt - einschließlich Belügen, Anflehen, Überreden, Einschüchtern und in Verlegenheit bringen des Kunden -, solange Sie seine Zustimmung zum Kauf erhalten. Geld ist Geld, und deshalb lohnt sich jeder Verkauf.

Im schlimmsten Fall führt diese Haltung zu dem bösartigen Spiel, den "Kunden aufs Kreuz zu legen", das von den Schlangenölverkäufern und den skrupellosen Haustürverkäufern populär gemacht wurde. Aber so weit brauchen Sie gar nicht zu gehen, wenn Sie dem Mythos "Tue alles, was zum Ziel führt" folgen. Viele ehrenwerte Verkäuferinnen und Verkäufer haben außer einem Koffer voller Verkaufs-"Techniken" nichts bei sich, wenn sie zum Kunden gehen. Deshalb sind sie gezwungen, ähnlich wie Zauberkünstler, die eine Temponummer vorführen, immer wieder blindlings mit Argumenten um sich zu werfen in der Hoffnung, daß, früher oder später, eines davon ins Schwarze treffen wird. Und weil sie keine Ahnung davon haben, *was* funktioniert hat, selbst dann nicht, wenn sie Erfolg hatten, haben sie keine Methode, um ihren Erfolg zu wiederholen. Mit dieser Versuch-und-Irrtum-Methode beginnen sie jeden neuen Verkaufsvorgang wieder bei Null.

Mythos 3: Halte ihn in der Spur. Nach der pseudo-wissenschaftlichen Methode, die als "Track Selling" bezeichnen wird, lernt der Verkäufer ein Skript (das üblicherweise von dem Experten des Unternehmens für "Kaufpsychologie" entwickelt wurde) auswendig und trägt dieses mündlich jedem Kunden Wort für Wort vor. Typisch für solche Verkaufsskripts ist ein freundlicher und/oder flotter "Greifer" zum Auftakt, gefolgt von einer ganzen Reihe von "Wenn ... dann"-Formulierungen zur Beantwortung jeden erdenklichen Einwandes und einem Glücksbeutel voller Möglichkeiten zu einem Probeabschluß. Nach der zugrundeliegenden Theorie sollte der Verkäufer diesem Spielplan treu bleiben, was auch immer sein Gegenüber zu sagen hat, denn am Ende des Skripts winkt die Provision. Es ist leicht zu erkennen, warum diese Methode "Track Selling" genannt wird: Genau wie ein Zugführer, der seine Lok in der Hauptspur fährt, soll der Verkäufer den Kunden von allen "Abstell- oder Rangiergleisen" fernhalten und das Gespräch auf direktem Weg zum Verkaufsabschluß führen.

Das Problem mit dieser Art von vorgefertigten Verkaufsmaschen besteht darin, daß sie unterstellen, alle Kunden wären blöde oder unendlich formbar: Es wird unterstellt, daß der Kunde dem Verkäufer das Kommando überläßt. Das kommt jedoch selten vor. In Wirklichkeit fördert "Track Selling", das Ihnen so viel Kontrolle verspricht, eine Art Tunnelvision, die den Kunden sehr schnell befremden und den Verkauf zunichte machen kann. Und oft genug erkennt der "Track"-Verkäufer zu spät, daß das Licht am Ende des Tunnels, das er voller Elan zu erreichen versucht, der Scheinwerfer eines entgegenkommenden Zuges ist.

Mythos 4: Leiste mehr Beinarbeit. Wenn Sie von den drei genannten Mythen bereits erwischt wurden, dann wissen Sie, daß sich, unabhängig davon, wie Ihre Umsatzzahlen im Augenblick aussehen mögen, Ihr letzter Erfolg mit genau einem Wort beschreiben läßt: mehr. Aber wenn Sie dann alle Abschlußhindernisse in allen Anbahnungen beseite geräumt haben und Ihre Quota immer noch nicht erfüllen, was machen Sie dann?

Wenn Sie dem vorhandenen Wissen über das Verkaufen folgen, werden Sie jetzt nicht versuchen, zu analysieren, was Sie möglicherweise bei Ihren Kundenkontakten falsch machen, oder ob Ihr Produkt die Bedürfnisse Ihres Kunden wirklich abdeckt oder nicht. Sie nehmen weiterhin an, daß Ihre Techniken gut sind, daß Sie sie lediglich nicht oft genug anwenden. Weil man Ihnen wieder und immer wieder gesagt hat, verkaufen sei lediglich ein Zahlenspiel, suchen Sie den Grund bei den Zahlen. Sie wissen, daß ein bestimmter Prozentsatz Ihrer Anbahnungen nie eines Ihrer Produkte kaufen wird, wie sehr Sie sich auch anstrengen mögen. Aber andererseits wird ein bestimmter Prozentsatz bei Ihnen kaufen. Also ist die Antwort einfach. Selbst wenn der Prozentsatz der "erfolglosen" Anbahnungen auf seinem jetzigen Niveau bleiben wird, werden Sie mehr Umsatz machen, wenn Sie mehr Verkaufsgespräche führen. Einfache Logik, richtig?

Das ist jedoch mehr eine *einfältige* Logik. Nichts könnte dies besser illustrieren als eine Geschichte, die Tom Peters und Bob Waterman in ihrem Buch *Auf der Suche nach Spitzenleistungen* erzählen. Sie berufen sich dabei auf einen Verkaufsmanager von General Instruments, der ein Jahr lang besonders "enge Kundenkontakte" pflegte, seine Quota zu 195 Prozent erfüllte und damit Spitzenreiter in seiner Division war:

Ein Mensch aus der Zentrale rief mich an und sagte: "Sicherlich haben Sie gute Arbeit geleistet, aber Sie haben durchschnittlich pro Tag 1,2 Verkaufsgespräche geführt und der Gesamtdurchschnitt im Unternehmen liegt bei 4,6. Stellen Sie sich einmal vor, was Sie verkaufen könnten, wenn Sie diesen Durchschnittswert erreichen würden." Sie können sich meine Antwort vorstellen. Als ich wieder von der Decke herunter war, sagte ich: "Denken Sie einmal darüber nach, was der Rest der Truppe verkaufen könnte, wenn er die Zahl seiner Verkaufsgespräche auf 1,2 senken würde.

Der Punkt, den wir hier unterstreichen möchten, ist nicht, daß Sie weniger oder mehr Verkaufsgespräche führen sollten als bisher. Der entscheidende Faktor zum Verkaufserfolg ist ganz und gar nicht deren Anzahl. Es geht darum, durch ein System sicherzustellen, daß, unabhängig von der Zahl Ihrer Verkaufsgespräche, jedes einzelne so effektiv und vorhersagbar wie möglich gemanagt wird. Diese Art des Managements erreichen Sie jedoch nur, wenn Sie die Grenzmarke der Zahlenspielereien überschreiten und sich auf die vielen verschiedenen Gründe Ihrer vielen verschiedenen Kunden dafür konzentrieren, warum diese das haben möchten, was Sie verkaufen wollen. Der Verkaufsmanager von General Instruments hatte das verstanden. Er wußte, daß Erfolg alles damit zu tun hat, den individuellen Kunden kennenzulernen und nahezu nichts damit, an wievielen Türglocken Sie läuten.

Mythos 5: Sie müssen daran glauben. Sie haben sich verpflichtet, die 'Reizende Sphinx' zu verkaufen, Sie wenden jeden Trick an, um den Auftrag zu erhalten, Sie tun das jede Woche hundertmal und sind *immer noch nicht* Verkäufer des Jahres. Wissen Sie, was Ihr Problem ist? Sie haben nicht die richtige Einstellung. Der Grund, warum Sie nicht genügend verkaufen ist, daß Sie nicht *glauben*, dies zu können. Was Sie brauchen ist Positives Denken.

Angefeuert von den eintönigen Philosophien verschiedener Prediger, Pop-Psychologen und Verkaufs-"Motivatoren" glauben jetzt Millionen von Menschen, daß sie, früher oder später, alles im Leben bekommen können, was sie sich wünschen, wenn sie nur fest genug daran glauben. Es steckt alles in Dir, lautet die Schlagzeile. Ändere Deine Art zu denken, und Du kannst die Welt ändern.

Ja, wir brauchen Zuversicht in das, was wir tun. Wir brauchen die Überzeugung, daß wir diese Extrameile gehen oder diese zusätzliche Anstrengung für die Einmal-im-Leben-Präsentation machen können. Aber wenn positives Denken den Unterschied ausmachen würde, dann würden die

Rennbahnen Millionäre am laufenden Band produzieren, und zwar schneller, als McDonald's seine Hamburger macht. Der marktschreierische Weg zum Verkaufen über die Motivation führt in der schnellebigen, vom Wettbewerb geprägten Wirtschaft von heute zu nichts, weil ihm dasselbe fehlt wie den anderen Verkaufsmythen: ein solides, nachvollziehbares System zur Überwindung von Versuch und Irrtum und zur Verwandlung von Wünschen in Resultate.

Korrektur der Mythen: die Konzentration auf den Entscheidungsprozeß

Die Korrektur der Mythen setzt voraus, daß wir die Tricks vergessen, die man Verkäufern nachsagt, das heißt, wir verlassen den Bereich der falschen Versprechungen der "Kontrolle" über den Verkaufsvorgang. Statt dessen konzentrieren wir uns darauf, was von Kunde zu Kunde und von Verkaufsvorgang zu Verkaufsvorgang als beständig vorausgesagt werden kann: *auf den Entscheidungsprozeß des Kunden.*

Die Methode, die wir im *Konzeptorientierten Verkaufen* vorstellen, ist ein Fahrplan zum Entscheidungsprozeß Ihres Kunden. Als Vorschau auf den Prozeß, den Sie kennenlernen werden, folgt hier eine Übersicht der wichtigsten Grundsätze, die wir entwickeln werden:

1. "Kaufen" ist ein spezieller *Entscheidungsprozeß.*

2. Jeder Kaufentscheidung Ihrer Kunden liegt eine *voraussagbare und logische* Reihe von Einzelschritten zugrunde.

3. Die Einzelschritte des Entscheidungsprozesses folgen einer ebenfalls voraussagbaren und logischen *Sequenz*, die der Verkäufer erkennen und verfolgen kann.

4. Eine von zwei Alternativen wird sichtbar, wenn Sie dieser Sequenz systematisch folgen und/oder Ihrem Kunden helfen, dies zu tun. Entweder stellen Sie, erstens, eine solide Übereinstimmung der Bedürfnisse Ihres Kunden und der Lösung fest, die Sie ihm anbieten können, oder, zweitens, es gibt keine solche Übereinstimmung. In diesem Falle sollten Sie beide auf dieses Geschäft verzichten. Beide Feststellungen geben Ihnen zuverlässige Informationen darüber, wie Sie bei diesem Kunden weiter vorgehen und darüber, wie Sie Ihre wertvolle und beschränkte aktive Verkaufszeit am besten einsetzen können.

5. Den Entscheidungsprozeß des Kunden zu ignorieren oder dagegen anzugehen, führt beim Kunden zu Verwirrung und Verärgerung und bei Ihnen - früher oder später - zu einem Mißerfolg.

Es ist offensichtlich, daß unsere Konzentration auf den Entscheidungsprozeß *Konzeptorientiertes Verkaufen* zu einem "kundenorientierten" anstatt zu einem "verkäuferorientierten" System macht. Wir könnten uns vorstellen, daß Sie das etwas nervös macht. Denn wir hören immer wieder die Befürchtung, daß die Kontrolle über den Verkaufsvorgang verloren geht, wenn man dessen Entwicklung dem Entscheidungsprozeß des Kunden überläßt. Aber diese Skeptiker stellen dann sehr schnell fest, daß genau das Gegenteil eintrifft. Wenn Sie damit beginnen, *mit* Ihrem Kunden zu arbeiten, wenn Sie ihm bei seinem Kaufprozeß helfen, werden Sie den Ablauf des Geschehens mehr kontrollieren, als wenn Sie sich auf die "Techniken" verlassen - und zwar sowohl im Hinblick auf das individuelle Verkaufsziel als auch auf zukünftige Geschäfte.

Dafür gibt es einen überzeugenden Grund. Wenn Sie jemand helfen, etwas zu tun, was er selbst gerne tun möchte - etwa eine kluge Kaufentscheidung zu treffen -, dann weiß er, daß er Ihre Lösung aktiv *gekauft* hat und ihm nichts mit Hilfe manipulativen Drucks passiv *verkauft* wurde. Jemand, der dies weiß, kauft weit mehr als die Ware oder Dienstleistung, die zur Diskussion steht; er kauft eine Partnerschaft mit Ihnen, die der Dreh- und Angelpunkt vorhersehbarer, langfristiger Verkaufserfolge sein wird.

Taktische Planung: die drei Phasen des Verkaufsgespräches

Um jedes Ihrer Verkaufsgespräche so zu managen, daß Ihre Kunden den gegenseitig befriedigenden, "Ich gewinne/Du gewinnst"-Charakter der Geschäfte mit Ihnen erkennen, müssen Sie genau das tun, was Rolf zur Vorbereitung seines Verkaufsgespräches in Chicago tat: *taktisch planen.*

Mit taktischer Planung meinen wir etwas ganz Bestimmtes. Wir meinen damit das bewußte Durchdenken dessen im voraus, wie Sie die *drei Schlüsselphasen* des Verkaufsgespräches abwickeln wollen.

Genau diese drei Phasen haben wir angedeutet, als wir Ihnen weiter oben die "Gleichung" für den Verkaufserfolg vorgestellt haben. Diese Gleichung, durch die Ihre Kenntnis der Kundenbedürfnisse und Ihre Produktkenntnisse mit soliden Verkaufserfolgen verknüpft wurden, läßt sich auch in Form eines Diagramms darstellen.

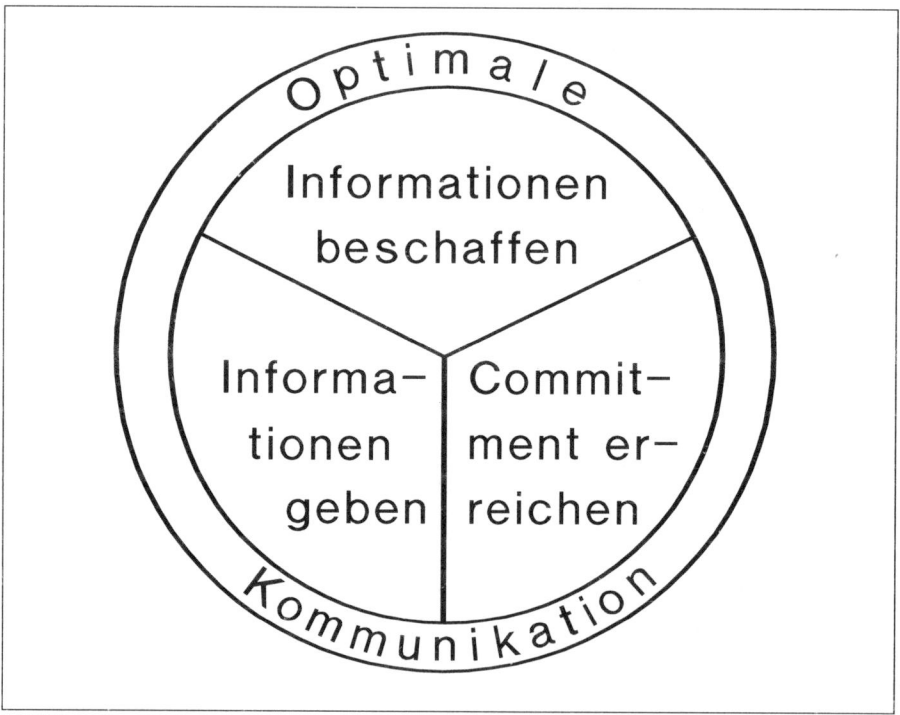

Abbildung 2: *Die drei Phasen des Verkaufsgespräches*

44

In diesem Diagramm korrespondieren die drei Stücke des "Kuchens" mit den drei Schlüsselphasen des Verkaufsgespräches. Den Ring, der den "Kuchen" umschließt und mit dem Begriff "Optimale Kommunikation" beschriftet ist, werden wir in späteren Kapiteln ausführlich erläutern.

Die Phase eins des Verkaufsgespräches - **Informationen beschaffen** - umfaßt alles, was *Sie wissen müssen* über die aktuelle Situation Ihres Kunden, damit Sie Ihr Angebot effektiv präsentieren können. Mit anderen Worten geht es darum, herauszufinden, aus welchen Gründen der Gesprächspartner daran interessiert ist, mit Ihnen Geschäfte zu machen. Im Gegensatz zu allen bekannten Empfehlungen ist das der Punkt, an dem jedes gute Verkaufsgespräch *beginnen* muß.

Phase zwei - **Informationen geben** - umfaßt die Beschreibung und eventuell die Demonstration Ihrer Ware oder Dienstleistung mit Bezug zu den Bedürfnissen des Kunden. Das heißt nichts anderes, als daß Sie *ihm die Informationen geben*, die er für eine vernünftige Kaufentscheidung benötigt. Wir werden Ihnen zeigen, wie Sie Informationen geben können, die sich nicht in der Darstellung der "Merkmale und Vorteile" Ihres Produktes erschöpfen und Sie damit von jedem anderen unterscheiden, der Ihren Interessenten Informationen liefert.

Phase drei schließlich - **Commitment erreichen** - heißt, alle Unsicherheiten zu beseitigen, die Ihren potentiellen Kunden selbst dann vom Kauf abhalten könnten, wenn Ihre Lösung genau seinen Bedürfnissen entspricht. Damit meinen wir aber nicht "Kundeneinwände entkräften". Was wir damit meinen ist, gemeinsam mit dem Kunden in jeder Phase des Verkaufsvorganges so zu arbeiten, daß *beide Partner sich* auf den Verkaufsprozeß *verpflichten*.

Ein Hinweis ist an dieser Stelle erforderlich. Wenn wir von den drei Phasen des Verkaufsgespräches sprechen, dann meinen wir damit nicht eine unabänderliche Sequenz, wie etwa bei den verschiedenen Mondphasen. Es gibt *keine gleichbleibende Reihenfolge* dieser Phasen. Wir haben sie lediglich numeriert, um sie voneinander abzugrenzen. Jedes Verkaufsgespräch ist eine dynamische Interaktion zwischen Käufer und Verkäufer. Das bedeutet, daß Sie jederzeit frei von einer in die andere Phase wechseln können müssen, und zwar nicht in Abhängigkeit von einer hypothetischen, idealen Sequenz, sondern in Abhängigkeit vom jeweiligen Geschehen im konkreten Gespräch.

Dies ermöglicht Ihnen Ihre taktische Planung. Wenn Sie das dreistufige Raster verwenden, das wir Ihnen erläutern werden, werden Sie zu jedem beliebigen Zeitpunkt während des Gespräches drei Dinge ganz genau wissen: wo *Sie* stehen, wo Ihr *Kunde* steht und *was noch getan werden muß*, damit der Verkauf als Ich gewinne/Du gewinnst-Vorgang abgeschlossen werden kann.

Um Sie auf den erfolgreichen Einsatz unseres dreistufigen Rasters vorzubereiten, möchten wir Ihnen jetzt eine Überlegung vorstellen, die unsere Erklärung, warum Menschen wirklich kaufen, einen Schritt weiterführt. Es handelt sich dabei um die Idee, welche *Konzeptorientiertes Verkaufen* einmalig macht und die unseren Workshops und diesem Buch ihren Namen gegeben hat: die Idee vom "Konzept" des Kunden.

2 Jenseits allen Produkt-Weihrauchs

Warum besitzt nicht jedermann ein Ginsu-Messer? Man kann damit Kupferrohre zerschneiden, ohne daß es stumpf wird. Sie können es mit einem Vorschlaghammer traktieren, ohne daß es in Stücke zerbricht. Sie können mit ihm - wie Woody Guthrie einmal geistreich bemerkte - eine Tomate in so dünne Scheiben schneiden, "daß sogar Politiker hindurchsehen können". Und im Vergleich zu anderen qualitativ guten Küchenmessern sind sie vergleichsweise billig. Kurz gesagt: Das Ginsu-Messer ist ein sagenhaftes Produkt.

Warum in aller Welt besitzt dann nicht jedermann ein Ginsu-Messer?

Die Antwort auf diese Frage hat nichts mit diesem Produkt zu tun. Wenn sich Ginsu-Messer ausschließlich aufgrund ihrer Vorzüge verkaufen ließen, würde man sie wahrscheinlich in jeder Küche in den Staaten finden. Die Antwort auf diese Frage hat damit zu tun, wie dieses ausgezeichnete Produkt, so wie viele andere ausgezeichnete Produkte, den potentiellen Kunden präsentiert wird - mit anderen Worten damit, wie es verkauft wird. Daß die Ginsu Company - trotz des guten Produktes, intensiver Fernsehwerbung und den ausgefeiltesten Verkaufsmaschen in diesem Geschäft - den Küchenmesser-Markt nicht vollständig erobern konnte, weist auf eine fundamentale Fehleinschätzung der Gründe hin, *warum Menschen wirklich kaufen.*

Wir sagten im letzten Kapitel, daß Menschen aus ihren *eigenen* Gründen kaufen und nicht aus denen des Verkäufers. Der Ginsu-Fall illustriert dies auf perfekte Weise. Die Gesellschaft hat es auf hervorragende Weise verstanden, ihren potentiellen Kunden etwas über ihr Produkt zu erzählen - und ihnen damit zu sagen, warum sie nach *ihrer* Meinung, also der Meinung von Ginsu, das Messer kaufen sollten. Aber die Blitzmethode, mit der die Medien überschwemmt wurden, hat, aus ihrer eigenen Natur heraus, verhindert, daß Ginsu einzelne Kunden nach den Kriterien befragte, die *für sie* beim Messerkauf ausschlaggebend sind. Als Ergebnis dessen konnte sich Ginsu nur einen kleinen Teil des vorhandenen Marktpotentials erschließen - und während wir diese Zeilen schreiben, hört man gerüchteweise von finanziellen Problemen des Unternehmens.

Diese Erfahrung läßt sich in jeder Branche machen. Natürlich reagieren immer ein paar Kunden positiv, wenn man ihnen *erzählt*, warum sie ein bestimmtes Produkt kaufen sollen. Aber *die große Mehrheit tut dies nicht*. Die große Mehrheit der potentiellen Kunden kann in jedem Markt nur erreicht werden über ihre eigenen Bedürfnisse und Interessen. Nur wegen der "offensichtlichen" oder "objektiven" Vorteile eines Produktes kann man sie nicht veranlassen, ihr Geld auszugeben - und sei das Produkt auch noch so großartig. Deshalb wird an jedem Verkäufer, der sich nur auf die "Produktmasche" verläßt, eine Menge Geschäft vorbeigehen.

Wie der Ginsu-Fall zeigt, gilt dies selbst dann, wenn Sie mit der für gesättigte Werbemärkte typischen Erfolgsquote von fünf oder zehn Prozent zufrieden sind. Und dies gilt auf dramatische Weise noch viel mehr im Einzelverkauf: Eine Abschlußquote von fünf oder zehn Prozent würde in diesem Geschäft nichts als das sofortige Aus bedeuten. Deshalb brauchen Sie im Einzelgeschäft etwas weitaus Verläßlicheres als ein gutes Produkt, einen Kopf voller Merkmale und Vorteile und eine witzige Demonstration Ihres Produktes. Sie müssen in der Lage sein, sich die Gründe jedes *individuellen* Kunden dafür herauszugreifen, etwas zu kaufen oder etwas nicht zu kaufen. Im heutigen Einzelverkauf ist es entscheidend, jenseits jeder altmodischen Produkt-Beweihräucherung zu agieren.

Die grundlegende Ursache dafür kann in einer scheinbar verrückten These so formuliert werden: *Niemand hat jemals ein Produkt verkauft.*

Niemand kauft ein Produkt um seiner selbst willen

Daß diese These gar nicht so verrückt ist, wie es scheint, können Sie sich sehr leicht selbst beweisen. Denken Sie an das letzte Mal, als *Sie selbst* etwas gekauft haben - ob es sich dabei um etwas so Geringes und Kurzlebiges wie eine Zeitung gehandelt hat oder um etwas so Wichtiges und Dauerhaftes wie einen Wagen. Wofür Sie Ihr Geld ausgegeben haben, war nicht wirklich für die physische, greifbare Leistung selbst, sondern für die *Erwartung dessen, was diese Anschaffung für sie bringen würde.* In einem gewissen Sinne machen alle Käufer einen Handel mit der Zukunft: Wenn wir etwas kaufen, geschieht dies, weil wir uns von dieser Anschaffung die Befriedigung bestimmter Bedürfnisse versprechen. In Wirklichkeit ist es die Idee, daß "X befriedigt werden muß", wofür wir bezahlen. Wenn wir zum Beispiel das Markstück für die Zeitung hinlegen, versprechen wir uns davon, über das Tagesgeschehen informiert zu werden. Wenn wir eine Menge Geld für ein Auto ausgeben, dann in Erwartung einer bestimmten Leistung des Wagens, von Prestige oder Bequemlichkeit. Die Leute, die ihre Schecks an Ginsu schickten, taten dies nicht, weil deren Messer objektiv "gut" sind, sondern weil sie annahmen, daß die Messer ein bestimmtes Bedürfnis abdecken würden, das sie persönlich hatten - ob sie nun Tomaten in papierdünne Scheiben schneiden oder damit ein Kupferrohr durchtrennen wollten, um ihren Freunden zu imponieren. Der Schlüssel zu jeder Anschaffung liegt in der Erwartung, mit diesem Erwerb bestimmte Bedürfnisse befriedigen zu können.

Diese Aussage läßt sich in Form eines Schlagwortes formulieren, das dem Verkaufsansatz von Miller-Heiman umfassend zugrundeliegt:

> *Niemand kauft eine Ware oder Dienstleistung an sich.*
> *Gekauft wird das, was sich der Kunde von der Ware oder*
> *der Dienstleistung verspricht.*

Diese Idee, diese Vorstellung dessen, was sich der Kunde von dem Produkt - sei es eine Ware oder eine Dienstleistung - verspricht, nennen wir *Konzept.* Das Kundenkonzept ist die "Vorstellung" dessen oder der "Lösungsansatz" zu dem, was er tun möchte. Heute ist es wichtiger als jemals zuvor, das Kundenkonzept als Ausgangspunkt für jeden guten Verkauf zu begreifen. Deshalb möchten wir diese wichtige Überlegung etwas genauer definieren.

1. Das Konzept ist *bereits vorhanden*. Das heißt, schon bevor Sie einen Interessenten das erste Mal treffen, sollten Sie davon ausgehen, daß er sich schon einige Gedanken über Sie, Ihr Unternehmen und Ihre Produkte gemacht hat. Diese Gedanken basieren auf den *früheren Erfahrungen*, die er gemacht hat. Dabei spielt es überhaupt keine Rolle, ob Sie persönlich schon mit ihm zu tun hatten oder nicht. In jedem Falle ist es sehr wahrscheinlich, daß sich Interessenten über Sie und Ihr Produkt Gedanken gemacht haben, bevor Sie ihnen begegnen - und es ist tödlich, diese vorgefaßte Meinung zu ignorieren.

2. Das Konzept ist eine absolut *persönliche* Angelegenheit jedes einzelnen. Es ist *subjektiv* und bei jedem Kunden *verschieden*. Keine zwei Personen werden aus genau dem gleichen Grund etwas kaufen oder nicht kaufen. Deshalb betonen wir im *Konzeptorientierten Verkaufen* immer wieder sehr deutlich, daß ein Kauf niemals wegen eines Produktes zustande kommt oder nicht zustande kommt, sondern ausschließlich aufgrund der subjektiven Meinung des einzelnen Kunden darüber, was dieses Produkt für *ihn* zu leisten vermag.

3. Das Konzept Ihres Kunden ist mit seinen *Wertvorstellung und Haltungen* verknüpft. Über Wertvorstellungen und Haltungen werden wir uns später in diesem Buch ausführlicher unterhalten. Das grundsätzliche Anliegen an dieser Stelle besteht darin, den traditionellen Argumentationsschwerpunkt der Verkäufer - die Produktmerkmale und -vorteile - zu relativieren und noch einmal zu betonen, daß Menschen aus *ihren eigenen* Gründen kaufen, und diese Gründe sind immer subjektiv und individuell.

Keine Annahmen

Wenn gutes Verkaufen damit beginnen soll, das Konzept des Kunden zu verstehen, das heißt, mit dem *Verstehenwollen* einer vorgefaßten, persönlichen und wertbeladenen Vorstellung seiner Situation und über Sie und Ihr Produkt, versteht es sich von selbst, daß Sie aufgeschlossen in das Verkaufsgespräch eintreten müssen - bereit, zuzuhören anstatt selbst zu reden. Solange Sie nicht Gedanken lesen können, werden Sie nicht in der Lage sein, das Konzept eines Menschen intuitiv zu begreifen; und weil wir Menschen dazu neigen, unsere Meinung unter Umständen täglich und oft dramatisch zu ändern, gibt es keine Möglichkeit, selbst die Konzepte Ihres ältesten und "zuverlässigsten" Kunden ohne Fragen zu erfassen. Solange Sie nicht mehr fragen als reden, verstehen Sie das Kundenkonzept zu keinem Zeitpunkt.

Weil es so leicht ist, sich über die Gedanken eines potentiellen Kunden selbst in die Irre zu führen, empfehlen wir allen Verkaufsprofis, mit denen wir es zu tun haben, einer einfachen, aber eleganten Regel zu folgen. Wann immer Sie sich mit jemand zu einem Gespräch zusammensetzen, machen Sie *keine Annahmen* darüber, was diese Person denkt, ob Sie sie nun seit fünf Minuten oder bereits seit fünf Jahren kennen. Betrachten Sie jedes Verkaufsgespräch so, als ob es Ihr *erstes* Gespräch mit dieser Person wäre. Unabhängig davon, wie lange Sie mit der "guten alten Jane" schon Geschäfte machen, gilt die Tatsache, daß sich ihr Konzept von einem Gespräch zum anderen geändert haben kann. Das kann in Abhängigkeit von Faktoren geschehen, die Sie nicht kennen und auf die Sie keinen Einfluß haben. Das Konzept des Kunden ist deshalb immer wieder aufs Neue zu identifizieren, und zwar in jedem Gespräch.

Das Konzept identifizieren

Zuerst müssen wir ein Mißverständnis ausräumen, dem wir immer wieder begegnen, wenn wir Verkaufsprofis mit dem Kundenkonzept bekannt machen, und zwar speziell diejenigen in hohen Marketingpositionen. Für Menschen, die lange Zeit Produkte entwickelt und "vorverkauft" haben, sind Aussagen wie die folgende sehr gebräuchlich: "Ich freue mich wirklich sehr, daß Sie genau diesen Punkt herausgreifen. Wir bemühen uns seit Jahren darum, daß unsere Kunden das Konzept verstehen, das wir mit unseren Produkten verfolgen. Und das ist uns leider viel zu selten gelungen."

Nein, sagen wir, und das wird Ihnen in Zukunft wahrscheinlich noch weniger gelingen - weil das, was diese Person oder eine Verkaufsorganisation mit "dem Konzept hinter dem Produkt" meint, möglicherweise mit dem *Kunden*-Konzept absolut gar nichts zu tun hat. Für Leute im Verkauf bedeutet "Konzept" oft eine Art Vision - die theoretische Grundlage eines Produktes, wie sie die Kollegen aus dem Marketing und der Forschung und Entwicklung in ihren Köpfen hatten, bevor das Produkt zur Realität wurde. Natürlich *hat* dieses "Konzept" für einen Interessenten eine gewisse Bedeutung, aber es ist ein Trugschluß anzunehmen, daß es für alle Interessenten gleichbedeutend sei - oder daß es für den Kunden ebenso bedeutend wäre, wie für *diese Personen selbst*.

Hierzu ein Beispiel. Vielleicht haben Sie diese Werbekampagne in Schnellimbiß-Ketten verfolgt, bei der der Kunde sein Glas behalten darf, wenn er eine bestimmte Limonade gekauft hat. Typischerweise werden die Gläser vom Limonadenhersteller zur Verfügung gestellt, der mit dieser Promotion seinen Umsatz steigern möchte. Und üblicherweise machen die Restaurants bei dieser Aktion gerne mit, weil sie ihre eigenen Umsätze in die Höhe treibt. Deshalb bedeuten diese Promotions in den meisten Fällen eine ideale Übereinstimmung zwischen den Interessen des "Konzeptes" unseres Limonadenherstellers und dem Konzept seines Kunden, nämlich der Imbißkette.

Aber es gibt eine sehr große Schnellimbiß-Kette, die diese Werbekampagne nie akzeptiert hat. Vor einiger Zeit hatten wir die Gelegenheit, einen ihrer Divisionsmanager nach den Gründen zu fragen. Seine Antwort demonstrierte auf überzeugende Weise, daß es keine *zwingende* Übereinstimmung zwischen dem "Konzept" des Verkäufers und des Käufers geben muß.

"Natürlich würden wir mehr Limonade verkaufen," bestätigte er uns. "Aber in der Hälfte meiner Restaurants gab es eine Meuterei unter den Angestellten. Sie wissen, wie groß - oder besser gesagt: klein - unsere Restaurants sind, und wir sind stolz auf unseren Flächenumsatz. Aber der wirkliche Grund dafür ist, daß wir in dieser Frage effizient sein *müssen*. Wir haben in unseren typischen Restaurants halb so viel Fläche wie unsere Wettbewerber. Können Sie sich vor diesem Hintergrund vorstellen, was ich *wirklich* sehe, wenn ich einem Verkäufer begegne, der versucht, mir Gläser zum Verschenken schmackhaft zu machen? Ich sehe eine zwölf Kubikmeter große Palette in unserem Küchenlager, die jedermann dauernd im Wege steht."

Mit anderen Worten, das Konzept dieses Kunden spiegelte das Bild eines potentiellen Durcheinanders wider. Das "Konzept" des Verkäufers mochte noch so großartig sein, es ließ sich mit dem Gefühl des Kunden nicht in Einklang bringen, er würde von Gläsern eingepfercht sein.

Der Versuch, das "Konzept" des eigenen Unternehmens von seinem Produkt zu verkaufen, ist deshalb im Grunde genommen nicht leichter, ja, oft sogar wesentlich schwieriger, als das Produkt selbst zu verkaufen. Das *eigene* Konzept eines Produktes zu verkaufen, ist in Wirklichkeit nur eine besondere Art, dem Kunden Produkte "hineinzudrücken", die sehr selten zu guten Ergebnissen führt. Tatsächlich kann sie sogar zu negativen Ergebnissen führen, weil sie Sie von dem ablenkt, was zum Erfolg oder zum Mißerfolg führt: nämlich dem, was Ihr *Kunde* denkt.

Weil jeder Verkaufsvorgang und jeder potentielle Kunde verschieden sind, ist es uns nicht möglich, Ihnen zu sagen, was Ihr Kunde wahrscheinlich denkt. Dieses Buch wird Ihnen aber zeigen, wie Sie dies jedesmal herausfinden können, wenn Sie sich zu einem Gespräch mit einem Kunden niedersetzen, ja selbst, wenn Sie mit ihm nur telefonieren. Jetzt gleich werden wir uns auf einige Anhaltspunkte oder "Schlüssel" konzentrieren, mit denen es zu operieren gilt, wenn Sie das Konzept Ihres Kunden ermitteln wollen.

Drei Schlüssel zu den Resultaten

Wir sagten, daß das Konzept des potentiellen Kunden seine Erwartung von dem sei, was Sie und/oder Ihr Produkt für ihn *tun* können. Eine andere Möglichkeit, dies auszudrücken, ist der Hinweis darauf, daß Ihr Kunde, so wie Sie oder jemand anderes, immer nach *Resultaten* sucht. Nur wenn er denkt, daß Sie ihm die Resultate liefern können, die er benötigt, möchte er etwas über Ihr Produkt erfahren.

Um etwas genauer zu sein: Wir haben festgestellt, daß die konzeptionellen Resultate, die ein Kunde anstrebt, immer einem oder mehreren grundsätzlichen Bereichen zugeordnet werden können:

1. Abweichung. Mit Abweichung meinen wir eine Lücke, die der Interessent nach seiner Meinung (nicht der Ihrigen) zwischen seiner jetzigen Position und derjenigen erkannt hat, in der er sich gerne befinden möchte. Solange jemand eine solche Lücke zwischen seiner heutigen Situation und einer Idealvorstellung nicht erkannt hat - und solange er nicht glaubt, Sie könnten ihm helfen, diese Lücke zu überbrücken -, solange können Sie jede Hoffnung begraben, ihm etwas verkaufen zu können.

Sie kennen den alten Spruch von den Schwierigkeiten, demjenigen etwas zu schenken, der schon alles hat. Diesem Sportsfreund etwas zu *verkaufen*, ist zehnmal schwerer. Das führt uns zurück zu dem Konzept des Kunden und den von ihm gewünschten Resultaten. Wenn und solange Ihr potentieller Kunde mit seiner aktuellen Situation vollkommen zufrieden ist, sieht er keine Möglichkeit für Sie, ihm Resultate zu liefern, die diese Situation verbessern könnten. Kurz gesagt: keine Abweichung, kein Verkauf.

Ein Beispiel: Das fünf Jahre alte Auto, das ich zur Zeit fahre, hat 140.000 Kilometer "auf dem Buckel". Trotzdem erfüllt es alle meine Erwartungen - mit Ausnahme eines Kassettenspielers - und sieht für sein Alter noch ganz gut aus. Wenn ich mit ihm in seinem jetzigen Zustand vollkommen zufrieden bin, gibt es für mich keine Abweichung und demzufolge für Sie auch keinen Ansatzpunkt, mir einen neuen Wagen zu verkaufen. Aber wenn mich die Blicke meiner Nachbarn zu stören beginnen oder wenn der Rost am rechten, hinteren Kotflügel anfängt, mich in Verlegenheit zu bringen, besteht eine offensichtliche Abweichung von der Situation, in der ich mich befinde und derjenigen, in der ich gerne sein möchte. Die Abweichung hat mein Konzept eines "neuen Autos" verändert und mich für einen möglichen Autokauf aufgeschlossen gemacht.

2. Wichtigkeit. Im Hinblick auf das Konzept eines Kunden müssen Sie immer darauf achten, wie wichtig ihm ein Ziel ist, das er erreichen könnte. Nehmen Sie das Szenario mit dem Auto ohne Kassettenspieler von eben. Wenn es mich nur gelegentlich stört, daß ich keinen Kassettenspieler im Auto habe, nämlich dann, wenn ich während der Fahrt einmal Musik hören möchte, dann ist die Abweichung gering, dann ist die Wichtigkeit gering und dann sind die Erfolgschancen des Autoverkäufers nicht sehr groß. Aber wenn Sie davon ausgehen, daß ich pro Woche zwanzig bis dreißig Stunden mit dem Auto unterwegs bin, daß ich häufig mit dem Tonband aufgezeichnete Texte überprüfen muß und meine Reisezeit besser nutzen möchte, dann verändert sich die Situation. Die Bedeutung des Kassettenrecorders steigt erheblich für mich und ein Verkäufer, der dieses mein Konzept eines Kassettenspielers - also meine Erwartung, die Reisezeit besser nutzen zu können - anspricht, hat gute Chancen, mir einen solchen oder vielleicht sogar ein neues Auto zu verkaufen, in dem einer drin ist.

3. Ein Problem lösen. Wir haben erwähnt, daß "Lösungsansatz" ein Synonym für "Konzept" ist. Wenn Ihr Kunde ein dringendes Problem hat, wird der Grad der Abweichung *ex definitionem* sehr groß sein. Also sind Ihre Chancen, ihm etwas zu verkaufen, sehr gut, wenn Sie ihm etwas liefern können, das mit seiner idealen Lösungsvorstellung übereinstimmt.

Das ist offensichtlich genug. Was nicht so offensichtlich ist, ist die Tatsache, daß Sie ihm *trotzdem* etwas verkaufen können - auch wenn ihm sein Problem im Augenblick nicht so sehr ins Auge sticht. In diesem Falle erreichen Sie seine "Lösungsvorstellung", indem Sie ihm aufzeigen, wie er mit Ihrer Lösung ein zukünftiges Problem *vermeiden* kann.

Nehmen Sie wieder das Auto mit den 140.000 Kilometern. Seien wir doch ehrlich: Nach einer solchen Fahrleistung ist das Risiko, daß die Kundendienst- und Reparaturkostenrechnungen in naher Zukunft etliche hundert Mark leicht übersteigen können, sehr groß. Das kann Sie mit der bekannten Option zur "Problemvermeidung" konfrontieren: "Zahle jetzt gleich oder zahle später." Wenn mein Konzept über einen neuen Wagen die Überlegung beinhaltet, daß ich eine Panne auf offener Landstraße befürchte, dann sind Ihre Chancen, mir eine neues Auto zu verkaufen, sehr gut - *wenn* Sie diesen Aspekt meines Konzeptes aufgreifen und sich auf die Wartungsfreiheit Ihrer neuen Modelle fokussieren.

Fassen wir zusammen: Das Aufgreifen des Kundenkonzeptes hat nicht nur zufällig mit guten Verkaufserfolgen zu tun. Es ist die Grundlage jeden langfristigen Erfolges, weil es der einzige Weg ist, der direkt zu den Bedürfnissen führt, von denen der Käufer glaubt, daß sie befriedigt werden müssen.

"Kundenorientiertes" Verkaufen

Das, worüber wir gerade sprechen, kann als individuelles, oder noch genauer, "kundenorientiertes" Verkaufen bezeichnet werden. In einem stark von Wettbewerb geprägten Umfeld, in dem Käufer enorme Wahlmöglichkeiten besitzen, kann der Verkäufer auf lange Sicht nur durch "kundenorientiertes" Verkaufen überleben. Das können wir an zwei Beispielen illustrieren.

Zuerst ein Beispiel dafür, wie ein Verkauf *nicht* kundenorientiert gestaltet werden kann.

Neulich fuhr einer unserer Freunde mit seinem schon etwas betagten Sportwagen zu einer Ausstellungshalle für Neufahrzeuge, stieg aus und wurde sogleich von einem jungen Nachwuchsverkäufer an die Kandare genommen. Weil unser Freund mit einem Sportwagen vorgefahren war, ging der Verkäufer von der scheinbar vernünftigen Annahme aus, daß er diesen durch einen neuen ersetzen wolle. Einmal in Fahrt, überschlug sich der Junge mit Hinweisen auf die Motorkompression und die "Von-Null-auf-Hundert-Sekunden" der Sportmodelle, die er anbieten konnte.

Aber seine Annahme war falsch - und verhängnisvoll. Unser Freund und seine Frau hatten nämlich gerade ihr zweites Baby bekommen und widerwillig beschlossen, den wilden Zeiten im Sportwagen zugunsten eines für die jetzige Situation praktischeren Modells Ade zu sagen. Sein Konzept eines "neuen Wagens" kreiste, mit anderen Worten, mehr um den Bedarf an mehr Innenraum - und nicht um die Vorbereitung einer Teilnahme an einem "Indy 500-Rennen". Weil er dies nicht als erstes herausfand, vergeudete der junge Verkäufer nicht nur die Zeit unseres Freundes, sondern auch seine eigene, während er vielleicht bereits an seine Provision dachte.

Das zweite Beispiel: Ein anderer Freund von uns ging neulich zu einem Herrenausstatter in der Absicht, sich einen Blazer zu kaufen. Er bat den Verkäufer um Hilfe und dieser fragte , anstatt das übliche "Größe 24 haben wir da drüben, mein Herr" zu sagen: "Warum setzen Sie sich nicht für ein paar Minuten und erzählen mir etwas über Ihre andere Garderobe." Zehn Minuten unterhielten sie sich über die Farben, die unserem Freund gefielen, über den Schnitt, den er bevorzugte und die Anlässe, zu denen er seine Kleidung trug. "Es war erstaunlich," erzählte er uns später. "Er holte sogar Schablonen zur Farbabstimmung herbei und ich verließ das Geschäft mit zwei Jacken, ein paar T-Shirts, einem Pullover und drei Krawatten."

Das war kundenorientiertes Verkaufen. Das war ein Verkaufen, das nicht von Annahmen ausging, das nicht vom Produkt ausging, sondern von des Kunden individuellen Interessen, Wertvorstellungen und Bedürfnissen - und das wieder einmal die grundsätzliche Wahrheit beweist, daß erfolgreiches Verkaufen immer mit dem Konzept des Kunden beginnt.

Ihre zwei wesentlichen Aufgaben

Haben wir das Produkt vergessen? Haben wir uns so sehr auf immaterielle Werte wie Wertvorstellungen und Haltungen konzentriert, daß wir die Ware oder Dienstleistung zur scheinbaren Nebensächlichkeit verdammt haben?

Ganz und gar nicht. Wir sagen nicht, daß das Konzept des Kunden zu verstehen alles wäre, was Sie zu tun haben. Und wir sagen auch nicht, daß Produktinformationen unwichtig seien. Die eigene Ware oder Dienstleistung sehr genau zu kennen, war für gutes Verkaufen immer wesentlich - und das ist heute nicht weniger wahr. Aber wir leben heute in einer Welt, in der die Konkurrenz intensiver ist als jemals zuvor, in der Kunden extrem anspruchsvoll geworden sind und in der das Angebot, das ihnen offeriert wird, größer ist als in allen früheren Zeiten. Sich in dieser Welt alleine auf das Produkt zu konzentrieren heißt, sich sein eigenes Grab zu schaufeln. Natürlich müssen Sie Produkte verkaufen. Aber das ist nur eine Ihrer Aufgaben.

Das Konzept des Kunden verstehen

Ausgangsthese

Bei jedem Verkauf müssen Sie *zwei* Aufgaben erfüllen, nämlich ...

- - - - ———— *... das Konzept des Kunden verstehen, wie er etwas erreichen möchte und*

eine Verbindung herstellen zwischen ——- - - - *diesem Konzept und Ihrem Produkt (Ware und/oder Dienstleistung).*

Abbildung 3: *Das Konzept des Kunden verstehen*

Jedesmal, wenn Sie heute mit einem Kunden ein Gespräch führen, haben Sie zwei verschiedene, aber miteinander zusammenhängende Aufgaben zu erfüllen. Wir bezeichnen diese Aufgaben als das *Verstehen des Kundenkonzeptes* und als das *Verknüpfen des Produktes mit dem Kundenkonzept*.

Das Verstehen des Kundenkonzeptes können wir definieren als den Prozeß, mit dessen Hilfe Sie das identifizieren, was der Kunde als die Leistung Ihres Produktes für ihn sieht. Im Gegensatz dazu stellt das Verknüpfen eine *Beziehung* her zwischen dem Produkt und dem identifizierten Kundenkonzept - so wie der Anzugverkäufer eine Beziehung zwischen seinen einzelnen Produkten und dem Konzept unseres Freundes über "Kleidung" hergestellt hat. Beim Verknüpfen des Produktes mit dem Kundenkonzept liefern Sie die Informationen über die Produktmerkmale, mit denen die meisten Verkäufer so eifrig um sich werfen. So liefern Sie zum Beispiel Spezifikationen, technologische Merkmale oder Anwendungs- und Einsatzmöglichkeiten. Weitere Beispiele finden Sie in dem nachfolgenden Diagramm.

Erst *an zweiter Stelle* folgt die

Verknüpfung des Produktes mit dem Kundenkonzept

über Medien wie etwa

▶ Preis / Leistungs-
   verhältnis

▶ Demonstrationen

▶ Produktbeschreibungen

▶ Spezifikationen

▶ Kenntnisse und
   Fähigkeiten

▶ Packungsgestaltung

▶ Technologisches

▶ Liefermöglichkeiten

Abbildung 4:   Die Verknüpfung des Produktes mit dem Kundenkonzept

Beim Lesen dieses Diagramms haben Sie festgestellt, daß Sie beim Verknüpfen des Produktes mit dem Kundenkonzept im wesentlichen die

"Merkmale und Vorteile" Ihres Produktes aufzeigen. Daran ist nichts Falsches, im Gegenteil: Das ist eine der beiden Aufgaben, die Sie zu erfüllen haben. Der Grund, warum wir den "Produktteil" bisher so heruntergespielt haben, ist einfach der, daß dieser so oft *übertrieben* wird. Nach den Vorgaben der traditionellen Verkaufstrainings hat der Verkäufer seinen Kopf aufzuschrauben, seinen Schädel vollzustopfen mit Produktmerkmalen und -funktionen, Vergleichen und Statistiken, auf die Straße zu gehen und all sein Wissen über das Produkt dem Kunden in den Schoß zu legen. Dabei gibt es zwei miteinander zusammenhängende Fehler, die sehr häufig aus dieser Überbetonung der Produktkenntnisse erwachsen:

❏ Der Verkäufer vergißt das Kundenkonzept vollständig und versucht, *ausschließlich* sein Produkt zu verkaufen.

❏ Der Verkäufer spricht zwar über das Kundenkonzept, aber erst, *nachdem* er die "Schnörkel und Ösen" seines Produktes heruntergeleiert hat.

Die Nachteile des ersten Fehlers haben wir bereits oben in dem Sportwagen-Szenario hervorgehoben. Aber es kann genau so tödlich sein, sich mit dem Kundenkonzept so lange zurückzuhalten, bis die gewohnte und bequeme Arbeit der Beschreibung dessen erledigt ist, was Ihr Produkt leisten kann.

Der häufigste Fehler des Verkäufers

Es ist tatsächlich so, *daß der Versuch, zuerst das Produkt zu verkaufen, wahrscheinlich der häufigste Einzelfehler im Verkaufen ist.* Er ergibt sich aus der traditionellen Einstellung, daß Verkaufen das Puschen von Produkten sei. Es folgt dann die Tatsache, daß es für die meisten Verkäufer wesentlich bequemer ist, etwas zu erzählen, anstatt Fragen zu stellen. Und der Fehler wird verschlimmert durch die allgemein übliche Methode, mit vorbereiteten Präsentationen aufzuwarten, in denen Sie Ihr "Spiel" mit einem Produktaufhänger beginnen: "Dieses Auto macht 230 Stundenkilometer" zum Beispiel, oder: "Schauen Sie 'mal, wie butterweich ich dieses Steak durchschneide."

In vielen Produktverkäufen, in denen ein mit überdurchschnittlichen Produktkenntnissen beschlagener Verkäufer dem Kunden mehr erzählt, als dieser jemals über das Produkt wissen wollte und ihn - gleichzeitig mit dem Verkauf - mit einer Flut nutzloser Daten überschwemmt, läßt sich eine Art Bumerangeffekt beobachten. Natürlich können Sie Ihr Produkt an manche Leute verkaufen, wenn Sie es in- und auswendig kennen. Aber Sie können einen potentiellen Verkauf mit zu vielen Produktinformationen auch tot machen, wenn Sie diese vor einem Kunden ausbreiten, dessen Konzept in keiner Beziehung zu diesen Daten steht.

Im Verkauf von High-Tech-Produkten läßt sich dies am laufenden Band beobachten. Dort sind die Verkaufsberater häufig Ingenieure, die genau deshalb zum Verkaufen ausgewählt wurden, weil sie die Produkte so gut kennen. Es ist ein sehr häufiger Irrtum dieser "Beratungsingenieure", zu glauben, sie könnten dem Vize-Präsidenten oder General Manager eines großen Unternehmens etwas so verkaufen, als ob diese ebenfalls Ingenieure wären. Das klappt meistens nie - wie uns ein Beratungsingenieur eines der großen Computerhersteller neulich mit der Geschichte bestätigte, die er uns erzählt hat.

"Bei meinem ersten wirklich großen Geschäft," sagte er, "war der Kunde ein großes Textilunternehmen, das Inventurprobleme hatte. Die Leute aus der Datenverarbeitung, die uns um eine Präsentation gebeten hatten, saugten begierig alles auf, was ich ihnen erzählte. Aber dann hatte ich ein Gespräch mit dem General Manager zu führen - einem barschen Haudegen, der den Kauf zu genehmigen hatte, weil der Deal etwa 500 Riesen kosten würde. Ich fing an, ihm alle Details zu erläutern - all die ROM's und RAM's und die "Bit-and-Bytes-Informationen", die den Leuten aus der

Datenverarbeitung so gefallen hatten -, als er mich plötzlich mitten im Satz unterbrach. 'Söhnchen,' sagte er, 'die einzigen "Bites", die mich interessieren, sind die beim Essen. Kann dieser verdammte Apparat den Weg von 400.000 Metern Stoff in sechzehn verschiedenen Fabriken monatlich verfolgen und mir genau sagen, wo was ist? Oder kann er das nicht?' war seine abschließende Frage.

Ich schluckte zwei Mal und sagte, 'Ja, Sir, das kann er.'

'Gut,' sagte er, 'dann zeigen Sie mir jetzt genau, wie.'"

Der Beratungsingenieur hat den Vertrag abgeschlossen, aber erst, nachdem er all' den Schnickschnack mit den "Bits und Bytes" hinter sich gelassen und sich auf das konzentriert hatte, was der General Manager wissen wollte. Der Abschluß kam zustande auf der sehr spezifischen und persönlichen Grundlage dessen, was der neue Computer für den General Manager und sein Unternehmen *leisten* konnte.

Beachten Sie, daß die zwei Dinge, die der Manager fragte, in direktem Zusammenhang mit den zwei Aufgaben im Verkauf stehen.

❐ Zuerst wollte er wissen, ob der neue Computer sein Problem lösen - eine Antwort auf seine "Lösungsvorstellung" geben - konnte. Diese Frage zuerst beantworten heißt, das Kundenkonzept verstehen.

❐ Dann, als er sich vergewissert hatte, daß der Verkäufer dieses Problem lösen konnte, wollte er wissen, *wie* dies geschehen sollte: Er fragte nach der Verknüpfung des Produktes mit seinem Konzept.

Was wir daraus lernen können ist, daß *beide* Aufgaben wichtig sind, daß aber das Verständnis des *Kundenkonzeptes an erster Stelle zu stehen hat.*

Weitere Vorteile

Den Bumerangeffekt zu vermeiden, ist nur der offensichtlichste Vorteil dessen, zuerst das Konzept des Kunden zu verstehen. Es gibt noch viele andere. Wenn wir uns mit den Teilnehmerinnen und Teilnehmern unseres Workshops *Konzeptorientiertes Verkaufen* einige Zeit nach der Veranstaltung unterhalten, fragen wir sie, welche Vorteile sie bei sich erkannt haben, seitdem sie ihre Verkaufsgespräche mit Fragen zum Verstehen des Kundenkonzeptes beginnen. Dabei wiederholen sich einige Antworten immer wieder:

1. Mit dem Kundenkonzept zu beginnen erlaubt Ihnen, *mehr über Ihren Kunden zu erfahren*, als Sie wahrscheinlich herausbekommen, wenn Sie mit Ihrem Produkt beginnen.

    Selbst der am meisten produktorientierte Verkäufer wird zugeben, daß Ihre langfristigen Chancen umso besser werden, je mehr Sie über Ihren einzelnen Kunden wissen. Das Konzept des Kunden zu verstehen bedeutet in erster Linie, "sich seine Auffassungen zu eigen zu machen".

2. Die Beschäftigung mit den aktuellen Interessen und Schwierigkeiten des Kunden ermöglicht es Ihnen, sich auf die *Resultate zu konzentrieren*, die er erzielen möchte - und nicht auf diejenigen, von denen *Sie* glauben, sie wären mit Ihrem Produkt zu erzielen. Das macht es Ihnen wiederum möglich, die spezifischen Ziele zu betonen, die mit Ihrem Produkt erreicht werden können und Ihre Präsentation darauf abzustellen.

3. Weil es immer noch so selten vorkommt, daß jemand zuerst versucht, das Konzept eines potentiellen Kunden zu verstehen, ist es unwahrscheinlich, daß Sie von ihm *mit Ihren Konkurrenten "über einen Kamm geschoren"* werden - daß er Sie also nur als "einen Produkt-Pusher mehr" wahrnimmt. Wie wir Ihnen in Kapitel 1 am Beispiel der Präsentation in Chicago gezeigt haben, verschafft die "Ausgefallenheit" der Methode "Zuerst fragen" demjenigen, der fragt, einen einmaligen Vorteil gegenüber all' denjenigen, die sich überwiegend aufs Erzählen konzentrieren.

4. Der Ansatz über das Kundenkonzept *minimiert die Bedeutung des Preiswettbewerbs*. Der Kunde erkennt, daß Sie ihm einen Wert liefern wollen - einen Wert, den speziell *er* benötigt - und verschafft Ihnen

deshalb ein paar Schritte Vorsprung vor *der* Konkurrenz, die nur bestrebt ist, ihm den billigsten Preis zu bieten.

5. Obwohl im Firmengeschäft immer mehrere "Jas" erforderlich sind, gibt es immer das "Ja" einer einzelnen Person, das erforderlich ist, um den Abschluß zu tätigen. Der Versuch, das Konzept des Kunden zu verstehen, ist ein idealer Weg, *sich selbst optimal bei der Person zu positionieren*, die die endgültige Entscheidung trifft. So wie wir das in der Anekdote über den General Manager beschrieben haben, der nichts von den "Bits and Bytes" wissen wollte, sind die Entscheidungsträger, die die endgültige Zustimmung geben, wenig interessiert an den "Schnörkeln und Ösen" Ihres Produktes. Sie interessieren sich viel mehr dafür, was Sie (und Ihr Produkt) für ihr Unternehmen leisten können. Und in der Zusammenarbeit mit diesen Personen ist es von entscheidender Bedeutung, sich auf *deren* Konzept zu konzentrieren.

6. Und schließlich: Wenn Sie sich zuerst auf das Kundenkonzept konzentrieren, erfahren Sie sehr früh im Verkaufsprozeß, welche Situationen nicht zu einer Ich gewinne/Du gewinnst-Situation führen können. Seien wir doch ehrlich: Nicht jeder *möchte* Ich gewinne/Du gewinnst im Geschäftsleben spielen. Aufgrund ihrer Wertvorstellungen und Haltungen sind manche Menschen unfähig oder nicht bereit, Sie gewinnen zu lassen. Ihr Ziel ist es vielmehr, andere zu Verlierern zu machen. Darüber hinaus gibt es viele Situationen, die es Käufern und Verkäufern - selbst mit den besten Absichten - nicht erlauben, ein Geschäft zu machen, bei dem beide das Gefühl haben, zu den Gewinnern zu zählen. Der Fokus auf das Kundenkonzept ermöglicht es Ihnen einerseits, gute Verkaufschancen zu erkennen. Er zeigt Ihnen anderseits aber auch zu einem sehr frühen Zeitpunkt im Verkaufsprozeß, welche Geschäftsmöglichkeiten Sie besser nicht weiter verfolgen sollten.

Wir erkennen sehr wohl, daß Ihnen bei dieser letzten Bemerkung vielleicht nicht ganz wohl ist. Den meisten Verkäufern wird immer noch gepredigt, daß Verkaufen ein Zahlenspiel sei, daß sie jederzeit hinter jeder Geschäftsmöglichkeit herjagen sollen und daß es keine "schlechten" Geschäfte gibt. In diesem ganzen Buch und besonders in dem Kapitel über den Joint-Venture-Verkauf werden wir die gegenteilige Meinung vertreten. In den fünfzig Jahren, in denen wir beide - zusammengerechnet - verkauft haben, haben wir viele schlechte Verkäufe gesehen - angefangen bei der beschädigten Schlafzimmereinrichtung, die nach drei Tagen in die Fabrik zurückgeschickt werden mußte, bis hin zu dem Computer, der einem Unternehmen in der südlichen Arktis verkauft wurde und bei dem sich schlicht herausstellte, daß er bei Temperaturen von - 40 Grad Celsius nicht funktionierte. Sie wissen selbst, daß das stimmt. *Jedermann* im Verkauf hat Geschäfte gemacht, die mehr gekostet als sie eingebracht haben. Wir werden Ihnen durch dieses ganze Buch hindurch Hinweise geben, wie Sie sich von solchen Geschäften dadurch fernhalten können, daß Sie sich auf das Konzept Ihres Kunden konzentrieren und damit sicherstellen, daß jeder Ihrer Verkäufe, langfristig gesehen, im Ich gewinne/Du gewinnst-Quadranten der Gewinner-Matrix endet.

Das Konzept des Kunden "weiterentwickeln"

Ein letzter Punkt - das Konzept Ihres Kunden ist nicht statisch. Wie alles im Verkauf *entwickelt* es sich, in Anlehnung an neue Erfahrungen und neue Informationen - einschließlich der von Ihnen gelieferten Informationen. Unabhängig davon, wie Sie als Verkäufer den Vorgang behandeln, wird sich das Konzept im Laufe der Zeit *unausweichlich* verändern. Dies kann auf dreierlei Weise geschehen:

1. Das Konzept kann sich *im Kunden selbst* verändern. Dies geschieht aufgrund der eigenen Wahrnehmungen und Erwartungen des Kunden.

2. Es kann sich weiterentwickeln aufgrund der Informationen, die Ihr Kunde von Ihrer *Konkurrenz* bekommt.

3. Es kann sich mit *Ihnen* weiterentwickeln, und zwar in dem Maße, in dem Sie *mit* Ihrem Kunden daran arbeiten, das Konzept im Sinne Ihres gegenseitigen Vorteils weiter zu entwickeln.

Es ist offensichtlich, welches der drei Szenarien die beste Option darstellt. Es ist immer besser für Sie, die Weiterentwicklung seines Konzeptes *mit* Ihrem Kunden zu betreiben, anstatt dies ihm selbst zu überlassen oder, schlimmer noch, zu erlauben, daß dies mit Hilfe Ihres Wettbewerbs geschieht.

Weil Sie einen nachhaltigen Einfluß darauf haben, wie jemand darüber denkt, mit Ihnen Geschäfte zu machen, sprechen wir im Zusammenhang mit dem Kundenkonzept nicht nur über etwas, das Sie "erkennen" müssen, sondern auch über etwas, das Sie helfen können zu "entwickeln". Die meisten erfolgreichen Verkäufer, die wir kennen, halten Ihre Arbeit für etwas, das ständig verbessert werden kann. Sie sehen in jedem individuellen Verkaufsvorgang etwas, das mit dem vorgefaßten Konzept des Kunden beginnt, aber niemals endet. Stück für Stück entwickeln sie, in der Verfolgung individueller Verkaufsziele, ein Konzept des gegenseitigen Erfolgs mit jedem, den sie kontaktieren.

Aber alles fängt mit dem ursprünglichen Kundenkonzept an - mit diesem Haufen von Eindrücken und Erfahrungen aus der Vergangenheit - Erfolgen und Mißerfolgen, Befriedigungen und Enttäuschungen -, die Ihr Kunde im Kopf hat, wenn Sie ihm das erste Mal begegnen. *Ihr erstes Ziel muß immer sein, herauszufinden, was sein ursprüngliches Konzept ist.* Mit anderen

Worten, Sie müssen *die Informationen bekommen, die Sie benötigen*, damit Sie Ihre eigene Position und die Ihres Kunden verstehen.

Es gibt effektive und ineffektive Wege, um an diese wesentlichen Informationen heranzukommen. Wir werden jetzt damit beginnen, Ihnen die effektivsten von ihnen vorzustellen.

Teil 2

Die drei Phasen des Verkaufsgespräches

3 Phase 1: Informationen beschaffen

Im Gegensatz zur herrschenden Meinung sind die großen Verkäufer sehr selten diejenigen mit dem schnellsten Mundwerk. In der überwiegenden Zahl von Fällen beginnt der Verkaufserfolg mit der Fähigkeit, *gute Fragen zu stellen* und dann zuzuhören - aber wirklich zuzuhören.

Es gibt eine Fülle von Gründen dafür, in einem Verkaufsgespräch gute Fragen zu stellen. Wir wollen hier nur die wichtigsten nennen:

1. Gute Fragen erlauben Ihnen zu einem frühen Zeitpunkt im Verkaufsprozeß nicht nur, die einzelnen Personen zu identifizieren und zu qualifizieren, mit denen Sie verhandeln, sondern auch deren Unternehmen. Sie helfen Ihnen schon ganz am Anfang zu erkennen, ob das betreffende Unternehmen überhaupt ein geeigneter Kunde für Sie sein könnte.

2. Fragen hilft Ihnen, die *gegenwärtige* Situation des Kunden zu verstehen. Gute Fragen können zum Beispiel zu der Erkenntnis führen, daß ein bestimmter Kunde zum jetzigen Zeitpunkt oder für ein bestimmtes Angebot nicht der richtige Ansprechpartner ist, obwohl man mit ihm im allgemeinen gute Geschäfte machen kann. Dadurch helfen Ihnen gute Fragen, den Zeitpunkt für Ihre Verkaufsgespräche effektiver zu planen.

3. Am Anfang eines Verkaufsgespräches helfen gute Fragen, den Rapport herzustellen, der einer guten Kommunikation zwischen Käufer und Verkäufer so förderlich ist: Sie helfen, die "angenehme Beziehung" zwischen den beiden zu schaffen, die für interaktives Verkaufen wichtig ist.

4. Gute Fragen erlauben Ihnen zu erkennen, ob Sie den *Entscheidungsprozeß* eines bestimmten Kunden verstanden haben oder nicht. Sie helfen Ihnen, den sehr häufigen Fehler im Verkauf zu vermeiden, die eigene Zeit und die des Kunden zu vergeuden durch eine zwar perfekte Präsentation, die aber die falschen Leute am falschen Ort oder zur falschen Zeit anspricht.

5. Sie erlauben Ihnen, entscheidende Unterschiede zwischen Ihren eigenen Möglichkeiten und denen Ihres Wettbewerbs zu erkennen. Gute

Fragen können Ihnen helfen, die Schwachpunkte Ihrer Konkurrenz aufzudecken und die Stärken Ihres eigenen Angebotes zu betonen.

6. Gute Fragen können Ihre *Glaubwürdigkeit* bei einem Kunden verstärken, indem durch sie bewiesen wird, daß Sie tatsächlich an seinen Bedürfnissen und an seiner Meinung interessiert sind und nicht nur daran, Ihr Produkt zu puschen.

7. Letztlich, und wohl am wichtigsten, können gute Fragen Ihren Kunden motivieren und sein Interesse unterstützen, seine Gedanken anregen, aber auch sein Situationsverständnis und seine Haltung - sein Konzept - Ihnen und Ihrem Produkt gegenüber verändern. Anders formuliert: Fragen können einen *flüssigen Kommunikationsprozeß* auslösen, der Ihnen *und* Ihrem Kunden diejenigen Informationen liefert, die auf den Tisch gelegt werden müssen, damit Sie sich beide in einer Ich gewinne/Du gewinnst-Position fühlen.

Vor dem Hintergrund dieser offensichtlichen Vorteile guter Fragenstellung sollte man meinen, daß es für Verkaufsprofis charakteristisch sei, den größten Teil ihrer Zeit damit zu verbringen, gute Fragen zu entwickeln, etwas über die richtige Formulierung von Fragen zu lernen und sich ganz allgemein auf die Beschaffung von Informationen zu konzentrieren. Aber das geschieht nicht.

In Wirklichkeit findet genau das Gegenteil statt.

Das 80-Prozent-Syndrom

Unsere Beobachtung von und unsere Erfahrung mit tausenden von Verkäufern zeigt uns, daß die meisten Verkaufsgespräche von einer Art "80-Prozent-Syndrom" geprägt sind.

Stellen Sie sich vor, Sie würden aus einer beliebigen Sammlung von hundert Verkaufsgesprächen vollkommen willkürlich eines herausgreifen. Es spielt keine Rolle, ob es in dem Gespräch um den Verkauf eines Paares Schuhe um 85 Mark oder eines Computersystems für 3 Millionen geht. Es mag sich um das erste Kontaktgespräch mit einem neuen Interessenten handeln oder nur noch zwei Minuten dauern, bis der Verkäufer den Auftrag erhält. Wie auch immer die Situation sein mag, wir halten jede Wette, daß in 80 Prozent aller Fälle nicht der Kunde, sondern der Verkäufer redet, wenn Sie sich in das Gespräch einblenden. Das ist die typische Situation in Verkaufsgesprächen: In vier von fünf Minuten, in denen Käufer und Verkäufer zusammen sind, bewegt sich der Mund des Verkäufers.

Es kommt schlimmer. Raten Sie mal, was der Verkäufer in 80 Prozent der Zeit sagt, in der er redet? Konzentriert er sich auf den Kunden oder stellt er Fragen, um dessen Konzept zu erfahren? Nicht um alles in der Welt. Wir haben ein eindeutiges Muster erkannt: In 80 Prozent der Zeit, in der er redet, *erzählt* der Verkäufer dem Kunden etwas. Anders formuliert: Er gibt Stellungnahmen, Erklärungen ab, anstatt Fragen zu stellen.

Und es wird noch schlimmer. Es geht um das fatalste Merkmal des 80-Prozent-Syndroms, das wir beobachten. In 80 Prozent der Zeit haben die Stellungnahmen und Erklärungen des Verkäufers nichts mit den Interessen und Bedürfnissen des Kunden zu tun, sondern drehen sich nur um die Vorteile seiner Ware oder Dienstleistung. Für gewöhnlich geht es um die beinharte Produktmasche: Der Verkäufer verwendet die meiste Zeit darauf, die "Schnörkel und Ösen" seines Produktes zu unterstreichen - ob der Gesprächspartner daran interessiert ist oder nicht.

Was bedeutet das nun für ein durchschnittliches Verkaufsgespräch? Unterstellen wir einmal, ein bestimmter Kunde würde Ihnen eine Stunde Zeit zur Verfügung stellen und Sie wären dem allgemeinen 80-Prozent-Syndrom verfallen. Die Zeitanteile dieser wertvollen Stunde würden sich wie folgt verteilen:

❏ Ungefähr *einunddreißig* Minuten werden Sie darauf verwenden, Ihrem Kunden etwas über Ihr Produkt zu erzählen.

❏ Weitere *acht* Minuten werden Sie ihm etwas anderes sagen, das heißt, zu anderen Themen sprechen.

❏ Ungefähr *neun* Minuten lang werden Sie ihm Fragen stellen.

❏ Nur in den verbleibenden *zwölf* Minuten werden Sie dem zuhören, was Ihnen Ihr Kunde sagt.

Wir können dies auch in einem Kreisdiagramm darstellen. Der ganze Kreis stellt die insgesamt sechzig Minuten unseres hypothetischen Verkaufsgespräches dar. Die Aufteilung dieser Zeit ergibt sich aus den einzelnen Segmenten und folgt der Verteilung nach dem 80-Prozent-Syndrom, wie sie der durchschnittliche Verkäufer vornimmt.

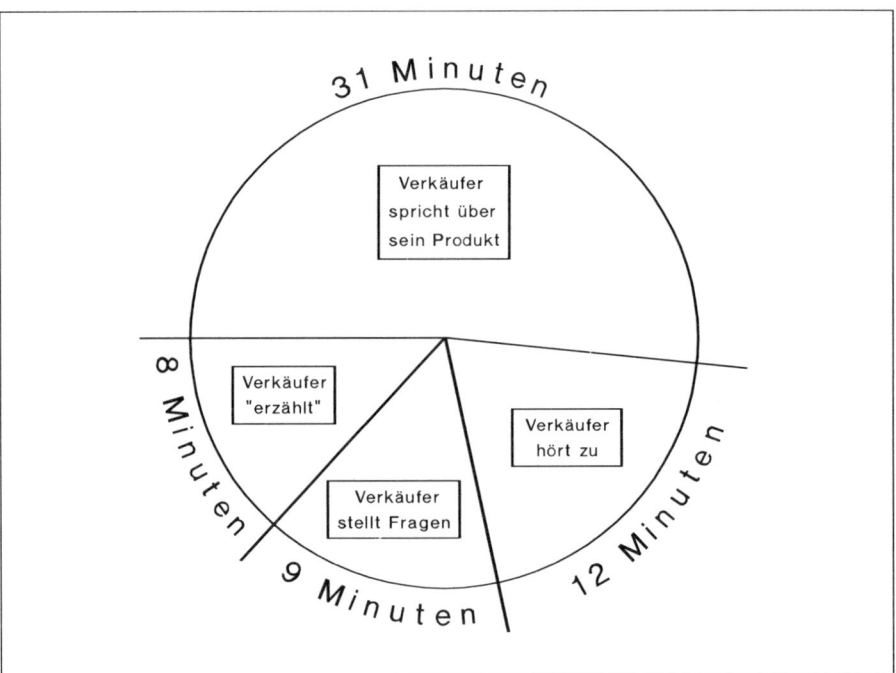

Abbildung 5: *Das "80-Prozent-Syndrom" des Verkaufsgespräches*

In Gesprächen, die *weniger* als eine Stunde dauern, verschlechtert sich die Situation. Die Erfahrung zeigt nämlich, daß beim durchschnittlichen Verkäufer das Risiko steigt, *noch mehr* zu reden, je weniger Zeit ihm für das Zusammensein mit dem Interessenten oder Kunden zur Verfügung steht. Wenn Sie nur zwanzig Minuten Zeit haben, um Ihre Geschichte zu erzählen und Sie haben den Kopf voller wichtiger Daten, besteht die natürliche Versuchung, pausenlos zu reden, um alles los zu werden.

Das Ergebnis dieses Verhaltens kann verhängnisvoll sein. Wenn Sie einen Kunden innerhalb von fünf Minuten nur eine Minute zu Wort kommen lassen, erhalten Sie natürlich weitaus weniger Informationen als Sie bekommen könnten, wenn Sie weniger reden und mehr zuhören würden. Warum? Weil es eine physiologische Tatsache ist, daß Sie nicht gleichzeitig reden und zuhören können. Sie mögen in der Lage sein, verschwommenes Hintergrundgeräusch zu "hören"; Sie mögen daran glauben, Körpersprache und andere nonverbale Äußerungen zu verstehen; aber wenn Sie sich selbst gegenüber ehrlich sind, müssen Sie zugeben, daß Sie nicht wirklich *zuhören* können, solange Sie für die Weltmeisterschaft im Schnellreden trainieren. Falls Sie daran zweifeln sollten, bitten Sie einen Freund, Ihnen einen Zeitungsartikel vorzulesen, während Sie gleichzeitig dasselbe tun. Die einzigen Worte, die Sie beide hören werden, sind diejenigen, die gesprochen werden, solange Sie jeweils Luft holen. Deshalb ist es unausweichlich, daß Ihnen dringend erforderliche Informationen für einen erfolgreichen Verkauf fehlen, wenn Sie dem 80-Prozent-Syndrom verfallen sind. Gutes Verkaufen beginnt nicht mit Zeigen und Erzählen, sondern mit der Beschaffung von Informationen - mit anderen Worten: durch *Lernen*. Und Sie können nicht effektiv lernen, solange Sie sprechen.

Warum reden Verkäufer so viel?

Unsere Erfahrung zeigt unwiderlegbar, daß das 80-Prozent-Syndrom sehr weit verbreitet ist und daß es konstant gute Geschäftsmöglichkeiten zerstört. Warum frönen unter diesen Umständen Verkaufsprofis, von denen Sie erwarten, daß sie es besser wissen müßten, so häufig dieser kontraproduktiven Verkaufsmethode?

Es gibt eine ganze Reihe von Antworten auf diese Frage. Von den Teilnehmern in unseren Workshops *Konzeptorientiertes Verkaufen* zum Beispiel erhalten wir Antworten wie die folgenden.

❐ "Ich fühle mich wohler, wenn ich das Gespräch kontrolliere."

Manche Verkäufer laufen in die Falle, anzunehmen, sie würden den Verkaufsvorgang kontrollieren, wenn sie reden. Durch dieses ganze Buch hindurch werden wir betonen, daß es fast immer eine Illusion darstellt, "Sprechen" und "Kontrolle" gleichzusetzen. Trotzdem ist es eine *bequeme* - und vielleicht gerade deshalb sehr häufige - Illusion.

❐ "Es ist mein Job, ihnen etwas über das Produkt zu erzählen."

Mit anderen Worten ist es mein Job, die Produktmasche zu reiten - wer mir auch immer gegenübersitzt und unabhängig davon, ob sie einen wirklichen Bedarf an dem haben, was ich verkaufe. Die fatale Annahme hier ist die Meinung, daß jedermann einen Bedarf an Ihrem Produkt hat - und daß Sie nur jemand sagen müßten, er hätte diesen Bedarf, um ihn damit zum Kauf zu treiben.

❐ "Der Kunde möchte für gewöhnlich, daß Du redest."

Diese uralte Kamelle hören wir immer wieder. Es ist eine der gebräuchlichsten Entschuldigungen all derjenigen, die nicht herausfinden können, was der Kunde denkt. Wir geben zu, daß es einer alten Tradition entspricht, den Verkäufer reden zu lassen, und es gibt viele Kunden, die so ihren eigenen Beitrag zum 80-Prozent-Syndrom leisten. Auch Kunden müssen, wie Verkäufer, dazu erzogen werden, die negativen Auswirkungen des Syndroms zu vermeiden. Wir kennen das und haben deshalb Verständnis für diese Antwort. Weiter hinten im Buch werden wir auf diesen Punkt noch einmal zurückkommen. Hier und jetzt wollen wir nur die grundsätzliche Feststellung treffen, daß - unabhängig davon, was er sagt und unabhängig davon, wie verständnisvoll er sich Ihr Gequassel anhört - *kein Käufer jemals wirklich wollte, daß immer nur der Verkäufer redet.* Wenn Ihr schweigsamer Kunde Ihnen wirklich nichts zu sagen hätte, müßten Sie ja eigentlich seinen Auftrag schon in der Tasche haben.

❏ "Sprechen verlangt weniger Planung."

Das ist sicherlich richtig, und wir freuen uns immer wieder, diese "Erklärung" von einem unserer Workshop-Teilnehmer zu hören. Bedeutet sie doch, daß er damit begonnen hat, Verkaufstaktiken im voraus zu planen und daß er zu erkennen beginnt, daß die Planung eines guten Fragenprozesses mehr Arbeit *erfordert*, als zum wiederholten Male seine Produktmerkmale zu pauken. Viele Verkaufsprofis vermeiden Fragen auch aus diesem Grund: Es ist viel einfacher, die altbekannten Produktinformationen mit jedem Kunden in gleicher Weise durchzugehen, als eine "kundengerechte" neue Zusammenstellung von Fragen für jedes Verkaufsgespräch vorzubereiten. Außerdem sagen wir nicht, es sei leichter zu lernen, wie man die richtigen Fragen stellt, als zu lernen, wie man fundierte Aussagen macht - wir meinen jedoch, es sei letztlich ein effektiverer Weg zum Ich gewinne/Du gewinnst.

❏ "Manchmal hat man Angst vor den Antworten."

Diese sehr aufrichtige Antwort führt uns zurück zu dem Wunsch des Verkäufers, sich im Gespräch wohl zu fühlen und zu der Illusion, das Gespräch zu kontrollieren, wovon wir soeben gesprochen haben. Es stimmt, daß Sie auf eine Frage eine Antwort bekommen können, die Sie nicht hören möchten. Aber die Lösung dieser unerwünschten Möglichkeit sollte nicht lauten: "Stelle niemals diese Frage." Vielmehr sollte die Lösung darin bestehen, einen *Fragenprozeß* einzuführen, der es Ihnen erlaubt, mit *jedweder* Antwort die jeweilige Situation besser zu verstehen.

Der Fragenprozeß

Wie Sie sehen, reden wir von einem Fragen-"Prozeß" und nicht von einer Frage-"Technik". Der Unterschied ist äußerst wichtig. In jedem Verkaufstraining, das Sie kennen, gibt es einen Abschnitt, der "Fragetechnik" genannt wird. *Aber in Wirklichkeit handelt es sich überhaupt nicht um Fragetechnik.* Die Fragetechnik, die in den meisten Trainings gelehrt wird, ist in Wirklichkeit eine Reihe manipulativer Techniken, mit deren Hilfe Aussagen gemacht werden, die wie Fragen *klingen* und nur dem Zweck dienen, die Unterschrift des Kunden auf den Auftrag zu bekommen - unabhängig davon, was er sagt oder denkt oder braucht.

Sie kennen diese Art von "Fragen", von denen wir sprechen. Die rhetorischen Fragen lauten etwa so: "Würden Sie nicht auch sagen, daß das ein guter Kauf ist, Herr Johannsen?" Sie lassen als einzig annehmbare Antwort ein Ja zu. Oder die alternativen Abschlußfragen, die Ihnen nur scheinbar eine Wahl lassen, wie etwa: "Möchten Sie den Vertrag heute oder am nächsten Freitag unterschreiben?" Und das ganze Spiel mit dem "Fragen" nach dem Auftrag - das in Wirklichkeit keineswegs ein Fragen ist, sondern nur eine besonders sorgfältige Art der Manipulation. In den traditionellen Trainings zur "Fragetechnik" lernen Sie, *Antworten zu erzwingen.* Das wäre das Letzte, wozu wir Sie ermutigen möchten.

Das Entscheidende an guten Fragen, wie wir sie definieren, ist es niemals, den Widerstand eines Kunden "umzuformulieren", den Verlauf eines Gespräches "umzudirigieren" oder den Kunden in eine Situation zu bringen, in der es ihm nur erlaubt ist, ja zu sagen. "Unsere" Fragen dienen vielmehr Ihnen, dem Verkäufer dazu, *etwas herauszufinden, was Sie noch nicht wissen.* Anstatt Ihnen Techniken aufzuzeigen, mit deren Hilfe Sie den Kunden austricksen können, liefern wir Ihnen einen praxiserprobten Prozeß zur Beschaffung von Informationen, die Sie für ein gegenseitig befriedigendes Ergebnis Ihrer Verkaufsvorgänge benötigen.

Auf eine Ironie des Schicksals muß hier hingewiesen werden. Verkäufer, die hauptsächlich daran interessiert sind, "nach dem Auftrag zu fragen", stellen oft fest, daß es ein beständiger und harter Kampf ist, die gewünschte Antwort zu bekommen. Wenn Sie dagegen, als alternative Möglichkeit, einen effektiven Fragenprozeß einsetzen, *müssen Sie oft gar nicht nach dem Auftrag fragen*: Der Auftrag kommt zumeist automatisch als Ergebnis der *anderen* Fragen, die Sie gestellt haben.

Unser Fragenprozeß ermöglicht es Ihnen, das Verstehen der Situation des Kunden, *wie er sie wahrnimmt*, zu maximieren. Wir haben schon betont, daß dieses Verstehen der erste, entscheidende Schritt im *Konzeptorientierten Verkaufen* ist. Dieses Verständnis einzusetzen und den Fragenprozeß anzuwenden, den wir Ihnen aufzeigen werden, wird es Ihnen ermöglichen, das herbeizuführen, was das traditionelle "Nach-dem-Auftrag-Fragen" *verhindert*: Sie werden einen flüssigen Kommunikationsprozeß zwischen sich und jedem Ihrer Kunden erleben, der Ihnen beiden zu jeder Zeit die Informationen liefert, die Sie beide für eine Ich gewinne/Du gewinnst-Beziehung benötigen.

Drei Leitlinien zum Entwickeln von Fragen

Soweit es sich um Fragen handelt, die Sie in einem bevorstehenden Verkaufsgespräch stellen wollen, sollten Sie nach unseren Erfahrungen bei Ihren Überlegungen drei Leitlinien berücksichtigen. Das heißt, daß es drei Kriterien gibt, die Sie erfüllen müssen, damit Sie mit Herrn Johannsen im nächsten Gespräch sinnvolle Fragen besprechen können:

1. *Sie wollen Antworten auf Fragen über Dinge, die Sie herausfinden müssen.* Wir meinen die dringendsten und wichtigsten Dinge. Es ist normal, daß Herr Johannsen nicht die Zeit, das Interesse oder die Möglichkeit hat, alle Fragen, die Sie haben, selbst zu beantworten - zumindest nicht in einem einzigen Gespräch. Deshalb schlagen wir Ihnen vor, sich auf die fünf oder sechs wichtigsten Informationslücken zu konzentrieren, die Sie schließen möchten. Wählen Sie diejenigen Bereiche fehlender Informationen, von denen Sie vernünftigerweise erwarten können, daß Herr Johannsen sie Ihnen liefern kann und gleichzeitig auf solche, die Sie im gegebenen Stadium Ihres Verkaufsprozesses für dringend halten.

2. *Fragen müssen effektiv formuliert sein.* Sie können zwar sehr genau und rational exakt identifizieren, was Sie in einem bestimmten Zusammenhang erfahren müssen, wenn Sie jedoch Ihre Fragen schlecht formulieren, werden Sie die gewünschten Informationen nicht bekommen. Damit Sie keine ausweichenden oder defensiven Antworten erhalten, müssen Sie Fangfragen auf alle Fälle vermeiden.

3. *Fragen müssen in der richtigen Reihenfolge gestellt werden.* Mit einem negativen Beispiel läßt sich die Bedeutung der Fragensequenz am besten aufzeigen: Was würde wohl in einem Verkaufsgespräch passieren, wenn die *erste* Frage, die Sie an Herrn Johannsen stellen, die folgende wäre: "Würden Sie bitte jetzt diesen Auftrag unterschreiben?" Oder wenn die letzte lautete: "Darf ich Ihnen jetzt unser Unternehmen vorstellen?" Unabhängig davon, wie angemessen Ihre Fragen sind und unabhängig davon, wie gut sie formuliert sein mögen, bekommen Sie die gewünschten Informationen nicht, wenn die Reihenfolge Ihrer Fragen nicht stimmt.

Wir können Ihnen nur dringend empfehlen, diese drei Kriterien immer zu berücksichtigen, wenn Sie Fragen für ein Verkaufsgespräch entwickeln. Nach unseren Feststellungen können Sie die Qualität Ihrer Gespräche um hundert Prozent steigern, wenn Sie vorher fünf Minuten über diese drei Punkte nachdenken.

Während die Erfüllung des ersten Kriteriums oft wenig Mühe macht, wollen wir im nächsten Kapitel genauere Erläuterungen für die Anwendung des zweiten und des dritten Kriteriums liefern. Wir werden Ihnen zeigen,

❒ wie Sie die am besten geeigneten Fragen für ein bestimmtes Verkaufsgespräch auswählen,

❒ wie Sie diese Fragen am effektivsten formulieren und

❒ wie Sie eine Sequenz für Ihre Fragen definieren können, die zu einem positiven Informationsfluß zwischen Ihnen und jedem Ihrer Kunden führt.

4 Der Fragenprozeß

Weil gutes Verkaufen nicht einfach heißen kann, "dem Kunden Produkte hineinzudrücken", sondern die Übereinstimmung zu suchen zwischen dem, was Ihre Ware oder Dienstleistung bieten kann und dem Konzept des Kunden, sollten Sie wirklich in jedes Verkaufsgespräch mit der Haltung eines *Interviewers* eintreten - eines Spezialisten in der Kunst, Fragen zu stellen.

Im *Konzeptorientierten Verkaufen* definieren wir *vier* verschiedene Arten von Fragen, die in jedem Verkaufs-"Interview" gestellt werden sollten. Jeder Fragentyp hat seinen eigenen, charakteristischen Zweck, ist also dazu bestimmt, eine bestimmte und spezifische Art von Informationen freizulegen. Jeder Typ ist, unter Verwendung charakteristischer *Schlüsselworte*, in seiner spezifischen Art formuliert. Und wenn Sie die vier Fragentypen in einen effektiven Interview-Prozeß einbinden wollen, haben Sie auf die *Sequenz* zu achten.

Bevor wir in die Details der Zielsetzung, der Formulierung und der Sequenz der vier Fragentypen eintreten, wollen wir ein paar grobe Definitionen liefern.

1. *Bestätigungsfragen*

   verifizieren das vorhandene Wissen oder zeigen auf, was nicht mehr stimmt.

2. *Fragen zu neuen Informationen*

   fragen nach den benötigten oder gewünschten Resultaten.

3. *Meinungsfragen*

   sollen Meinungen, Gefühle, Wertvorstellungen und Haltungen aufzeigen.

4. *Commitmentfragen*

   informieren Sie über den aktuellen Stand des Verkaufsvorganges.

Mit diesen kurzen Definitionen im Gedächtnis beginnen wir unsere Beschreibung mit dem Fragentyp, der immer so früh wie möglich in jedem Verkaufsgespräch benutzt werden sollte, der aber von sehr wenigen Verkäufern überhaupt jemals benutzt wird - den Bestätigungsfragen.

Bestätigungsfragen

Wie unsere grobe Definition schon gezeigt hat, verfolgen Bestätigungsfragen einen doppelten *Zweck*. Sie helfen Ihnen, Informationen zu verifizieren, die Sie schon haben - oder zu haben glauben - und sie helfen Ihnen, Ungereimtheiten aufzuzeigen, die Sie bisher übersehen haben. Deshalb kann die Antwort auf eine Bestätigungsfrage entweder die Informationen bestätigen, die Sie zu Beginn des Verkaufsgespräches hatten, oder Sie kann diese als falsch erweisen. Aber unabhängig davon, ob die Antworten Ihre Daten als richtig oder falsch bestätigen, liefern sie Ihnen das aktuelle Bild, das Sie benötigen, um den Verkaufsvorgang effektiv fortzusetzen.

Erinnern Sie sich als ein Beispiel für eine gute Bestätigungsfrage an die Geschichte, die wir Ihnen im ersten Kapitel über unseren Freund Rolf erzählt haben, den Verkäufer des Cafeteria-Serviceunternehmens, der in Chicago einen Multi-Millionen-Dollar-Auftrag dadurch machte, daß er mehr Fragen stellte als zu erzählen. Als er in das erste Gespräch zu diesem Verkaufsvorgang ging, wußte er, daß der potentielle Kunde Probleme mit dem bisherigen Lieferanten gehabt hatte und deshalb nach einem Ersatz suchte. Dies war seine Basisinformation. Um deren Gültigkeit zu überprüfen, begann er das Gespräch mit der Frage: "Habe ich richtig verstanden, daß Sie mit der derzeitigen Situation, wie sie in Ihren Cafeterias gehandhabt wird, unzufrieden sind?"

Tatsächlich bestätigte ihm die Antwort, die er erhielt, das, was er schon glaubte. Auch das Gegenteil hätte eintreten können. In einem anderen Szenario hätte die Antwort des Kunden auch lauten können: "Wie kommen Sie denn darauf? Wir haben keine wirklichen Probleme mit dem Service, wir wollen nur bessere Konditionen." Aber genauso wie eine Bestätigung seiner Vermutung hätte ihm dieser anderslautende Hinweis ganz am Anfang des Gespräches gezeigt, mit welcher Situation er es zu tun hatte.

Das Entscheidende ist, daß - *welche Antwort auch immer* Sie auf Ihre Bestätigungsfragen bekommen - sie Ihnen immer besser qualifizierte - und aktuellere - Informationen über den Verkaufsvorgang liefern werden, als Sie sie *ohne* diese Fragen haben würden. Deshalb ist es schlichtweg unsinnig, auf Bestätigungsfragen zu verzichten und deshalb macht es durchaus Sinn, ein Verkaufsgespräch mit einer Bestätigungsfrage zu beginnen.

Eine Zusammenfassung dessen, was wir bisher gesagt haben, liefert die nachfolgende Grafik.

Bestätigungsfragen

▪▪▪■➤ Zweck

    ➤ Verifizierung Ihres Wissens über

        ➤ die Beteiligten, die Kaufbeeinflusser also,

        ➤ die betrieblichen Probleme des Kunden,

        ➤ die Organisationsstruktur und

        ➤ die Genauigkeit Ihrer Informationen.

    ➤ Aufzeigen von Diskrepanzen in Ihren vorhandenen Informationen.

▪▪▪■➤ Wann einsetzen?

      ➤ Vor jeder Präsentation neuer Produkt-Infos.

      ➤ Am Anfang eines Verkaufsgespräches.

      ➤ Um die Grundlagen im Fortschritt des Verkaufsprozesses zu legen.

Abbildung 6:   *Zweck und Einsatz von Bestätigungsfragen*

Bestätigungsfragen formulieren. Wenn Sie sich einmal die erste Frage anschauen, die Rolf in seiner Präsentation benutzte, werden Sie erkennen, daß sich dieser erste Fragentyp auf die *aktuelle* Situation konzentriert. Mit Hilfe einer Bestätigungsfrage versuchen Sie herauszufinden, was jetzt gerade gilt und - implizit - ob das *abweicht* von dem, was vor einer Woche oder vor einem Monat galt.

Wir empfehlen Ihnen zwei Formulierungstechniken, um sicherzustellen, daß sich Ihre Bestätigungsfragen auf die aktuelle Realität beziehen. Erstens, formulieren Sie Ihre Bestätigungsfragen immer in der *Gegenwartsform*. Benutzen Sie, zweitens, *Schlüsselworte*, die Ihrem Kunden signalisieren, daß Sie ihn um Informationen zur gegenwärtigen Situation bitten. "Ist die Inventur *weiterhin* ein Problem für Sie?" "Benutzen Sie *immer noch* das Modell X4000?" Andere Schlüsselworte, die in Bestätigungsfragen sinnvoll eingesetzt werden können, sind *bleiben, wie immer, jetzt, nach wie vor* und *zum gegenwärtigen Zeitpunkt*.

Eine richtig formulierte Bestätigungsfrage kann mit einem einfachen Ja oder Nein beantwortet werden. Wir sind uns bewußt, daß das in Ihren Ohren wie Ketzerei klingen muß, wenn Sie darauf trainiert wurden, Fragen so zu formulieren, daß sie nicht mit Nein beantwortet werden können. Aber manchmal ist es eben genau diese Antwort, die Sie brauchen, um die richtigen Daten zu erhalten. Denn wenn Sie eine Bestätigungsfrage stellen, haben Sie in der Regel bereits eine Vorstellung von der aktuellen Situation. Entweder ist diese Vorstellung richtig oder nicht. Deshalb kann sowohl ein Ja als auch ein Nein die vollkommen angemessene Antwort sein.

Eine Empfehlung: Wenn Sie Schwierigkeiten haben, eine angemessene Bestätigungsfrage zu formulieren, hilft es Ihnen oft, sie mit einer Feststellung zu kombinieren. Formulieren Sie zuerst eine Feststellung zu der Situation, wie sie Ihnen bekannt ist und stellen Sie dann die Frage: "Trifft das immer noch zu?" Wenn Herr Johannsen zum Beispiel Inventurprobleme hatte, könnten Sie ihn zu Beginn des Verkaufsgespräches fragen: "Das letzte Mal, als ich hier war, haben Sie versucht, Datenprobleme im Zusammenhang mit Ihrer Inventur zu lösen. Hat sich daran in der Zwischenzeit etwas geändert?" Um es noch einmal zu betonen: Es geht Ihnen um möglichst exakte Informationen, mit deren Hilfe Sie klären können, ob es Abweichungen zwischen Ihrer Kenntnis der Situation und den heutigen, tatsächlichen Gegebenheiten gibt.

Wann Bestätigungsfragen eingesetzt werden. Wir haben den Wert des Einsatzes von Bestätigungsfragen zu einem frühen Zeitpunkt im Verkaufsgespräch hervorgehoben und Ihnen sogar empfohlen, das Gespräch mit diesem Fragentyp zu eröffnen. Das muß für Verkäufer der reine Frevel sein, denen antrainiert wurde, ein Gespräch mit nichtssagenden Höflichkeitsfloskeln zu eröffnen, um so "Rapport" zum Kunden herzustellen.

Es spricht nichts dagegen, Rapport herzustellen, und wir empfehlen Ihnen auch nicht, Fragen wie die nach dem "werten Befinden von Frau und Kindern" zu vermeiden. Ja, in manchen Gegenden dieser Welt kann es sogar tödlich sein, gleich am Anfang den "wahren Grund" des Verkaufsgespräches anzusteuern. Es ist fein, wenn Sie sich bei diesen Höflichkeitsbezeigungen wohl fühlen; wir wollen Ihnen also nicht vorschlagen, Dinge fallen zu lassen, die für Sie und Ihren Kunden angenehm sind.

Aber erinnern Sie sich daran, daß dieses Geplänkel zum *Vorspiel* gehört. Es ist nicht Bestandteil des eigentlichen Verkaufsgespräches. Das Eis zu brechen ist in Ordnung. Aber das Verkaufsgespräch selbst beginnt wirklich erst, *nachdem* das Eis gebrochen ist und Sie sich damit beide dem eigentlichen Zweck Ihrer Begegnung zuwenden können. Sobald dies der Fall ist, haben Sie so schnell wie möglich Ihre vorhandenen Informationen zu überprüfen. Gehen Sie niemals davon aus, daß der richtige Zeitpunkt für eine Produkt-Präsentation gekommen ist, nur weil Sie zu Herrn Johannsen Rapport hergestellt haben - und ohne die Ihrer Präsentation zugrundeliegenden Daten bestätigt bekommen zu haben. Viele Verkäufer machen diesen Fehler, weil sie glauben, daß die Leute aus Freundschaft zu ihnen kaufen. Immer und immer wieder können Sie die Behauptung hören: "Diesen Auftrag habe ich bekommen, weil sie mich mögen."

Quatsch. Kein Mensch kauft einem Verkäufer etwas ab, nur weil er ihn "gerne mag". Das mußte auch Willy Loman (Anmerkung des Übersetzers: Die Hauptfigur in Millers *Tod eines Handlungsreisenden*) erkennen. Und so wie ihm wird es jedem Verkäufer ergehen, der sich auf das bekannte "Sind Sie zur Zeit mit Ihrem Tennis zufrieden?" als einer tragfähigen Grundlage für Geschäfte verläßt. Wir bleiben also strikt bei unserem guten Rat. Beginnen Sie die Unterhaltung mit dem Geplänkel, daß Sie beide entspannt. Aber halten Sie, erstens, diese Phase kurz, denn Ihre Zeit ist so wertvoll wie die Ihres Kunden. Und beginnen Sie zum zweiten - sobald Sie das Feld der Höflichkeiten verlassen - das eigentliche Verkaufsgespräch nach Möglichkeit immer mit einer Bestätigungsfrage. Eine der besten Methoden, dies zu tun, ist es, den *Grund des Gespräches*, so wie Sie ihn sehen, in Form einer Bestätigungsfrage zum Auftakt zu formulieren: "Ich habe es so verstanden, Werner, daß der Zweck unseres heutigen Gespräches die Beurteilung der Reaktion Ihrer Finanzabteilung auf meine letzte Präsentation ist. Sehen Sie das genauso?"

Sie sollten Bestätigungsfragen auch *unmittelbar, bevor Sie einem Kunden eine neue Ware oder Dienstleistung präsentieren*, benutzen. Das maximiert die Chancen, daß es zum jetzigen Zeitpunkt eine Übereinstimmung zwischen dem zu beschreibenden Produkt und den wirklichen Bedürfnissen des Kunden gibt, wie er sie sieht. Das hat mit unserer früheren Feststellung zu tun, *daß es an erster Stelle immer darum gehen muß, das Konzept des Kunden zu verstehen.*

Bestätigungsfragen sind auch dann eine wertvolle Hilfe, wenn es darum geht, *die Grundlage für eine Abschluß zu legen*. Während Sie diesem Zeitpunkt näherrücken, passieren zweierlei Dinge. Zum einen steigt Ihre Zuversicht, zum anderen steigt Ihre "Absturzgefahr", und zwar genau, *weil* Sie zuversichtlicher werden. Auf dem Weg durch alle komplizierten Abschnitte eines vorgezeichneten Verkaufsprozesses und vor allem dann, wenn der Abschluß sicher scheint, neigen Verkäufer dazu, Dinge zu *vermuten*, ob diese zutreffen mögen oder nicht. Und eine der grundlegenden Vermutungen eines Verkäufers ist die Annahme, daß sich die Bedürfnisse des Kunden seit dem Beginn des Verkaufsprozesses nicht wesentlich verändert hätten. Da sich Kundenbedürfnisse in Wirklichkeit aber laufend verändern, kann dies eine fatale Vermutung sein. Eine der besten Methoden, um sich gegen diese Gefahr zu schützen und den Bezug zur Realität nicht zu verlieren, ist es nach unserem Wissen, so früh wie möglich in einem Verkaufsgespräch Bestätigungsfragen zu stellen - und zwar unabhängig davon, wie "sicher" der Auftrag ist.

Bestätigungsfragen (Fortsetzung)

▪▪▪➡ Schlüsselworte

Immer noch	Weiterhin
Nach wie vor	Wie immer
Jetzt	Bleiben

Bestätigungsfragen sind immer in der Gegenwartsform zu stellen.

Abbildung 7: Schlüsselworte in Bestätigungsfragen

Informationsfragen

Der zweite Typ von Fragen, die in jedem Verkaufsgespräch gestellt werden müssen, sind Fragen nach neuen Informationen. Diese Fragen schließen sich sehr häufig an Bestätigungsfragen an und basieren auf den Informationen, die diese geliefert haben, indem mit ihnen nach mehr Details zu den aufgeworfenen Themen gefragt wird.

Informationsfragen verfolgen einen *dreifachen* Zweck. Sie sollen Ihre Informationen *auf den neuesten Stand bringen*. Sie sollen *von Ihnen festgestellte Unstimmigkeiten in Ihren Informationen beseitigen*, indem sie vorhandene Lücken schließen. Und sie sollen den Kunden veranlassen, Ihnen mehr Details über die von ihm *angestrebten Resultate zu liefern*.

Informationsfragen

▪▪▪▪▶ Zweck

- ▶ Aktualisierung von Informationen und Füllen von Wissenslücken.
- ▶ Lösung festgestellter Diskrepanzen.
- ▶ Ermittlung betrieblicher Probleme des Kunden.

▪▪▪▪▶ Wann einsetzen?

- ▶ Um fehlende Informationen aufzudecken.
- ▶ Um vom Kunden freimütig Informationen zu bekommen.
- ▶ Als Reaktion auf eine unerwartete "Nein-Antwort" auf eine Bestätigungsfrage.

Abbildung 8: *Zweck und Einsatz von Informationsfragen*

Um Ihnen ein Beispiel zu geben, greifen wir noch einmal auf das Verkaufsgespräch in Chicago zurück. Im Anschluß an seine Bestätigungsfrage stellte Rolf die folgende Informationsfrage: "Was hat sich in Ihrer jetzigen Situation verändert, das nach Ihrer Meinung nicht hätte eintreten sollen?" Oder, wenn Sie das Ganze nicht so negativ darstellen wollen: "Ich würde

90

ganz gerne von Ihnen hören, wie Sie sich einen *guten* Dienstleistungsvertrag für Ihre Cafeterias vorstellen."

Informationsfragen formulieren. Nachwuchsjournalisten wird häufig empfohlen, die "Fünf-W-Regel" zu befolgen, wenn sie Einleitungen zu ihren Artikeln formulieren: So weit wie möglich am Anfang der Geschichte sollen sie das *Wer, Was, Wann, Wo* und *Warum* der Situation liefern. Wir empfehlen Ihnen, bei der Formulierung von Informationsfragen die gleichen Schlüsselworte zu benutzen - mit einer wichtigen Ausnahme. Anstatt nach dem "Warum" zu fragen, sollten Sie nach unserer Überzeugung "wie" oder "wie viel" oder "wie oft" verwenden. Als Nachfaßfrage, mit deren Hilfe unbefriedigende oder unvollständige Antworten auf eine Informationsfrage vertieft werden sollen, kann das "Warum" sehr nützlich sein. Wird es dagegen in einer einleitenden Informationsfrage benutzt, kann es sehr leicht als Konfrontation empfunden werden mit dem Ergebnis, daß es Ihnen selten die benötigten Informationen liefert.

Informationsfragen, die mit den Schlüsselworten *wer, was, wann, wo* und *wie* beginnen, umfassen jedoch nur einen Teilbereich dieses Fragentyps. Wir nennen sie *ausdrückliche* Fragen, weil sie den Kunden auffordern, sehr spezifische neue Informationen zu liefern: "Wo wird die neue Fabrik gebaut werden?" "Wie viele Einheiten müssen pro Monat bearbeitet werden?"

Einen zweiten Teilbereich der Informationsfragen fassen wir unter dem Stichwort *Sondierungsfragen* zusammen. Sie laden den Kunden dazu ein, einen mehr allgemeinen Bereich, in dem Sie Informationen benötigen, nach seinem Gutdünken mehr oder weniger detailliert darzustellen. Sondierungsfragen beginnen mit Schlüsselworten wie *erzählen, erklären, demonstrieren* und *zeigen.* Genau wie ausdrückliche Fragen sollen auch diese Fragen zu weiteren Informationen führen; aber das geschieht in einer offeneren, ausgedehnteren Form. Sie können den Unterschied zwischen den beiden Teilbereichen der Informationsfragen sehr schön an den beiden Fragen erkennen, die Rolf dem Komitee in Chicago stellte. Das erste Beispiel ("Was hat sich in Ihrer jetzigen Situation ...") ist eine ausdrückliche Frage, die mit einem der "Schlüsselworte für Journalisten" beginnt. Das zweite Beispiel ("Ich würde ganz gerne von Ihnen ...") ist eine Sondierungsfrage, die mit einer modifizierten Form der Schlüsselworte *erklaren* oder *beschreiben* arbeitet.

Weil Menschen manchmal Widerstand gegen die Aufforderung "Zeigen Sie mir" leisten, schlagen wir Ihnen eine grammatikalische Technik vor, die Sondierungsfragen weniger konfrontativ erscheinen läßt. Sie können die empfundene Aggressivität einer Frage - und das gilt nicht nur für Informationsfragen - dämpfen, indem Sie syntaktische Strukturen verwenden wie "Ich würde gerne ..." oder "Ich weiß es zu schätzen, daß ..." oder einfach "Könnten Sie ...?" Rolfs zweite Frage ist ein Beispiel hierfür. Bei einem Kunden, der sensibel auf die Aufforderung reagiert, etwas Bestimmtes zu tun, kann Ihnen die Formulierung "Ich würde ganz gerne mehr von Ihnen hören" bessere Ergebnisse bringen als das direkte "Erzählen Sie mir mehr". Eine richtig formulierte Informationsfrage kann nicht mit einem einfachen Ja oder Nein beantwortet werden.

Informationsfragen (Fortsetzung)

⋯➤ Schlüsselworte

Was	Wo	Wie
Wie viel	Wie oft	Wann

Zeigen Sie	*Erzählen Sie*	*Beschreiben Sie*
Erklären Sie	*Nennen Sie*	*Zählen Sie auf*

Achtung: "Warum"-Fragen sind erst im "zweiten Anlauf" zu stellen.

Abbildung 9: *Schlüsselworte in Informationsfragen*

Wann Informationsfragen eingesetzt werden. Immer, wenn Sie *spezifische Informationslücken* im Hinblick auf die aktuelle Situation eines Verkaufsvorganges feststellen, verwenden Sie Informationsfragen. Das kann offensichtlich zu jedem beliebigen Zeitpunkt in einem Verkaufsgespräch der Fall sein. Wir haben schon darauf hingewiesen, daß Informationsfragen sehr vorteilhaft im Anschluß an Bestätigungsfragen gestellt werden können. Dies gilt besonders dann, wenn Sie eine unerwartete Antwort auf eine Bestätigungsfrage erhalten haben.

92

Wenn Sie zum Beispiel Ihren Kunden gerade gefragt haben, ob er nach wie vor 1.400 Einheiten pro Woche verbraucht und dabei herausbekommen, daß sich der Bedarf inzwischen auf 2.000 Stück erhöht hat, wird es Zeit für Sie, neue Informationen zu erhalten. Die anschließende Frage könnte dabei etwa so lauten: "Was ist geschehen, seitdem wir uns das letzte Mal gesehen haben?" Oder: "Könnten Sie mir etwas mehr über die Gründe dieser Bedarfssteigerung sagen?" Immer wenn Sie feststellen, daß die Ihnen vorliegenden Daten nicht mehr zutreffen, ist es an der Zeit, eine Informationsfrage zu formulieren.

Informationsfragen sind auch dazu geeignet, *den Kunden zu einer freimütigen Sondierung der Situation nach seinem Gutdünken zu ermutigen.* Wie wir schon früher betont haben, *möchten* Kunden im Gegensatz zur vorherrschenden Meinung reden - und sie tun dies ausführlich, wenn Sie ihnen die Gelegenheit dazu geben. Weil dem so ist, verhelfen Ihnen Informationsfragen - neben den Informationen, die Sie mit den Antworten erhalten - häufig zu einem zusätzlichen Vorteil: Tendenziell führen sie dazu, daß sich Menschen wohler fühlen, und jemand, der sich in einem Gespräch mit Ihnen wohl fühlt, wird Ihnen wahrscheinlich auch *weitere* Informationen liefern.

Kurz gesagt ist es *zu jedem beliebigen Zeitpunkt*, zu dem Sie eine Lücke in Ihren Informationen aufgedeckt haben, angebracht, Informationsfragen zu stellen. Selbst wenn der Schreibstift Ihres Kunden bereits über dem Auftrag schwebt, sollten Sie sofort eine Informationsfrage formulieren, wenn er etwas sagt, was Ihnen nicht vollkommen klar ist. Andernfalls müssen Sie sich auf Schwierigkeiten zu einem späteren Zeitpunkt vorbereiten.

Hierzu ein konkretes Beispiel. Einen unserer Freunde trennten neulich buchstäblich nur noch wenige Sekunden von einem millionenschweren Industriegeschäft. Der Kunde war ein regionaler Entwicklungsleiter, der, solange er den Auftrag unterzeichnete, beiläufig sagte: "So, jetzt muß nur noch die Zentrale ihr Okay geben und das Ding ist gelaufen." Unser Kollege *hätte* an dieser Stelle *sagen sollen*: "Eine Sekunde, Werner. Wen meinen Sie mit der Zentrale und wie läuft das mit dem Okay?" Er tat es nicht. Er ließ Werner unterschreiben und den Auftrag an die Zentrale schicken mit dem Ergebnis, daß er nie eine Provision zu Gesicht bekam. Dadurch, daß er eine Informationsfrage zu dem Zeitpunkt nicht stellte, zu dem ihm offensichtlich eine wichtige Information fehlte, hatte er den Weg zu einem verlorenen Auftrag eingeschlagen.

Meinungsfragen

Während sich Informationsfragen hauptsächlich auf die vom Kunden gewünschten *Resultate* konzentrieren, beschäftigen sich Meinungsfragen
damit, was der Kunde über diese Resultate *fühlt* und was Sie für ihn und
sein Unternehmen tun können. Der *Zweck* einer Meinungsfrage besteht
darin, *persönliche* Informationen zum Vorschein zu bringen, Informationen darüber, wie er persönlich durch diesen Kauf zu "gewinnen" oder zu
"verlieren" glaubt. Diese Fragen trachten danach, die *Wertvorstellungen*
und *Haltungen* des einzelnen Kunden aufzudecken, die für das Verstehen
seines Konzeptes von Bedeutung sind. Und weil sie Wertvorstellungen
und Haltungen sichtbar machen, dienen sie sehr häufig auch dazu, nicht
identifizierte persönliche Probleme aufzuzeigen, was mit einer mehr "objektiven" Informationsfrage nicht möglich wäre.

Manche in der alten Tradition geschulte Verkäufer sträuben sich dagegen,
Meinungsfragen zu stellen, weil sie glauben, daß das, was ein Kunde *fühlt*,
sie nichts angeht oder für den Verkaufsvorgang bedeutungslos sei. Für
manche von ihnen gilt das "Nur die Tatsachen bitte" als ungeschriebenes
Gesetz. Das ist ein großer Fehler. Im heutigen Verkauf gibt es kein anderes
Faktum, das für den Erfolg die gleiche Bedeutung hat, wie die persönlichen Gefühle Ihres Kunden zu dem, was Sie ihm zu verkaufen versuchen.
Persönliche Gefühle sind mitbestimmend für sein Konzept - und wenn Sie
sein Konzept nicht verstehen, verstehen Sie gar nichts. Das ist einer der
Gründe, warum Meinungsfragen so wichtig sind: Sie machen Lücken in
Ihren Informationen sichtbar *über die einzige Sache, die den Verkaufserfolg bestimmt* - nämlich die geistige Vorstellung des Kunden davon, was es
für ihn bedeutet, bei Ihnen zu kaufen. Erinnern Sie sich daran, daß Resultate das sind, *was* gekauft wird, während Wertvorstellungen und Haltungen
bestimmen, *warum* etwas gekauft wird.

Es gibt einen weiteren Grund - einen, der das vorhandene Wissen über
"Gefühle im Verkauf" ebenfalls ad absurdum führt. Nach unseren Erfahrungen aus Tausenden von Verkaufssituationen *möchten* Kunden über ihre
Gefühle reden. Sie begrüßen die Möglichkeit, persönliche Überlegungen
zu einem Angebot zu äußern und der Verkäufer, der ihnen diese Möglichkeit einräumt, hat einen unmittelbaren und enormen Vorsprung zu seiner
Konkurrenz.

Wir sagen nicht, daß sich Ihre Kunden einer Psychoanalyse durch Sie unterziehen möchten, und es ist uns auch wohl bewußt, daß manche Men-

schen *tatsächlich* nicht gewillt sind, Ihnen etwas anderes als nur "die Fakten" zu erzählen. Aber wenn wir Ihnen empfehlen, Meinungsfragen zu stellen, dann sprechen wir nicht von Tiefenpsychologie oder über das alte "Ich bin Dein Kumpel, Fritz, wir bewegen uns auf der gleichen Ebene", mit dem Verkäufer manchmal versuchen, sich bei ihren Kunden einzuschmeicheln. Wir meinen einfach, daß Sie die Haltung eines Kunden Ihnen oder Ihrem Produkt gegenüber als einen wichtigen Faktor des Verkaufsvorganges betrachten und daß Sie diesen Faktor nicht weniger beachten sollten, so wie Sie nicht bereit sind, die Merkmale Ihres Produktes oder Ihre Servicemöglichkeiten zu ignorieren.

Meinungsfragen

∎∎∎∎➡ Zweck

- ▶ Aufzeigen individueller Bedürfnisse, Wünsche und Sorgen.
- ▶ Herausfinden nicht identifizierter Probleme.
- ▶ Verstehen von Haltungen und Wertvorstellungen.

∎∎∎∎➡ Wann einsetzen?

- ▶ Um sich mit den Gefühlen eines Kunden oder eines anderen befassen zu können.
- ▶ Um "Gewinne" und "Verluste" aufzuzeigen.
- ▶ Um die wirklichen Probleme verstehen zu können.

Abbildung 10: Zweck und Einsatz von Meinungsfragen

Es ist besonders wichtig, sich an diese Überlegungen zu erinnern, wenn Sie bei Ihrem Kunden eine *Unsicherheit* oder *Widerstand* spüren, die Sie mit Informationsfragen nicht klären konnten. Auch dafür liefert uns das Verkaufsgespräch von Rolf in Chicago ein gutes Beispiel.

Sehr häufig wird die Verpflegung der Mitarbeiter von den Unternehmen subventioniert: Sie wird oft als Bestandteil des Sozialpakets betrachtet, das vom Unternehmen finanziert werden muß. "Als wir anfingen, uns über die Subventionen durch das Unternehmen zu unterhalten," erzählte uns Rolf nach seinem Gespräch, "fingen die Komiteemitglieder an, ihre Gesichter zu verziehen und ich erkannte, daß es an der Zeit war, eine Meinungsfrage zu stellen. Ich fragte sie, was sie darüber empfinden, die Verpflegung der Mitarbeiter subventionieren zu müssen. Was ich durch diese Frage erfuhr, war erstaunlich. Sie ließen sich fünfzehn Minuten lang aus über ihren Unmut zur bestehenden Form der Subventionierung und sie gaben mir eine Menge Informationen über den Gesamtablauf, nach denen ich nicht einmal gefragt hatte. In ihrer Meckerrunde wurden zum Beispiel alle möglichen Informationen über die Preisgestaltung, die hausinternen Abrechnungsmodalitäten und Beziehungen unter den Angestellten sichtbar. Offensichtlich hatte ich den Nerv getroffen und das Ganze entwickelte sich zu einer wahren Goldgrube an Informationen für mich."

Rolfs Beschreibung weist auf zwei Punkte hin, die nach unserer Feststellung für Verkaufssituationen typisch sind. Nicht nur, daß Meinungsfragen häufig eine Diskussion über die Gefühle des Kunden einleiten, sie liefern dem Verkäufer oft auch eine ganze Menge an "knallharten", "nicht subjektiven" Informationen, nach denen mit der Meinungsfrage überhaupt nicht gefragt worden war. Durch den parallelen Einsatz von Informations- und Meinungsfragen können Sie sich deshalb, wie in unserem Beispiel, in einer relativ kurzen Zeit eine enorme Menge an Informationen verschaffen.

Meinungsfragen formulieren. Weil das Ziel von Meinungsfragen darin besteht, Informationen über persönliche Wertvorstellungen und Haltungen sichtbar zu machen, werden in diesen Fragen typische Schlüsselworte wie *was, welche, warum* und *wie* verwandt in Verbindung mit Formulierungen, die eine *Beurteilung* verlangen: "Was ist Ihre *Meinung* über ...?" "Wie hat Hans aus der Finanzabteilung auf den Vorschlag reagiert?" Und sehr häufig: "*Wie fühlen* Sie ...?"

Informations- und Meinungsfragen benutzen also beide die "journalistischen Türöffner". Aber in Meinungsfragen werden diese Schlüsselworte eingesetzt, *um ein Werturteil zu ergründen*. Im Zusammenhang mit Informationsfragen haben wir darauf hingewiesen, daß es nicht sinnvoll ist, mit dem Schlüsselwort *Warum* nach neuen Informationen zu fragen; aber im Zusammenhang mit Meinungsfragen ist dieses Wort absolut unangebracht.

Ein Vorbehalt ist hier erforderlich. Wenn Sie trotzdem "warum" bei der Formulierung einer Meinungsfrage benutzen, erinnern Sie sich daran, daß Sie das Urteil eines Menschen ergründen und diesen *nicht* herausfordern oder ausfragen wollen. Wie jede Mutter oder jeder Vater eines dreijährigen Kindes Ihnen bestätigen wird, kann dieses kleine Wort zu einem der

96

schlimmsten Töne einer Sprache werden, wenn es zu oft oder in einer aufreizenden, inquisitorischen Art benutzt wird. *Konzeptorientiertes Verkaufen* beginnt mit der Prämisse, daß jeder gute Verkauf mit dem Konzept des Kunden beginnt. Die letzte Botschaft, die Sie jemand mit einer "Warum-Frage" signalisieren wollen, ist, daß Sie denken, sein Konzept tauge nichts oder daß jemand keinen "guten Grund" für seine Meinung habe. Deshalb raten wir Ihnen, "Warum-Fragen" sparsam einzusetzen und - wenn schon - durch die Tonlage Ihrer Stimme klar zu machen, daß Sie versuchen, Ihr Gegenüber zu *verstehen* und nicht zu kritisieren. Und auch hier der abschließende Hinweis wie bei den Informationsfragen, daß gut formulierte Meinungsfragen nicht mit einem einfachen Ja oder Nein beantwortet werden können.

Meinungsfragen (Fortsetzung)

⊪⊪⊪➡ Schlüsselworte

Was	Welche	Wie	Wessen

In diesem Kontext sind diese Worte zusammen mit Worten zu benutzen, die eine Beurteilung erfordern, also mit der Frage nach

Meinung   *Gefühl*

Reaktion   *Haltung*

Achtung: "Warum"-Fragen sind erst im "zweiten Anlauf" zu stellen.

Abbildung 11: Schlüsselworte in Meinungsfragen

Wann Meinungsfragen eingesetzt werden. Meinungsfragen werden immer dann eingesetzt, wenn Sie ein besseres Verständnis dafür brauchen, *wie sich Ihr Kunde fühlt* im Hinblick auf Sie und auf das, was Sie ihm verkaufen wollen. Sie können Meinungsfragen auch dazu benutzen, etwas über die persönlichen Gefühle anderer Personen im Käuferunternehmen herauszufinden, die die Kaufentscheidung beeinflussen. Aber bedenken Sie, daß die Meinung einer bestimmten Person über die Meinung einer anderen Person mit Unsicherheiten behaftet sein kann. Deshalb empfehlen wir Ihnen, wann immer dies möglich ist, jeden Kaufbeeinflusser *direkt* über seine Empfindungen zu Ihrem Kaufangebot zu befragen.

Meinungsfragen sind besonders wichtig, wenn Sie identifizieren müssen, *wie eine bestimmte Person durch die Annahme Ihres Angebotes "gewinnen" oder "verlieren" wird.* Weil an komplexen Verkaufsvorgängen mehrere oder viele Kaufbeeinflusser beteiligt sein können und weil keine zwei Kaufbeeinflusser auf ein und dieselbe Weise "gewinnen" werden, ist es sehr wichtig, über die *persönlichen* Gründe jedes Spielers, warum er kaufen öder nicht kaufen möchte, auf dem laufenden zu bleiben. Meinungsfragen an jeden einzelnen von ihnen helfen Ihnen dabei.

Meinungsfragen helfen Ihnen auch zu erkennen, was *hinter den Ergebnissen steht*, die ein Kunde wünscht - oder zu wünschen vorgibt. Verschiedene Kunden können dasselbe Resultat aus verschiedenen Gründen wünschen, was nichts anderes heißt, als daß das *Konzept des Resultates*, das Sie liefern müssen, für jeden von ihnen verschieden zu sein hat. Meinungsfragen sollten Sie immer einsetzen, wenn Sie wissen, daß Werner das Modell 1205 bevorzugt, sich aber über die Gründe dafür nicht sicher ist. Wenn Sie ihm das Modell 1205 verkaufen, ohne zu verstehen, *was das für ihn persönlich bedeutet,* verkaufen Sie ihm etwas ohne angemessene Informationen und das kann Ihre Beziehung zu Werner gefährden - wenn nicht bei diesem Verkaufsvorgang, dann beim nächsten. Besser als jede andere Art von Fragen helfen Ihnen Meinungsfragen, sich in jedem Verkaufsgespräch und durch alle Stationen eines langen Verkaufsprozesses hindurch auf die *Person* zu konzentrieren, die Sie als nächste besuchen werden. Deshalb sind sie auch geeignet, Ihnen die gewünschten Informationen darüber zu liefern, was einen Menschen motiviert.

98

Commitmentfragen

Wir haben gesagt, daß Verkäufer häufig Bestätigungsfragen ignorieren und vor Meinungsfragen zurückschrecken. Das ist bei der vierten Art von Fragen nicht der Fall. Die einzige Art von Fragen, die kein Verkäufer ignoriert und vor der er nicht zurückschreckt, sind Commitmentfragen. Das liegt nicht zuletzt daran, daß sich die traditionellen Trainings zur "Fragentechnik" in erheblichem Umfange damit beschäftigen, immer wieder neue und subtilere Versionen zur Formulierung der entscheidenden Commitmentfrage zu entwickeln: "Sind Sie bereit, den Vertrag heute zu unterschreiben?"

Wenn wir im *Konzeptorientierten Verkaufen* von Commitment reden, meinen wir nicht nur diesen letzten Schritt im Verkaufsvorgang, also die Unterschrift unter den Auftrag. Den Auftrag zu erhalten, ist ein *Teil* des Commitments und "nach dem Auftrag zu fragen", in allen seinen Varianten, ist ein Abschnitt auf dem Wege zum Commitment. Aber es ist ein Irrtum zu glauben, es sei der einzige Teil - oder zu denken, es sei der wichtigste. In einem guten Verkaufsprozeß sollte der Verkäufer den Verkaufsvorgang mit jedem Einzelgespräch durch *eine Folge von abgestuften Einzelschritten* einem abschließenden Ich gewinne/Du gewinnst-Commitment näher bringen. Den Auftrag zu erhalten, ist nur der *letzte* Schritt - und Sie können diesen Schritt nicht tun, wenn Sie nicht in vorausgegangenen Verkaufsgesprächen mit dem Kunden zusammen die vorhergehenden Schritte gegangen sind. Vorausgegangenes Commitment kann etwa darin bestehen, daß Ihnen Ihr Kunde verspricht, die Merkmale Ihres Produktes einem seiner Vorgesetzten vorzustellen oder dafür zu sorgen, daß Sie zu einer Demonstration vor einer Projektgruppe eingeladen werden. Beim ersten Gespräch mit einem neuen Kunden kann sein "Commitment" etwas so "Einfaches" sein wie die Vereinbarung des nächsten Gesprächstermins.

Die "Qualität des Commitments" wird sich also von einem Gespräch zum nächsten beträchtlich verändern. Und der *Zweck* einer Commitmentfrage, wie wir sie definieren, besteht darin, Ihnen zu einem bestimmten Zeitpunkt im Verkaufsprozeß *genau zu sagen, auf welcher Stufe Sie sich befinden* und Ihnen gleichzeitig zu ermöglichen, *die nächsthöhere Stufe zu erreichen.* Mit anderen Worten: Eine gute Commitmentfrage bewirkt mehr, als Sie einfach dem Abschluß näherzubringen. Sie liefert Ihnen auch Informationen darüber, wie weit Sie vom Abschluß noch entfernt sind, und *sicherlich* nicht zuletzt liefert Ihnen die Antwort Informationen über diejenigen Aspekte des von Ihrem Kunden entwickelten Konzeptes, die einen Fortschritt im Verkaufsvorgang verhindern. Commitmentfragen dienen als eine Art Kompaß für den Verkäufer, der ihm seine augenblickliche Position sichtbar macht und aufzeigt, in welchem Umfang und in welche Richtung er sich bewegen kann.

Wegen ihrer Bedeutung als Mittel zur "Standortbestimmung" lassen sich Commitmentfragen sehr gut am oder gegen Ende eines Verkaufsgespräches einsetzen. So hat zum Beispiel Rolf in seinem Gespräch in Chicago, nachdem ihm die Probleme des potentiellen Kunden von diesem bestätigt worden waren und er Fragen nach neuen Informationen und Meinungsfragen gestellt hatte, um diese Probleme besser zu verstehen, die folgende Schlußfrage gestellt: "Sind wir einer Meinung, daß der nächste logische Schritt darin besteht, daß Sie eine Besprechung anberaumen, in der die Wünsche der Cafeteriagäste und die jetzige Behandlung dieser Wünsche untersucht werden?" Mit dieser Frage schaute er gleichzeitig in die Vergangenheit und in die Zukunft. Sie erinnerte an den Grund des Meetings - daß nämlich die Firma von Rolf einer der Hauptkandidaten für die Ablösung des derzeitigen Betreibers der Cafeterias sein könnte - und sie definierte genau, *was als nächstes geschehen mußte*, um den Verkaufsprozeß voranzutreiben.

Hüten Sie sich aber davor, Commitmentfragen *nur* am Ende des Verkaufsgespräches zu stellen. Eine Commitmentfrage ist immer dann angebracht, wenn Sie Ihre augenblickliche Position bestimmen wollen. Und ein Vorteil, diese Fragen bei jedem Einzelschritt - das heißt bei jedem Verkaufsgespräch - zu stellen, besteht darin, die allzu bekannte Situation zu vermeiden, in der Sie mit dem Füller in der Hand zum "letzten" Gespräch erscheinen und plötzlich erkennen müssen, daß Ihr Gesprächspartner nicht nur eine "Nummer" ist, die abgehakt werden kann, oder daß Jane in der Buchhaltung Ihr Unternehmen haßt oder daß da immer noch eine Kontrollinstanz befragt werden muß, bevor Ihr Angebot angenommen werden kann.

Commitmentfragen formulieren. Als Schlüsselworte in der Formulierung von Commitmentfragen sind solche am besten geeignet, die sich auf *zukünftige Anstrengungen* beziehen - seien es welche, die Sie unternehmen werden oder solche Ihres Kunden oder von Ihnen beiden: Verben wie *bestimmen, planen, beabsichtigen* in Formulierungen, die sich darauf konzentrieren, *was noch erledigt werden muß* - in diesem oder den kommenden Verkaufsgespräch(en), damit Sie sich weiterhin auf dem Wege zu Ich gewinne/Du gewinnst befinden.

Commitmentfragen

▪▪▪▪➤ Zweck

- ▸ Dem Vertragsabschluß näherkommen.
- ▸ Feststellen der aktuellen Position im Verkaufsprozeß.

▪▪▪▪➤ Wann einsetzen?

- ▸ Um die Zustimmung eines Kunden zu einer Aktion zu bekommen, mit deren Hilfe der Verkaufsprozeß vorangetrieben werden kann.
- ▸ Um aufzuzeigen, was noch getan werden muß.

Abbildung 12: Zweck und Einsatz von Commitmentfragen

Ähnlich wie Bestätigungsfragen können Commitmentfragen oft sehr effektiv formuliert werden als eine Feststellung in Verbindung mit einer Frage. Sie sind leicht mit Ja oder Nein zu beantworten (entweder bekommen Sie das Commitment oder Sie bekommen es nicht - wobei eine negative Antwort bedeutet, daß mehr Meinungsfragen oder Fragen nach neuen Informationen gestellt werden müssen). Rolf hätte seine Commitmentfragen zum Beispiel so formulieren können: "Der nächste logische Schritt scheint für uns darin zu bestehen, daß wir die Wünsche Ihrer Cafeteriabenutzer und deren Befriedigung untersuchen. Stimmen wir darin überein, daß Sie dafür ein Termin festsetzen sollten?"

Wir müssen hier auf einen kritischen Punkt aufmerksam machen, der in den erwähnten Beispielfragen inbegriffen ist. Wir sagten, daß sich Commitmentfragen auf zukünftige Anstrengungen von Ihnen und Ihrem Kunden beziehen. Aber die Hauptlast muß dabei auf dem *Kunden* liegen. Wenn wir sagen, daß sich Commitmentfragen darauf konzentrieren, was noch getan werden muß, dann meinen wir damit etwas, was der zukünftige Kunde zu tun hat oder woran er beteiligt sein muß, um den Verkaufsprozeß weiter zu bringen. "Was werden *Sie* sicherstellen?" "Werden *Sie* einen

Termin vereinbaren?" - und so weiter. Wir werden auf diesen Punkt gleich noch einmal zurückkommen.

Commitmentfragen (Fortsetzung)

⬛⬛⬛➡ Schlüsselworte

Entscheiden	Zustimmen	Verpflichten
Planen	Steuern	Sicherstellen
Gehen zu	Vorschlagen	Tun wollen
Beabsichtigen	Empfehlen	Erreichen

Abbildung 13: Schlüsselworte in Commitmentfragen

Wann Commitmentfragen eingesetzt werden. Wir haben betont, daß Commitmentfragen im allgemeinen und sehr effektiv gegen Ende eines Verkaufsgespräches eingesetzt werden, wenn Sie wissen müssen, wie weit Sie bereits gekommen sind und wie lang der noch vor Ihnen liegende Weg ist. Unabhängig davon sollten diese Fragen aber *immer dann* während des Gespräches eingesetzt werden, wenn der Verkäufer *über die aktuelle Ebene des Commitments im Ungewissen* ist oder wenn er *unsicher ist, welche Fortschritte bereits erzielt wurden* im Sinne einer Zustimmung zu seinem Angebot.

Sie sollten unsere vier Arten von Fragen nicht nach einem 1-2-3-4-Muster einsetzen: Diese Art des sturen Vorgehens in einer vorgeschriebenen Reihenfolge ist ein Vermächtnis - und ein Irrtum - des "Track Selling". Immer, wenn Sie sich unsicher fühlen über Ihre derzeitige Position gegenüber einem bestimmten Kunden und immer, wenn Sie nicht genau wissen, was für den weiteren Fortschritt des Prozesses getan werden muß, ist es Zeit, dem Kunden eine Commitmentfrage zu stellen.

102

Gegenseitiges Commitment. Worauf es hier ankommt, ist *gegenseitiges* Commitment. Deshalb betonen wir immer wieder die Notwendigkeit, den Kunden zu einer Handlung zu bewegen. Ganz offensichtlich haben Sie als Verkäufer eine Menge zu tun, aber das ist Ihnen bekannt und aufgrund der Tatsache, daß Sie an diesem Verkaufsvorgang arbeiten, haben Sie sich bereits selbst verpflichtet. Was Sie nicht wissen, ist, ob sich *auch* Ihr Kunde verpflichtet fühlt, den Kauf/Verkauf-Prozeß voranzutreiben oder nicht. Indem Sie ihn nach seinem Engagement bei den nächsten Schritten fragen, testen Sie dieses Commitment, und um dieses sauber zu tun, müssen Sie sehr konkret vorgehen. Was Sie von Ihrem Kunden wollen, ist das Versprechen, *etwas ganz Spezifisches zu tun*: ob es etwas so Wichtiges ist wie die Organisation eines Treffens mit dem Entscheidungsgremium oder etwas so bescheidenes wie die Vereinbarung eines neuen Termins.

Die Vermutung vieler traditionell geschulter Verkäufer ist unrealistisch, daß Sie im Grunde genommen bei jedem Gespräch den Auftrag bekommen können, wenn Sie selbst nur hart genug arbeiten, oder wenn Sie Ihrem Kunden genug offensichtlich manipulative Wahlmöglichkeiten bieten wie etwa: "Möchten Sie den Auftrag heute unterschreiben oder am nächsten Freitag?" Aber es ist ebenso unrealistisch zu vermuten, Sie könnten einen Verkaufsvorgang zu einem Ich gewinne/Du gewinnst-Abschluß bringen, wenn Sie nicht wenigstens *ein* Commitment zum Handeln in jedem Ihrer Verkaufsgespräche erzielen. Wenn Herr Haubner am Ende Ihrer zwanzigminütigen Präsentation, von der er sehr angetan schien, nur sagt: "Rufen Sich mich doch gelegentlich an", dann können Sie diesen Anruf getrost vergessen. Commitment hieße hier ein Datum und eine Uhrzeit. Das hieße, Herr Haubner ist interessiert genug, sich nächste Woche oder nächsten Monat weitere zwanzig Minuten Zeit zu nehmen, um mehr zu hören. Wenn er nicht wenigstens dazu bereit ist, dieses Commitment im Hinblick auf *seine* Zeit einzugehen, empfehlen wir Ihnen, nicht *Ihre* Zeit zu vergeuden, indem Sie sich ihm "zu einem weiteren Gespräch zur Verfügung" stellen. Denn genau das würden Sie tun: Sie würden ihm etwas *geben*, ohne etwas dafür zu bekommen.

Im später folgenden Kapitel über das Erreichen von Commitment werden wir diesen Punkt ausführlicher diskutieren. Für den Augenblick genügt es, sich an den Kernpunkt zu erinnern. Eine gute Commitmentfrage bringt drei Ergebnisse: das Verständnis dessen, *wo Sie stehen*, das Verständnis dessen, *was zu tun bleibt* und das Commitment Ihres Kunden, einen Teil *seiner* Zeit zu investieren, um etwas Konkretes zu tun.

Leitlinien zur Fragensequenz

Wenn Sie sich vor dem Besuch Gedanken über die Sequenz des Verkaufs-gespräches machen, geht es um die Vermeidung des häufigen Fehlers, Ihren Kunden mit einem Sperrfeuer unzusammenhängender Fragen zu belegen - und in der Lage zu sein, dem Verlauf der Interaktion eine Richtung zu geben, die für Sie beide vorteilhaft ist. Erinnern Sie sich deshalb an die folgenden Punkte, wenn Sie die Reihenfolge Ihrer Fragen festlegen:

❐ Es ist fast immer eine sichere Methode, ein Verkaufsgespräch mit einer Bestätigungsfrage zu beginnen. Diese Fragen sollten auch vor der Präsentation neuer Produktinformationen und als Grundlage für die Abschlußphase benutzt werden.

❐ Fragen nach neuen Informationen sind ein angemessener nächster Schritt nach Bestätigungsfragen, insbesondere dann, wenn die Antwort auf eine Bestätigungsfrage unerwartet ausfällt. Sie sind auch geeignet, wenn der Verkäufer Informationsdefizite beseitigen oder eine Interviewphase eröffnen will.

❐ Meinungsfragen werden eingesetzt, um persönliche Bedürfnisse, Interessen oder Sorgen des einzelnen Kunden oder Interessenten zu ergründen, wenn es also darum geht, mehr Informationen über die Gefühle zu erhalten, die hinter den Antworten eines Menschen stehen.

❐ Commitmentfragen werden eingesetzt, um die aktuelle Position in einem Verkaufsvorgang zu erkennen oder um die Gründe herauszufinden, warum ein Vorgang sich nicht in der erwarteten Form weiterent-wickelt. Es ist üblich, ein Verkaufsgespräch mit einer Commitment-frage zu beenden.

Einen Vorbehalt wollen wir hier dennoch machen. Wir haben die vier Arten von Fragen in der hier genannten Reihenfolge vorgestellt, weil wir festgestellt haben, daß diese 1-2-3-4-Sequenz *im allgemeinen* Sinn macht. Trotzdem kann sie nicht als "ideale" Sequenz bezeichnet und darf auch nicht als eine streng einzuhaltende, vorgegebene Spielregel verstanden werden. So kann es durchaus vorkommen, daß Sie in einem bestimmten Verkaufsgespräch mehrere Fragen einer Art stellen müssen, bevor Sie zur nächsten Art von Fragen übergehen können. Oder die Antwort auf eine Meinungsfrage läßt den Eindruck entstehen, daß Sie etwas Grundsätzli-ches an der gegebenen Situation mißverstanden haben - was Sie zu einer

Bestätigungsfrage führt, mit der Sie Ihr Verständnis dieser Situation verbessern wollen. Und natürlich wird auch Ihr Interessent oder Kunde seine eigene Liste haben und Fragen *an Sie* stellen. Das sind nur einige wenige Gründe, die erkennen lassen, warum es unwahrscheinlich ist, daß Sie *irgendeinen* strengen Plan mit Erfolg einsetzen können.

Wir haben das "Track Selling" genau wegen dieser Art von Sturheit ins Lächerliche gezogen und wir möchten betonen, daß das Festhalten und Abarbeiten einer vorbereiteten Liste eine nahezu sichere Garantie dafür sind, daß Sie die Informationen *nicht* bekommen, die Sie benötigen. Gutes Management von Verkaufsgesprächen ist, ähnlich wie gutes Interviewen, immer eine Frage der Reaktion auf die individuelle Situation - und den ständigen Wandel, dem diese Situation unterliegt.

Tom Brokaw (Anmerkung des Übersetzers: amerikanischer Journalist) erzählt immer eine Geschichte über sich selbst, die diesen Punkt sehr gut illustriert. In einem Interview mit Barry Goldwater Mitte der siebziger Jahre befragte Brokaw den Senator über Watergate. "Ich wußte zehn Tage, bevor Nixon zurücktrat," sagte Goldwater an einer Stelle des Interviews, "daß er nicht bleiben wird." Die angemessene Reaktion auf diese Bombe wäre die Frage gewesen: "*Wie* konnten Sie das wissen?" Aber Brokaw stellte sie nicht. Offensichtlich hatte er in seinem Interview-Manuskript nur eine begrenzte Zeit für das Thema Watergate vorgesehen, und so setzte er das Interview fort, indem er Goldwater Fragen zu seinem jüngsten Besuch in China stellte. Später gab Brokaw zu, daß er erst, nachdem das Interview beendet war, erkannte, welcher Riesenfehler ihm unterlaufen war.

Das ist ein perfektes Beispiel dafür, wie selbst ein erfahrener Interviewer einen Kommunikationsprozeß dadurch zerstören kann, daß er sich zu sklavisch an sein Manuskript hält. Deshalb sagen wir, daß der beste Maßstab für den richtigen Zeitpunkt, zu dem eine bestimmte Frage gestellt werden sollte, der ist, *dem aufmerksam zuzuhören, was Ihnen Ihr Kunde sagt.* Die wichtige Fähigkeit, die es zu entwickeln gilt, ist es, jederzeit zu verstehen, in welcher Phase des Verkaufsgespräches Sie sich befinden, damit Sie entscheiden können, was als nächstes geschehen soll. Diese Entscheidung treffen Sie durch wechselseitige Kommunikation. Denn die beste Fragensequenz der Welt kann sich immer in einen unproduktiven Monolog verwandeln, wenn der Fragende zu wenig Energie auf das *Zuhören* verwendet - und über Zuhören wollen wir jetzt ausführlich sprechen.

5 Konstruktiver Austausch von Informationen

In den siebziger Jahren haben Erziehungswissenschaftler eine Reihe von Studien über die Effektivität verschiedener Lehrmethoden abgeschlossen. Sie haben festgestellt, daß *ein* Unterrichtsstil ohne Ausnahme immer effektiver war als alle anderen, insbesondere, wenn es um die Vermittlung komplizierter wissenschaftlicher Informationen ging. Es war ein Stil, der überwiegend auf einer Zwei-Wege-Kommunikation zwischen Lehrer und Schüler basierte mit dem Ziel, einen positiven Informationsfluß in beiden Richtungen zu schaffen und in dem die Pausen zwischen Fragen und Antworten bezeichnenderweise wesentlich *länger* waren als in den anderen Lehrstilen.

Optimale Kommunikation

... maximiert das gegenseitige Verständnis zwischen Kunde und Verkäufer.

... maximiert die *Qualität* und die *Quantität* des Informationsflusses.

... maximiert fragen, zuhören, antworten – und minimiert erzählen, beschreiben, zeigen, demonstrieren.

Abbildung 14: Merkmale einer optimalen Kommunikation

Weil wir schon lange glaubten, daß die Phase der Informationsbeschaffung im Verkaufsprozeß und der Prozeß der Unterrichtung weitgehend identisch sind im Hinblick auf den Informationsfluß, haben wir beschlossen, die Er-

107

kenntnisse der Erziehungswissenschaftler in unseren (Verkaufs-) Bereich zu übertragen. Vor ungefähr zehn Jahren begannen wir, den von den Forschern empfohlenen Unterrichtsstil in unseren eigenen Verkaufsgesprächen anzuwenden und ihn in das Programm *Konzeptorientiertes Verkaufen* zu integrieren.

Die Ergebnisse waren außerordentlich ermutigend und haben auf überwältigende Weise unsere Meinung bestätigt, daß Informationsbeschaffung eine Art guten Lernens ist. Wir haben festgestellt, daß Verkäufer, die diesen einmaligen Verkaufs-"Stil" anwenden, in der Lage sind, den Informationsfluß zwischen ihnen und ihren Kunden und Interessenten dramatisch zu steigern und damit - selbst in den schwierigsten Situationen - das herbeiführen können, was wir einen Optimalen Kommunikationsprozeß nennen. In der oben abgebildeten Grafik haben wir zusammengefaßt, was wir unter diesem Prozeß verstehen und was er für Sie bedeuten kann. In diesem Kapitel werden wir jetzt den Prozeß ausführlich beschreiben und erläutern, wie Sie ihn in jedem direkten Gespräch mit einem Kunden Wirklichkeit werden lassen können.

Der Fragenschock

In der Beschreibung der idealen Unterrichtsmethode, die wir gerade gegeben haben, sagten wir, daß sie gekennzeichnet ist durch *längere Pausen zwischen Fragen und Antworten* als bei den übrigen Lehrstilen. Das ist hier tatsächlich der entscheidende Punkt. Dieses scheinbar einfache Merkmal - die Verlängerung des Zeitraumes zwischen Fragen und Antworten - ist nicht einfach ein Lehr- (oder Verkaufs-) "Gag"; das ist vielmehr eine geprüfte und universell zuverlässige Technik zur Schaffung einer optimalen Kommunikation. Aber unglücklicherweise wird diese einfache Technik in der Welt des Verkaufs immer noch extrem selten angewandt.

Manche Verkäufer scheinen - wenn sie sich überhaupt die Zeit nehmen, Fragen zu stellen - weniger daran interessiert zu sein, die Antworten des Kunden zu hören, als vielmehr ihren Fragenkatalog so schnell wie möglich abzuarbeiten und so schnell wie möglich zum Ende zu kommen. Sie kennen dieses rhetorische, schnellfeuerartige Fragen, das wir meinen. Es ist der Stil, den der Varietekünstler anwendet, der Fragen stellt und diese dann selbst beantwortet: "Habe ich recht? Sie wissen, daß ich recht habe." Es ist der Stil des Marktschreiers, der seinem Publikum die Antworten selbst liefert: "Was kann ich Euch denn heute verkaufen? Was halten Sie von einer hübschen Flasche Dr. Meiers extrafeinem Schlangenöl Nummer 31? Gut für alle Wehwehchen. Treten Sie näher ..." Und es ist der Stil, der besonders bei Journalisten in politischen Pressekonferenzen beliebt ist: "Ich habe eine Anschlußfrage, Herr Präsident, und dann eine Anschlußfrage zu dieser Frage."

Diese Art zu fragen - bei der Sie Ihrem Zuhörer Ihren gesamten Fragenkatalog auf einmal auf den Tisch knallen - mag zwar ein notwendiges Übel bei der dreißigminütigen Pressekonferenz des Präsidenten sein, bei der fünfzig Journalisten vor Ihnen versuchen, ihre Fragen los zu werden und wo es darum geht, den Herausgeber oder den Redaktionschef zu Hause zu beeindrucken. Aber diese Art führt selten zu einem konstruktiven Austausch von Informationen und sie schafft selten einen optimalen Kommunikationsprozeß. Tatsächlich führt diese Schnellschuß-Methode für gewöhnlich zum genauen *Gegenteil* einer Kommunikation. Sie bewirkt, daß die befragte Person entweder keinen Ton mehr sagt, den Fragen ausweicht oder sich verwirrt am Kopf kratzt. In Pressekonferenzen können Sie dies immer wieder beobachten und es passiert nicht immer zwingend, weil der Befragte ausweichen möchte (obwohl dies sicherlich manchmal der Fall ist). Manchmal geschieht dies, weil die betreffende Person an einem akuten Anfall eines *Fragenschocks* leidet, wie wir dieses Syndrom nennen.

Der Fragenschock tritt ein, wenn Größen wie Perry Mason oder Sam Donaldson in einen Satz vierzehn Hintergrundsondierungen hineinpacken und Sie bitten, zu allen auf einmal Stellung zu nehmen. Den Größen liegen die Fragen natürlich schriftlich vor und wurden von ihnen eingeübt, so daß das Risiko sehr gering ist, daß *sie* verwirrt werden. Aber Ihnen liegen sie nicht schriftlich vor und Sie haben die vierzehn Erwiderungen nicht eingeübt, die die Fragenden haben möchten, weshalb das Risiko überdurchschnittlich groß ist, daß *Sie* verwirrt sein werden. Unabhängig davon, wie brillant Sie sind und wie groß Ihre Erfahrung ist, aus dem Stand heraus zu reagieren: Wenn Ihnen jemand mehr Informationen hinpfeffert, als Sie in kurzer Zeit verarbeiten können, geraten Sie in eine gewisse geistige Verwirrung oder Sie sind verunsichert und haben Zweifel über die richtige Antwort. Das nennen wir Fragenschock.

Jeder von uns hat diese Erfahrung schon gemacht. John F. Kennedy war wahrscheinlich von denen, die jemals im "Oval Office" gesessen haben, derjenige, der die meisten Fragen auf einmal aufnehmen konnte, aber selbst er war gegen den Fragenschock nicht immun. Er umging ihn, indem er sein berühmtes JFK-Lächeln aufsetzte und scherzend fragte: "Welches war nochmal die dritte Frage, Chet?" Dennoch war dies das Signal eines Fragenschocks. Und dadurch, daß sie ihn dieser geistigen Verwirrung aussetzten, bekamen seine Fragensteller weniger zuverlässige und weniger vollständige Informationen als sie sie bekommen hätten, wenn sie einfach das Tempo *verlangsamt* hätten.

Was wir hier sagen, ist für die Welt des Verkaufens sogar noch wesentlich relevanter als für die Wortspiele der Politik. Wenn Sie Ihren zukünftigen Kunden pausenlos mit Fragen bombardieren, wenn Sie ständig darauf bedacht sind, mit einer Anschlußfrage nachzustoßen, wenn Sie Ihre Fragen selbst beantworten, bevor der Kunde die geringste Chance hat, dies zu tun, dann versetzen Sie ihm jedesmal einen Fragenschock, und gleichzeitig errichten Sie eine Barriere im Informationsfluß.

Unsere Anwendung der Forschungsergebnisse aus dem erziehungswissenschaftlichen Bereich hat einige alarmierende Ergebnisse sichtbar gemacht. Wir haben tatsächlich die Pausen in Verkaufsgesprächen mit der Stoppuhr gemessen. Folgende typische Werte haben sich ergeben:

❐ Erstens. Verkäufer schaffen es in vielen Gesprächen, ihren Kunden *vier, fünf oder mehr Fragen pro Minute* zu stellen.

❐ Zweitens warten Verkäufer oft nur ungefähr *eine Sekunde oder weniger*, bevor sie entweder die Frage wiederholen, eine andere Frage stellen, die Frage selbst beantworten oder eine andere Bemerkung machen.

❐ Drittens neigen viele Verkäufer dazu, nachdem sie eine *Antwort* erhalten haben, *weniger als eine Sekunde* zu warten, bevor sie einen Kommentar abgeben oder zum nächsten Punkt übergehen.

Was läßt sich aus diesen Daten schließen? Wir meinen, sie lassen sehr klar erkennen, daß vermutlich in der Mehrzahl aller Verkaufssituationen der Verkäufer einen positiven Informationsfluß dadurch behindert, daß er die Dinge zu schnell vorantreibt. Kann Ihnen denn Ihr Kunde überhaupt eine durchdachte Antwort auf Ihre Frage geben, wenn Sie ihm nur eine Sekunde Zeit lassen? Wieviele Gedanken können Sie selbst auf seine Antwort entwickeln, wenn Sie sich für deren Analyse weniger als eine Sekunde Zeit lassen, bevor Sie das Gespräch wieder aufnehmen?

Die Antwort ist: verdammt wenige. Das Ergebnis ist, daß der typische, schnellfeuernde Fragenstil als *letztes* zu einer optimalen Kommunikation führt.

Es ist nicht überraschend, daß die Pausen, die wir hier genannt haben, so kurz sind. Schließlich wird den Verkäufern immer wieder erzählt, daß Schweigen für einen Verkaufsvorgang tödlich sei. "Halte das Gespräch im Fluß," werden wir immer wieder angehalten. "Schweigen macht Menschen unruhig. Laß' ihnen nicht so viel Zeit zum Nachdenken." Und, vielleicht die schlimmste Behauptung von allen: "Wenn Sie sprechen, haben Sie das Geschehen *unter Kontrolle*; wenn das Gespräch verstummt, haben Sie diese verloren."

Wir sagen, daß alle diese Schlagworte Unsinn sind. Sie sind aus der allgemeinen Verwechslung der Begriffe "Kontrolle" und "Beherrschung" hervorgegangen. In einem Verkaufsgespräch beherrscht tatsächlich diejenige Person die Situation, die am meisten redet; aber es ist der Zuhörer, der die Kontrolle hat. Der Schlüssel zur wirklichen "Kontrolle" des Verkaufsgespräches und der Schlüssel zur Schaffung einer optimalen Kommunikation sind identisch. Es geht darum, nur eine Frage auf einmal zu stellen und dann still zu sein, um *aktiv zuzuhören*.

111

Goldenes Schweigen

Was wir sagen, kann mit einer Technik unmittelbar praktisch angewandt werden, die wir Goldenes Schweigen nennen. Goldenes Schweigen ist die einzige zuverlässige "Therapie" gegen das Fragenschock-Syndrom, die wir kennen. Wie Sie aus dem nachfolgenden Diagramm erkennen können, ist es eine klare und elegant einfache Therapie.

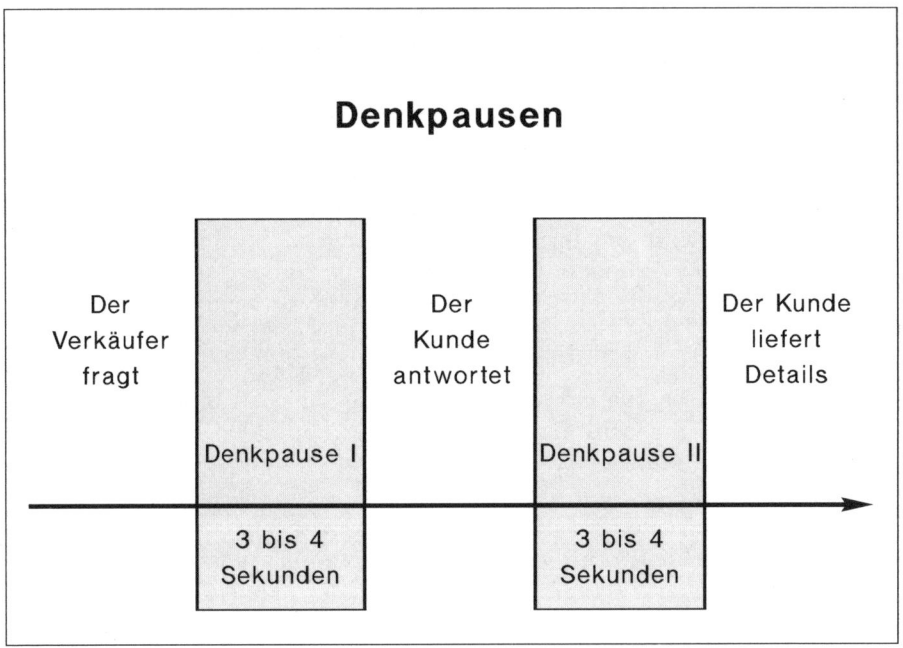

Abbildung 15: Die Sequenz der Sprech- und Denkpausen

Wie das Diagramm zeigt, besteht das ganze Geheimnis des Goldenen Schweigens darin, daß Sie, der Verkäufer, an zwei verschiedenen Stellen des Fragenprozesses eine *Denkpause* von ungefähr *drei oder vier Sekunden* einlegen müssen: nachdem Sie eine Frage gestellt haben und nachdem der Kunde geantwortet hat. Die erste Pause von drei bis vier Sekunden nennen wir *Denkpause I*; die zweite Pause heißt *Denkpause II*. Die Einführung dieser zwei verschiedenen Pausen in den Fragenprozeß Ihrer Verkaufsgespräche wird die Qualität und die Quantität der Informationen, die Sie erhalten, dramatisch - und unmittelbar - steigern. Das garantieren wir Ihnen.

Der Grund dafür ist ganz einfach. Wenn Sie Ihrem Kunden durch die Denkpause I etwas Zeit zum Nachdenken über das geben, was Sie ihn gefragt haben, ist die Wahrscheinlichkeit, eine solide Information zu erhalten, wesentlich größer, als wenn Sie Ihrem Kunden nur halb so viel Zeit gelassen hätten. Durch die Denkpause II im Anschluß an die Antwort des Kunden geben Sie sich selbst eine größere Chance, das richtig zu verstehen, was Ihnen geantwortet wurde, als wenn Sie sich dafür nur die halbe Zeit gelassen hätten. Das Ergebnis des Einsatzes der Denkpausen I und II ist wahrscheinlich ein viel geruhsamerer, besser durchdachter und damit letztlich wesentlich *produktiverer* Informationsfluß, als Sie ihn mit irgendeiner anderen Methode herbeiführen könnten.

Aber wir sagen nicht, daß Sie ab sofort eine Stoppuhr mit zu Ihren Verkaufsgesprächen nehmen, daß Sie dieser Technik sklavisch auf die Sekunde genau folgen oder daß Sie sie in jeder Fragen-Antwort-Phase bei jedem Verkaufsgespräch anwenden sollten. Denn auch weiterhin wird jedes dieser Gespräche seinen eigenen Rhythmus und Ablauf haben, und auf diese Realität gilt es sich jedesmal einzustellen, wenn man sich mit einem Kunden zusammensetzt. Wenn wir Ihnen Goldenes Schweigen empfehlen, geht es uns nicht darum, einen sturen Zeitplan zu befolgen und noch viel weniger darum, einen effekthaschenden Gag einzusetzen. Wir wollen Ihnen eine geprüfte, konzeptionelle Struktur zum *Verständnis* des individuellen Charakters Ihrer Verkaufsgespräche zur Verfügung stellen, mit dem Sie Umfang und Ablauf von solchen "Unterhaltungen" reduzieren können, die zwar schön klingen und engagiert geführt werden, die aber keine Provision bringen. Je öfter Sie diese Technik in Ihren Verkaufsgesprächen einsetzen, umso leichter werden Sie erkennen, wann Sie das Tempo beschleunigen können und wann Sie langsam tun müssen. Wir sind guter Hoffnung, daß Sie wesentlich öfter einen Gang zurückschalten werden, als das Tempo zu erhöhen. Und in jeder Situation bleibt der entscheidende Grundsatz der Technik der gleiche: Es geht um das Einführen dieser *wesentlichen Phasen des Schweigens* in Ihre Gespräche, ohne die sich ein positiver Informationsfluß nicht entwickeln kann.

Es ist uns wohl bewußt, daß die Anwendung der Technik des Goldenen Schweigens am Anfang dazu führen kann, daß Sie sich unwohl fühlen. Verkäufer sind so daran gewöhnt, jedes Hindernis mit einem Redeschwall aus dem Weg räumen zu wollen, daß es ihnen unnatürlich erscheinen muß, einfach zu schweigen. Um es mit den Worten eines Kollegen zu formulieren, der die Idee ursprünglich ablehnte: "Als ich damit anfing, Goldenes Schweigen zu praktizieren, kam ich mir vor wie bei einer Zirkusnummer. Ich war davon überzeugt, daß meine Kunden dachten, ich sei der 'Doofy vom Dienst'." Viele unserer Workshop-Teilnehmer berichten über ein ähnliches "Nervenflattern", das sie überfiel, als sie das erste Mal fragten und dann gewartet haben.

Aber das ist ein Problem, das sich mit der praktischen Übung sehr schnell verliert und gleichzeitig das betont, was wir vom Goldenen Schweigen sagen: daß es eben nicht ein neuer Konversationsgag ist. Wenn wir sagen: "Stellen Sie Ihre Frage und schweigen Sie danach", meinen wir nicht, daß Sie ungerührt vor sich hinstarren sollen, als ob Sie Ihren Gegenüber zu einer Antwort zwingen wollten. Und wir reden auch nicht von der manipulativen Empfehlung für die Abschlußphase, die da lautet: "Wer als erster schwach wird, hat verloren." Gutes Verkaufen ist niemals ein Spiel, bei dem Sie Ihren Kunden unter Druck setzen oder psychologisch ausmanövrieren wollen. Auch wenn Sie Goldenes Schweigen praktizieren, stehen Ihnen alle anderen Möglichkeiten der Körpersprache und der nonverbalen Kommunikation zur Verfügung, die jeder gute Verkäufer (oder Gesprächspartner) in einem Einzelgespräch anwendet. Und diese Techniken sind weiterhin wichtig. Wenn Sie sich dabei unwohl fühlen, "einfach dazusitzen", können Sie mit dem Kopf nicken, sich vorbeugen, die Stirn runzeln, Augenkontakt herstellen und so weiter - ganz so, wie Sie verfahren würden, wenn Sie das Gespräch ohne Goldenes Schweigen in Gang halten wollten.

Bei der Anwendung des Goldenen Schweigens werden Sie auch sehr empfindlich auf solche Situationen reagieren müssen, in denen Sie Ihr Kunde einfach nicht versteht und nichts als bleiernes Schweigen die Folge wäre, wenn Sie auf seine Reaktion warten würden. Wenn Sie eine Frage gestellt und nach vier oder fünf Sekunden immer noch keine Antwort bekommen haben, ist die Wahrscheinlichkeit sehr groß, daß der Kunde den Sinn Ihrer Frage nicht verstanden hat. In diesem Falle ist es angebracht - ja, notwendig -, die Frage zu wiederholen oder neu zu formulieren. Eine sehr effektive Technik hierfür ist es zu sagen: "Sinn und Zweck meiner Frage bestehen darin, ..." und dann zu erläutern, was Sie herausfinden möchten. Das erweitert den Spielraum der ursprünglichen Frage und beweist, daß Sie an einem Dialog interessiert sind und nicht einfach bohrende Fragen stellen wollen.

Es kommt uns darauf an zu betonen, daß das Ziel des Goldenen Schweigens darin besteht, die Möglichkeiten einer optimalen Kommunikation zu erweitern und nicht einzuschränken. Wenn es geschickt und flexibel eingesetzt wird, trägt es mehr zur Schaffung eines positiven Informationsflusses bei als alle anderen Kommunikationstechniken, die wir kennen. Aber es ist

114

kein Zauberstab und, ja, es kann auch mit zu großer Sturheit angewandt werden - womit bleiernes Schweigen die Folge sein wird. Der Weg, um die falsche Anwendung dieser Technik zu vermeiden, ist einfühlsames Aufnehmen dessen, was der Kunde sagt - einschließlich seiner nonverbalen Äußerungen. Es gilt, sich daran zu erinnern, daß Schweigen an sich nicht "golden" ist: Das, was es Ihnen, dem Verkäufer, bringt, ist "golden" in Form der Informationen, die Sie benötigen, um in Ihrem Verkaufsvorgang weiterzukommen. Wenn Schweigen Ihnen diese Informationen nicht bringt, ist es klar an der Zeit, das Vorgehen zu ändern. Unsere Erfahrung beweist uns ohne Ausnahme, daß, wenn bei der Anwendung der Technik sehr genau darauf geachtet wird, *wie der Kunde reagiert*, die Chancen des Verkäufers erheblich steigen, einen Ich gewinne/Du gewinnst-Abschluß zu erzielen.

Dies ist noch mehr dann der Fall, wenn Sie einer Gruppe oder einem Komitee etwas präsentieren und nicht einem einzelnen. Viele unserer Workshop-Teilnehmer haben uns erzählt, daß es ihnen jedesmal - bevor sie die Technik des Goldenen Schweigens kannten - einen Schrecken eingejagt hat, wenn sie etwas vor einer Gruppe präsentieren mußten. Sie sagten uns, daß die Technik sie in die Lage versetzen würde, einen dynamischen Kommunikationsprozeß auszulösen, der dazu führt, daß die Hauptarbeit von der Gruppe erledigt wird. Unser Freund Rolf, der die Technik in Chicago effektiv eingesetzt hat, formulierte das so: "Stellen Sie einem Komitee eine Frage und lassen Sie ihm fünf Sekunden Zeit für die Antwort. Ich garantiere Ihnen, daß Sie in den nächsten fünf Minuten keine weitere Frage mehr stellen müssen."

Der Nutzen des Goldenen Schweigens

Wir haben das Goldene Schweigen als die Therapie zur Behandlung der "Krankheit" Fragenschock des Kunden bezeichnet. Das ist ein "negativer" Nutzen der Anwendung dieser Technik. Aber es gibt auch zahlreiche positive Nutzen. Hier sind einige davon, die nach unserer Beobachtung sehr häufig eintreffen:

1. Die *Anzahl* der Kundenreaktionen steigt. Wenn Sie Goldenes Schweigen einsetzen, ist das Risiko wesentlich geringer, daß Ihnen Menschen ausweichen, die sich von quasselnden Verkäufern unter Druck gesetzt fühlen oder die selbst einfach so "langsam denken", daß sie das angeschlagene Tempo nicht mithalten können. Wenn Sie Ihrem (potentiellen) Kunden nach Ihren Fragen eine Pause gönnen, trägt das zu seinem Wohlbefinden bei und erleichtert ihm die Antwort. Das ist besonders nützlich bei Personen, die dazu neigen, nur zögernd Informationen zu geben. Manche Menschen brauchen einfach mehr Zeit zum Denken - was nicht heißt, daß sie dumm wären. Goldenes Schweigen gibt ihnen die Zeit, die sie benötigen.

2. Die *Länge* der Antworten steigt. Weil Goldenes Schweigen Ihrem Kunden Zeit zum Nachdenken liefert, gibt es ihm auch die Zeit, verständlichere Antworten zu formulieren. Es verschafft ihm die Möglichkeit, seine Gedanken auch auf seine gefühlsmäßige Einstellung zu dem Kaufvorgang auszudehnen, also auf die Ergebnisse, die er aus seiner persönlichen Sicht benötigt und auf sein Konzept dessen, was Sie in dieser Hinsicht für ihn tun können.

3. Die *Zuverlässigkeit* der Informationen steigt. Weil der Kunde mehr Zeit bekommt, über die Situation nachzudenken, ist die Wahrscheinlichkeit wohlüberlegter Antworten anstelle von Lippenbekenntnissen erheblich größer. Diese Struktur des Gespräches führt zu objektiveren, aber auch umfassenderen Antworten.

4. Die Zahl der *relevanten, "nicht erbetenen" Antworten* steigt. Wenn Sie jemand mehr Zeit für adäquate Überlegungen geben, ist der Betreffende besser in der Lage, Ihnen Informationen zu liefern, nach denen Sie nicht speziell gefragt haben, die aber wichtig für Ihr Verständnis der Situation sein können.

5. Die Anzahl der *Fragen des Kunden* steigt. Noch einmal: Das ist ein logisches Ergebnis, wenn man mehr Zeit zum Denken hat. Käufer, denen man dafür die nötige Zeit gibt, neigen dazu, mehr Fragen zu Ihrer Ware oder Dienstleistung zu stellen, was offensichtlich Ihnen zum Vorteil gereicht, weil solche Fragen den Vorgang seinem Abschluß näherbringen.

6. Die Häufigkeit offenen, *kreativen Denkens* nimmt zu. Der Kunde entdeckt neue Alternativen, mehr Möglichkeiten einer Übereinstimmung zwischen Ihrem Produkt und seinen Bedürfnissen. Das führt ganz offensichtlich zu einer goldenen Gelegenheit für Sie, einem gegenseitig befriedigenden Verkaufsabschluß näherzukommen.

7. Goldenes Schweigen kann den *Fokus* der Diskussion, während der Denkpausen, auf die wirklichen Wünsche und Bedürfnisse des *Kunden* lenken anstatt auf das, was der Verkäufer ursprünglich zu verkaufen "wünschte" oder verkaufen "wollte". Auch das steigert die kreativen Möglichkeiten und schafft größere Chancen für ein Ich gewinne/Du gewinnst-Resultat des Verkaufsvorganges.

8. Last, but certainly not least, verschafft Goldenes Schweigen dem Verkäufer zusätzliche Zeit, darüber nachzudenken, welche Informationen ihm noch fehlen, zusätzliche Fragen zu überlegen und diese Fragen zielgerichteter zu formulieren im Hinblick auf die spezifische Situation und den spezifischen Kunden. Auf diese Weise steigert die Technik des Goldenen Schweigens wiederum die Qualität der Fragen des Verkäufers, und dies wiederum steigert die *Qualität der erhaltenen Informationen*.

"Techniken", die vermieden werden sollten: gefährliche verbale Signale

Wir haben gerade festgestellt, daß es richtige und falsche Wege gibt, Fragen zu formulieren. Und wir haben Sie gerade mit einer Technik, dem Goldenen Schweigen, bekannt gemacht, die Sie in die Lage versetzt, Ihre Fragen in einer hochproduktiven Weise zu präsentieren. Wenn Sie aber Goldenes Schweigen optimal einsetzen wollen, gibt es auch mehrere Techniken, die Sie unbedingt vermeiden sollten. Wir haben die Erfahrung gemacht, daß es eine Reihe von extrem gefährlichen verbalen Signalen gibt, die den Prozeß des Goldenen Schweigens unterminieren können, die den positiven Informationsfluß erschweren und die der Kommunikation erheblich schaden. Dabei wollen wir Ihre Aufmerksamkeit besonders auf die folgenden fünf Signale lenken. Sie sind nach unserer Überzeugung perfekte Techniken für den Verkäufer, sich selbst ein Grab zu schaufeln.

1. "Überlegen Sie es sich." Diese außerordentlich populäre, "abschließende" Empfehlung beinhaltet zwei grundsätzliche Probleme. Das erste Problem ist ihre Unbestimmtheit. Im Abschnitt Commitmentfragen des vorherigen Kapitels haben wir betont, daß Ihr Ziel immer darin bestehen muß zu erreichen, daß Ihr Kunde nach dem Verkaufsgespräch etwas Spezifisches *tut* - gewissermaßen als Demonstration seiner Bereitschaft, den Verkaufsprozeß mit Ihnen fortzusetzen. Ob sie während des Gespräches oder als abschließende Aufforderung formuliert wird: Die Phrase "Überlegen Sie es sich" fordert den Kunden zu absolut keinem spezifischen Tun auf. Jemand, der gebeten wird, sich einen Vorschlag oder eine Reihe von Merkmalen Ihres Produktes zu überlegen, hat jedes Recht, genau das zu tun und mehr nicht. Er hat jedes Recht, Ihnen beim nächsten Treffen zu sagen: "Ich habe mir das überlegt, wie Sie es mir empfohlen haben, aber ich bin noch zu keinem Ergebnis gekommen." Das bringt weder Sie noch Ihren Kunden weiter.

Das zweite Problem mit dem "Überlegen Sie es sich" ist seine besonders feinsinnige Art, jemand eine gewisse Minderwertigkeit auszudrücken. Wenn Sie jemand auffordern, zu einem Punkt (mehr) Überlegungen anzustellen, implizieren Sie damit, daß er das bisher nicht getan hat - oder daß seine bisherigen Überlegungen so provinziell und wenig schlüssig waren, daß er gut daran täte, sich jetzt endlich aufzuraffen und sich das alles *ernsthaft* zu überlegen. *Wir helfen Menschen nicht, sich etwas besser zu überlegen, indem wir sie dazu auffordern, das zu tun.* Der einzige Weg, Ihre Kunden zu den Überlegungen zu veranlassen, die sie bis zu dem

118

nächsten Meeting mit Ihnen anstellen sollen, besteht darin, ihnen *spezifische Informationen* oder Unterlagen zu geben, über die sie sich Gedanken machen sollen. Wie das geschehen kann, werden wir im nächsten Kapitel ausführlich behandeln.

2. *Nachplappern*. Irgendwann bei der Weiterentwicklung der klassischen Verkaufstrainings sind die "Experten" auf die Idee gekommen, daß eine gute Möglichkeit, jemand zu sagen, daß man gehört und verstanden hat, was er sagte, darin besteht, es mit seinen Worten zu wiederholen. Herr Hartmann schließt eine längere Erläuterung zu seiner Personalüberkapazität mit der Feststellung ab: "Als Ergebnis haben wir ein permanentes Problem mit unserem Cash-flow." Und der immer freundliche Zuhörer fragt: "Sie haben ein Problem mit Ihrem Cash-flow?" Was fängt Herr Hartmann mit dieser Frage an? Wenn er so ist, wie die Profis, die wir kennen, wird er *nicht* freundlich nicken und denken: "Dieser Junge versteht mich wirklich". Statt dessen wird er sich entweder fragen, woher das Echo in seinem Büro kommt, oder er wird denken: "Verdammt noch mal, ich unterhalte mich mit einem Papagei."

Das Nachplappern des letzten wichtigen Satzes, den der Kunde gesprochen hat, beinhaltet das gefährliche Risiko, als herablassendes Verhalten gewertet zu werden. Selbst wenn das nicht Ihre Absicht war - und wessen Absicht könnte das in einem Verkaufsgespräch schon sein -, bleibt es dennoch eine gefährliche Methode. Deshalb empfehlen wir unseren Workshop-Teilnehmern dringend, eine Aussage niemals "nachzuplappern", es sei denn, es besteht das dringende Bedürfnis, eine *faktische* Information zu verifizieren oder sehr *komplexe* Überlegungen zu verdeutlichen. In allen anderen Fällen reicht ein deutliches Kopfnicken aus, um Ihrem Kunden zu signalisieren, daß Sie seine Aussage verstanden haben. Eine sondierende Frage nach neuen Informationen wäre sogar noch besser. In dem Beispiel von eben wäre eine angemessene und produktive Antwort an Herrn Hartmann etwa gewesen: "Können Sie mir *etwas mehr erzählen* über Ihre Cash-flow-Situation?"

3. *"Ja, aber ..."*. Wenn in einem Gespräch viele "Ja, aber ..." oder andere Formen des "Gebens und Nehmens" auftauchen, ist das Risiko sehr groß, daß die Unterhaltung *abstirbt*. Wenn ein Verkaufsgespräch ins Nichts abgleitet, taucht diese Phrase auf beiden Seiten - beim Kunden und beim Verkäufer - immer häufiger auf. Sie zeigt fast immer die Ablehnung einer gerade vorgeschlagenen Idee oder Gedankenkette an. Die Folge ist ein Austausch unproduktiver Überlegungen, ein Katz-und-Maus-Spiel, bei dem die Einwände des Kunden mit denen des Verkäufers erwidert werden und umgekehrt - und bei dem der Austausch wirklicher Informationen auf der Strecke bleibt.

Wir bleiben bei unserer These, daß gutes Verkaufen eine Frage des Informations*flusses* ist, weil wir glauben, daß Sie eine wirkliche "Übereinstimmung" zwischen Nachfrage und Angebot vor allem durch sondierende Diskussionen finden. Und weil wir festgestellt haben, daß die Sondierung von Möglichkeiten durch den Einwand "Ja, aber ..." immer behindert wird, empfehlen wir Ihnen dringend, diese Formulierung grundsätzlich zu vermeiden. Das "Ja, aber ..." Ihres Kunden können Sie nicht steuern, aber Sie können Ihr eigenes kontrollieren. Die Vermeidung dieses störenden und Widerspruch auslösenden verbalen Signals ist wichtig für jedes gute Verkaufsgespräch.

Anstatt die Äußerungen des Kunden mit "Ja, aber ..."-Antworten zu erwidern, schlagen wir Ihnen die Verwendung einer alternativen Formulierung vor, die *nicht* mit der linken Hand das wieder wegnimmt, was Sie gerade mit der rechten angeboten haben. Gute Alternativen schließen etwa mit ein: "Wenn dem so ist, wie ...?" oder: "Welche Informationen liegen Ihnen hierzu vor?" Eine potentiell konträre Diskussion können Sie auch zu einem Ich gewinne/Du gewinnst-Ergebnis führen, indem Sie die sondierende Frage nach neuen Informationen stellen, die wir weiter oben in den Überlegungen zum Nachplappern vorgeschlagen haben. Versuchen Sie es anstatt mit "Ja, aber ..." einmal mit: "Ich habe nicht ganz verstanden, was Sie meinen. Könnten Sie mir etwas mehr über die Ausfallzeiten in Ihrer Produktion sagen?" Oder: "Ich bin mir nicht sicher, ob ich dem zustimmen kann, Fritz. Könnten Sie mir das näher erläutern?"

4. Rhetorische Fragen und Anhängsel. Auf rhetorische Fragen erwarten Sie keine Antwort, oder die Antwort ist für Sie offensichtlich. "Ist es nicht heiß heute?" Oder: "Sind diese neuen Steuerpläne nicht unverschämt?" Oft folgen sogenannten Fragen (die in Wirklichkeit Feststellungen in Frageform sind) traditionelle "Anhängsel". Drei dieser Anhängsel sind weit verbreitet. Es sind dies das einleitende "Denken Sie nicht auch, daß ..." und die abschließenden "Nicht wahr?" und "Richtig?"

Das nicht so subtile Anliegen bei der Benutzung dieser verbalen Verführer besteht darin, die Zustimmung des Zuhörers zu dem zu bekommen, was der Sprecher schon entschieden hat. Die Frage: "Glauben Sie nicht auch, daß Sie in diesem Falle von der härteren Legierung profitieren würden?" meint *nicht*: "Würden Sie von einer härteren Legierung profitieren?" Sie meint: "Ich habe eine härtere Legierung, die ich Ihnen verkaufen möchte, und es ist für mich bedeutungslos, ob Sie davon profitieren oder nicht. Unterschreiben Sie hier." Das Ziel besteht darin, die *Meinung des Kunden auszuschließen*, anstatt sie offen auf den Tisch zu legen. Da Sie wissen, was wir davon halten, Meinungen auszuschließen, können Sie sich vorstellen, was wir von dieser Taktik halten. Im *günstigsten* Falle ist es eine "Füll"-Taktik. Im schlimmsten Fall ist es eine ärgerliche Anmaßung, die bewirkt, daß sich ein Kunde, der seine Meinung nicht ändern will, befremdet fühlt.

Die Anhängsel "Richtig?" und "Nicht wahr?" werden heute oft im Telefon-Marketing eingesetzt. Einer unserer Freunde hat eine zwar brutale, aber vollkommen angemessene Methode entwickelt, um dieser Technik zu begegnen. "Wenn mich ein Telefon-Akquisiteur anruft, um mir zu sagen, daß sie etwas hätten, mit dem auf einen Schlag alle meine Probleme gelöst wären, höre ich ihm ruhig zu, bis er seine erste 'Bestätigungspause' macht. Ich lasse ihn sagen: 'Das hört sich doch gut an, nicht wahr?' Dann sage ich: 'Nein, das tut es nicht' und lege den Hörer auf." Wir meinen, daß genau das Kunden tun *sollten*, wenn ihnen von Verkäufern rhetorische Fragen mit vorgefaßten Meinungen gestellt werden - und heute tun dies auch immer mehr Menschen. Folgen Sie also unserer Warnung und verzichten Sie ganz auf diese Anhängsel. Sie führen nicht dazu, eine Übereinstimmung zu *finden*, sondern bei manchen Kunden (wie unserem Freund) dazu, eine Übereinstimmung *zurückzuweisen*.

5. "Warum?" Wir haben schon erläutert, wie dieses kleine Wort Menschen in die Defensive drängen kann und wir haben gesagt, daß seine Verwendung im Fragenprozeß auf ein Minimum reduziert werden sollte. Das hat eine besondere Bedeutung in der Entwicklung eines positiven Informationsflusses, denn nichts kann diesen Informationsfluß unmittelbarer und verheerender behindern wie das Gefühl eines Menschen, er werde oder sei in die Defensive gedrängt.

Deshalb empfehlen wir Ihnen, Ihre Verständnisfrage nicht mit "Warum?" oder mit "Warum haben Sie ..." zu beginnen, wenn Sie unsicher sind über das, was ein Kunde gesagt oder getan hat. Benutzen Sie statt dessen das gleichwertige, aber bei weitem nicht so provozierende "Wie?". Das mag wie ein kleiner und unbedeutender Unterschied erscheinen - ist es aber nicht. Es gibt genügend Untersuchungen über Kommunikationsprozesse, die bestätigen, daß der Fragende die Anzahl nützlicher Informationen nahezu *verdoppeln* kann, wenn er seine Formulierung mit dem Wörtchen "Wie" anstelle des potentiell offensiven "Warum" beginnt. "*Warum* haben Sie sich entschieden, den monatlichen Zeitplan zu ändern?" wird als die

Aufforderung zu einer *Rechtfertigung* empfunden. *"Wie* haben Sie den monatlichen Zeitplan geändert?" fordert den Gefragten nur dazu auf, *seine Aktionen zu beschreiben.* Weil diese Fragestellung als weniger bedrohlich empfunden wird, *kann* sie Ihnen tatsächlich die Information liefern, während jemand zu fragen, "warum" eine bestimmte Entscheidung getroffen wurde, unter Umständen nichts anderes als Ausweichen, Rechtfertigung und Abwehr auslöst. Es scheint so, als ob der Unterschied zwischen den beiden Formulierungen vom Befragten wahrgenommen wird als der Unterschied zwischen einer *Unterhaltung* und einem *Verhör.*

Natürlich sind an einer Unterhaltung, im Gegensatz zu einem Verhör, immer zwei Parteien beteiligt. Bis jetzt haben wir uns auf das konzentriert, was wir die Phase 1 des Verkaufsgespräches nennen - die wesentliche und oft am Anfang stehende Phase, in der Sie als Verkäufer aufzeigen, welche Informationen Sie benötigen. Wir wenden uns nun der Phase 2 zu, diesem gleichermaßen wichtigen Teil des Verkaufsgespräches, in dem die andere Partei der Konversation, Ihr Kunde nämlich, die Informationen bekommt, die *er* braucht.

6 Phase 2: Informationen geben

Informationen zu geben, wird vermutet, sei das, was professionelle Verkäufer am besten könnten. Einfach, weil Verkaufen oft als Überredungskunst betrachtet wird - den Kunden zu erzählen, warum sie das wünschen sollten, was Sie haben -, wird die "Ausbreitung" umfangreicher Produktinformationen vor dem Interessenten oft als der wichtigste Teil des Verkaufsgespräches betrachtet. Manchmal wird das intensive, ein- bis dreimalige Aufzählen der Produktmerkmale und -vorteile sogar als das Herzstück jeder Verkaufstaktik angesehen, die diesen Namen verdient.

Aber in diesem Ansatz steckt ein Problem. Natürlich muß ein guter Verkäufer sein Produkt gut kennen und natürlich ist es ein notwendiger Teil vieler Verkaufsgespräche, dem Kunden den beeindruckenden Katalog der Produktmöglichkeiten zu vermitteln. Aber die Schwierigkeit besteht darin, daß Sie nicht wissen, ob Ihre Produktinformation, nämlich die, die Sie für wichtig halten, diejenige Information ist, die Ihr potentieller Kunde haben muß, um eine vernünftige Kaufentscheidung treffen zu können - oder nicht. Das ist der Grund dafür, warum ein konzeptorientierter Verkäufer vor dem Verkaufsgespräch eine sorgfältige Auswahl hinsichtlich der zu gebenden Informationen treffen muß. Nur damit kann er sicher sein, daß die Informationen, die er geben wird, den eigenen Bedürfnissen und denen des Kunden am besten dienen.

Um so effektiv wie möglich zu sein, müssen die Informationen, die Sie Ihrem Kunden geben, zwei miteinander zusammenhängende Dinge sicherstellen:

❐ Erstens müssen Sie Ihnen helfen, den Verkaufsvorgang erfolgreich abschließen zu können, indem sie eine Beziehung zwischen Ihrer Ware oder Dienstleistung und dem Konzept des Kunden herstellen. Informationen zu geben ist der Teil des Verkaufsgespräches, in dem Sie die beiden Ziele miteinander verbinden können: das Konzept des Kunden zu verstehen und Ihr Produkt mit diesem Konzept zu verknüpfen.

❐ Zweitens muß dem Kunden klar werden, daß Ihre Lösung seines Problems auf besondere Weise *verschieden* ist von den Lösungen, die von Ihren Wettbewerbern angeboten werden. Das bedeutet, daß die Informationen, die Sie geben, mehr erreichen müssen, als Sie als Kandidaten für eine Geschäftsbeziehung erscheinen zu lassen. Die Informationen müssen dem Kunden zeigen, daß Sie die *beste*, ja die *einzige* Lösung für ihn haben.

Dieser zweite, wichtige Gesichtspunkt beim Informationengeben ist es, der *Konzeptorientiertes Verkaufen* dem altmodischen "Merkmal-und-Nutzen-Spiel" um Jahre voraus sein läßt. Wir behaupten, daß Sie mit dem Anpreisen Ihrer Ware oder Dienstleistung alleine niemals sicherstellen können, daß Sie das Geschäft machen werden; vielmehr müssen Sie dem Kunden Informationen liefern, die Sie von allen anderen *unterscheidet*. Das bedeutet, daß Sie in einer sehr speziellen - und spezialisierten - Form des "Erzählens" Experte sein müssen.

Warum es wichtig ist zu differenzieren

Bereits an früherer Stelle haben wir gesagt, daß kaufen immer eine Form der *Entscheidungsfindung* ist. Manche Kaufentscheidungen werden impulsiv und nahezu unbewußt getroffen, andere wiederum erfolgen nach langer und sorgfältiger Prüfung aller Alternativen. Aber *alle* Entscheidungen, etwas zu kaufen, sind letztlich das Endergebnis eines geistigen Prozesses, bei dem der Kunde zu einer Entscheidung kommt.

Wir haben immer wieder festgestellt, daß dieser Prozeß ein innerer Auswahlprozeß ist, der dem Kunden erlaubt, zwischen verschiedenen Optionen zu unterscheiden. Dieser Auswahlprozeß kann auf zweierlei Weise erfolgen. Die Auswahl kann *willkürlich* erfolgen - indem eine Münze geworfen, ein Streichholz gezogen oder einfach wahllos zugegriffen wird, oder sie kann durch *Differenzierung* geschehen - mit einem wahrgenommenen Unterschied zwischen einer Option und allen anderen Optionen als Grundlage.

Aus gutem Grunde ist von diesen beiden Wege zur Entscheidungsfindung derjenige der Differenzierung der deutlich bessere: Eine rationale Auswahl zwischen Optionen treffen zu können ist einer der Gründe, die uns zu Menschen machen. Niemand trifft eine Entscheidung - und besonders eine möglicherweise kostspielige Kaufentscheidung - nach dem Zufallsprinzip, es sei denn, es läßt sich kein Unterschied zwischen den Optionen erkennen. *Wann immer dies möglich ist, entscheiden Menschen durch Differenzierung.*

Erinnern Sie sich an den letzten großen Einkauf, den Sie selbst gemacht haben - Ihr Auto, eine Lebensversicherung, Ihren Videorecorder. Denken Sie darüber nach, warum Sie genau *dieses* Auto, *diese* Police oder *diesen* Videorecorder genau von *diesem* Verkäufer und genau zu *diesem* Zeitpunkt gekauft haben. Die Wahrscheinlichkeit ist sehr groß, daß Sie nicht mit dem Finger bei geschlossenen Augen über den "Gelben Seiten" gekreist sind und dann zugeschlagen haben. Wenn Sie wie die meisten informierten Kunden gehandelt haben, dann haben Sie sich zuerst eine Reihe von Angeboten angesehen. Sie haben verschiedene Automobilhändler besucht, Sie haben sich Prospekte von verschiedenen Videorecordern geben lassen, Sie haben Freunde und Geschäftspartner nach ihren Erfahrungen mit verschiedenen Versicherungsgesellschaften gefragt - alles dies als eine Reihe von Wegen, um unterschiedliche Merkmale oder Möglichkeiten herauszufinden, die Ihnen eine kluge Entscheidung ermöglichten. Das ist typisch für intelligentes Kaufen - und das ist genau der Entscheidungsfindungsprozeß, bei dem Sie Ihrem Kunden helfen wollen. Das grundsätzliche Ziel in der Phase "Informationen geben" sollte immer sein, *dem Kunden bei der Differenzierung zu helfen, aber zu den eigenen Gunsten.*

Der Grund, warum es wichtig ist, dem Kunden diese Art von Hilfe angedeihen zu lassen, liegt darin, daß, wenn Sie ihm *nicht* helfen, einen Unterschied zu erkennen, der für Sie spricht, *er sich selber einen schaffen wird* - und der könnte *nicht* zu Ihren Gunsten ausfallen. Diese Aussage muß etwas erläutert werden.

Lassen Sie uns einmal annehmen, Sie seien im Teppichbodengeschäft tätig und hätten die Aufforderung erhalten, als Sublieferant ein Angebot zur Ausstattung eines neuen Bürogebäudes abzugeben. Für diesen Auftrag werden Sie als einer der drei Toplieferanten angesehen - nicht gerade als der größte und angesehenste dieser drei, aber dennoch als einer der Hauptanwärter. Lassen Sie uns weiter annehmen, Sie wüßten bereits, daß Sie den Auftrag ausführen könnten, weil Sie die notwendige Basisarbeit schon erledigt haben, indem Sie das Konzept des Interessenten definierten: Der Teppichboden, den Ihr Unternehmen für das Bürogebäude liefern kann, deckt sich mit den Ausschreibungskriterien. Es ist jetzt an der Zeit, das Konzept des potentiellen Kunden mit Ihrem ausgewählten Produkt zu verknüpfen, indem Sie dem Kunden Waren- und Dienstleistungsinformationen geben, die er für seine Entscheidung benötigt. Hierfür stehen Ihnen grundsätzlich drei Wege offen.

Erstens könnten Sie die Merkmale Ihres Produktes und Ihre Servicemöglichkeiten für sich sprechen lassen und davon ausgehen, daß die hervorragende Qualität Ihrer Waren den Kunden automatisch für Sie einnehmen wird. Mit anderen Worten, Sie könnten einfach so tun, als gäbe es keinen Wettbewerb, Ihre Geschichte so vollständig wie möglich erzählen und dann den Käufer entscheiden lassen. Das nennen wir "den Kunden die Auswahl treffen lassen" oder auch "Differenzierung durch den Kunden". Es ist ein üblicher, aber tödlicher Ansatz.

Zweitens könnten Sie die Möglichkeiten der Konkurrenz abschätzen und dann den Versuch bei Ihrem potentiellen Kunden unternehmen, ihn davon zu überzeugen, daß Sie alles auch können, was sie kann, daß Ihre Auslegeware *ebenso gut* ist wie die jedes anderen Anbieters. Bei uns ist das der Ansatz "Ich auch" oder "Ich bin so gut wie Xerox". Wie der erste Ansatz, der fehlende Konkurrenz unterstellt, überläßt auch dieses Vorgehen die Auswahl dem Kunden. Raten Sie mal, welchem Anbieter der Kunde den

Zuschlag gibt, wenn er sich in einem solchen Szenario drei "identischen" Angeboten gegenübersieht? In den meisten Fällen dem billigsten oder dem bekanntesten - und das können Sie sein oder auch nicht.

Drittens könnten Sie *dem Kunden bei der Auswahl helfen*, indem Sie hervorheben, was Sie von den anderen Anbietern unterscheidet. Nicht das, was "gut" oder "ebenso gut" ist wie bei den anderen, sondern das, was Ihr Unternehmen und seine Möglichkeiten im Hinblick auf das Konzept wirklich *einmalig* macht. Vielleicht ist es ein vierteljährlicher Reinigungsservice, den sonst niemand bietet, oder eine kürzlich entwickelte, besondere Widerstandsfähigkeit gegen Flecken oder die am breitesten gefächerte Farbskalierung Ihrer Kollektion. Was es auch sein mag, das, was Ihren wesentlichen Unterschied ausmacht, nennen wir *Einmalige Stärke*. Wenn Sie Ihrem Kunden Informationen liefern, *sind es nur Ihre Einmaligen Stärken, die eine Differenzierung zu Ihren Gunsten bewirken können.*

Wir wissen, daß "einmalig" genau genommen "einzig in seiner Art" heißt. Aber wir benutzen das Wort in einer etwas flexibleren Art, als dies im Duden geschieht. In realen Verkaufssituationen kann es, und das ist oft der Fall, so etwas wie eine "relative Einmaligkeit" geben, Situationen, in denen ein Unternehmen in der Lage ist, etwas anzubieten, was sich *in einem bedeutsamen Ausmaß unterscheidet* von den Angeboten anderer. Im *Konzeptorientierten Verkaufen* gehen wir davon aus, daß es Sinn macht, auch ein solches bedeutsames Ausmaß an Differenzierung als Einmalige Stärke zu bezeichnen.

Fassen wir das bisher Gesagte zusammen: Kaufen ist eine besondere Art der Entscheidungsfindung und Menschen treffen - wann immer möglich - Entscheidungen durch einen Prozeß der Differenzierung. Um sinnvoll differenzieren zu können, müssen Menschen einen *Unterschied* wahrnehmen können: Wenn dies nicht der Fall ist, schaffen sie sich ihr eigenes Differenzierungsmerkmal. Ihr grundsätzliches Ziel in der Phase "Informationen geben" des Verkaufsgespräches muß es deshalb sein, die Bereiche hervorzuheben, in denen Sie zu allen anderen verschieden sind und diese Informationen an Ihren Kunden weiterzugeben. Anders formuliert: Sie müssen sich auf Ihre Einmaligen Stärken konzentrieren.

Einmalige Stärken

Das, was wir sagten, zeigt Ihnen, daß unsere Idee der Einmaligen Stärken völlig verschieden ist vom traditionellen, produktorientierten Gedanken der "Merkmale und Nutzen". Der grundsätzliche Unterschied in diesen beiden Ansätzen, Produktinformationen zu geben, ist die Tatsache, daß der Ansatz über "Merkmale und Nutzen" immer *vom Produkt ausgeht*, während die Idee der Einmaligen Stärken das *Kundenkonzept* zum Ausgangspunkt hat und Sie erst dann das Produkt mit dem Konzept verknüpfen.

Das ist ein kleiner, aber entscheidender Unterschied. Die Konsequenzen der Beschränkung auf den Verkauf von Merkmalen und Nutzen lassen sich sehr einfach zusammenfassen: *es wird unterstellt, daß jedes Produktmerkmal einen Nutzen hat* und daß jeder Nutzen für jeden Interessenten sichtbar wird, wenn Sie das Merkmal nur überschwenglich genug beschreiben. Das funktioniert aber nur, wenn der Interessent den Wert des von Ihnen angebotenen "Nutzens" *bereits* erkannt und (für sich) akzeptiert hat. Das Merkmal "zart" eines T-Bone-Steaks hat für einen Vegetarier absolut keinen Nutzen. Deshalb ist die Darstellung des einem Produkt "innewohnenden" Nutzens eine sinnlose Aussage - *solange* der Verkäufer nicht zuerst untersucht, ob dieser Nutzen in einer Beziehung zum Kundenkonzept steht. Der Wert des Einstiegs über die Einmaligen Stärken liegt darin, daß die erste Frage lautet: "Was braucht dieser Kunde wirklich?", und daß dann der logisch nächste Schritt folgt mit der Frage: "Wie kann ich, auf einmalige Weise, *genau das* liefern?"

Kurz gesagt beginnt der Verkauf über Merkmale und Nutzen beim Produkt, wo er auch oft endet. Einmalige Stärken zwingen Sie dazu, nach einer *Übereinstimmung* zu suchen.

Es gibt *einen* Grund, warum die Präsentation Einmaliger Stärken eine zuverlässigere Methode ist, Informationen über Ihr Produkt zu geben, als dies selbst mit der besten Merkmal-Funktion-Nutzen-Relation der Fall wäre. Das ist die Tatsache, daß viele Merkmale und Nutzen für eine mehr oder weniger große Zahl von Wettbewerbern *ebenfalls* gelten. Deshalb helfen sie Ihnen nicht, sich von anderen Anbietern zu unterscheiden. Das fleckenresistente Material Ihrer Auslegeware mag für Ihren Kunden ein attraktives Merkmal sein; aber wenn alle Lieferanten von Teppichböden dieses Material benutzen, ist es wohl kaum noch als Einmalige Stärke zu bezeichnen. Die Lehre daraus ist, daß *Produktstärken alleine nie genug*

128

sind. Sie müssen in der Lage sein, Informationen über *solche* Produktstärken zu geben, die Sie von allen anderen Anbieter unterscheidet.

Das ist besonders dann wichtig, wenn das Umfeld geprägt wird durch eine Vielzahl von Anbietern und wenn sich die Produkte, die diese den Kunden anbieten können, durch nichts zu unterscheiden scheinen. Wenn Sie sich in einer durch starken Wettbewerb charakterisierten Umgebung nicht über die Grenzen der Produktmerkmale hinaus begeben, fallen Sie unweigerlich in das "Ich-auch-Szenario" zurück, in dem die Kunden die Auswahl selbst und alleine treffen müssen - und das werden sie, in neun von zehn Fällen, einzig und allein auf der Basis des Preises oder der Lieferfähigkeit tun.

Einer der größten Vorteile, seine Einmaligen Stärken zu betonen, besteht tatsächlich darin, daß *sich die Bedeutung des Preiswettbewerbs vermindert* und Sie in der Lage sind, "added value" zu verkaufen.

Betrachten Sie sich zum Beispiel die IBM. Wie ist es ihr gelungen, fünfzig Jahre lang an der Spitze eines hart umkämpften Marktes zu bleiben? Liegt es daran, daß sie stets die besten Computer verkaufte? Ganz und gar nicht. Natürlich sind die EDV-Anlagen von IBM ausgezeichnete Produkte - aber das trifft auf diejenigen eines Dutzends weiterer Hersteller ebenfalls zu. Selbst Computer-Spezialisten werden Ihnen sagen, daß vom Engineering alleine her gesehen (das heißt, von den innewohnenden Merkmalen der Produkte) die Computer von Big Blue keineswegs innovativer sind als diejenigen von Hewlett-Packard, Digital oder anderen führenden Herstellern. Die IBM hat ihre Führungsrolle in diesem durch starke Konkurrenz gekennzeichneten Markt aus vielen Gründen behauptet. Aber einer der wichtigsten ist seit den Tagen des Firmengründers Thomas Watson, daß das Unternehmen geradezu versessen ist auf einen *schnellstmöglichen Kundendienst.* Wenn Ihr Mainframe von IBM mitten im amazonischen Dschungel steht und an einem Dienstag nicht mehr richtig funktioniert, wird am Donnerstagmorgen ein Kundendienst-Mitarbeiter vor Ihrer Türe stehen, um ihn wieder in Ordnung zu bringen. Eine der wichtigsten Einmaligen Stärken von IBM ist immer das fanatische Commitment für einen schnell reagierenden Service gewesen - und weil sie den Wert dieser Stärke kennen, von der sie wissen, daß sie sie aus größten Nöten befreien kann, waren die Kunden immer bereit, die höheren Preise von IBM zu bezahlen.

Wir halten dieses Beispiel für repräsentativ, wenngleich es für Ihr Unternehmen nicht typisch sein muß. Ein weltberühmtes Service-Potential ist etwas Einmaliges von IBM und natürlich von vielen anderen Unternehmen, die damit einen größeren Mehrwert bieten als manche ihrer Konkurrenten. Eine Einmalige Stärke Ihres Unternehmens mag das nicht sein. Sie können dagegen Einmalige Stärken in einer beliebigen Zahl verschiedener Bereiche haben (und entwickeln). Einige der wichtigsten Bereiche haben wir in der nachfolgenden Grafik zusammengestellt.

Bereiche möglicher
Einmaliger Stärken

► Mitarbeiter	Organisation ◄
► Produkt(e)	Kundenstamm ◄
► Verfahren	Technologie ◄
► Kenntnisse	Ansehen ◄
► Service	Anwendung(en) ◄
► Ausführung(en)	Training ◄
► Erfahrung(en)	Logistik ◄

Abbildung 16: Bereiche möglicher Einmaliger Stärken

Bestimmt sind einige dieser Bereiche für die Art Ihres Geschäftes relevant, andere dagegen weniger. Hinzu kommt, daß eine Einmalige Stärke in einem bestimmten Bereich für einen Ihrer Kunden wichtig ist, während sie für einen anderen von keinem besonderen Interesse ist - selbst, wenn es sich in beiden Fällen um das gleiche Produkt handelt. Wenn Sie zum Beispiel Farbfernseher verkaufen, mag Ihre Spitzentechnologie für einen Elektronikfreak eine Einmalige Stärke sein; aber diese Technologie kann für einen anderen Kunden völlig irrelevant sein, der nur ein zweites Fernsehgerät für seinen Bastelraum sucht, um dort nebenbei Cartoons anschauen zu können. Der eine Kunde ist zufrieden, wenn Sie ihn in zwei Wochen beliefern können, weil er in der Zwischenzeit sowieso im Urlaub ist, der andere besteht auf Lieferung am nächsten Morgen. Für diese zweite Person ist Ihre Liefergarantie innerhalb von 24 Stunden eine Einmalige Stärke, für die erste bedeutet sie gar nichts.

130

Wir kommen immer wieder zum Kundenkonzept zurück. In der Phase "Informationen geben" des Verkaufsgespräches müssen Sie nicht weniger als in der Phase der Informationsbeschaffung immer wieder von dem ausgehen, was der *Kunde* als Ihre mögliche Leistung für ihn und sein Unternehmen betrachtet. Wenn Sie sich überlegen, welche Ihrer verschiedenen Einmaligen Stärken Sie in einem bestimmten Verkaufsgespräch betonen möchten, müssen Sie sich zuerst die Frage beantworten: "Wie befriedigt diese Stärke die Bedürfnisse dieses Kunden? Wie läßt sie sich an die Lösungsvorstellung ankoppeln, die *er* im Kopf hat?"

7 Phase 3: Commitment erreichen

Nach einer kürzlich durchgeführten Untersuchung liegen die Kosten eines Besuchstermins heute bei etwa 1.000 DM. Dieser Betrag, der solche preistreibenden Faktoren wie Reise- und Unterbringungskosten, soziale Nebenkosten und so weiter enthält, ist in den vergangenen zehn Jahren enorm gestiegen. Das dürfte einer der wichtigsten Gründe dafür sein, warum große Unternehmen ihre kostbaren Verkaufsressourcen mehr und mehr über kostengünstigere Wege aktivieren, wie zum Beispiel die 130er Vorwahl und Telefonmarketing.

Aber es gibt nach wie vor keinen Ersatz für den direkten Kundenkontakt, solange der erwartete Umsatz den Aufwand rechtfertigt. Aus diesem Grunde bleibt der Verkäufer, der sich mit seinem Kunden trifft, der Dreh- und Angelpunkt der verkäuferischen Tätigkeit. Die Frage lautet deshalb nicht, ob das persönliche Verkaufsgespräch seinen Stellenwert behalten wird oder nicht: Es wird immer notwendig bleiben. Die Frage lautet vielmehr, wie Sie als Verkäufer Ihre Zeit und die anderen Ressourcen so einsetzen können, daß Sie den größtmöglichen Ertrag aus jedem einzelnen Ihrer Verkaufsgespräche erzielen können. Offensichtlich beschäftigen sich kostenbewußte Unternehmen - weil sie das Problem lösen wollen - mehr und mehr mit der Frage, wie ihre Verkäufer ihre wertvolle Verkaufszeit - und damit das Geld des Unternehmens - "ausgeben". Ein erfolgreiches Verkaufsgespräch zu führen bedeutet heute vor allem, mit etwas nach Hause zu kommen, das den Einsatz von Zeit und Geld wert war.

Das muß - wie wir im Kapitel über den Fragenprozeß schon festgestellt haben - nicht immer der Auftrag sein. Es gibt Branchen, in denen wegen der Natur des Geschäftes schon beim ersten Besuch Aufträge möglich sind. Aber in vielen anderen Bereichen ist dies nicht der Fall. Was Sie aber in jedem Verkaufsgespräch erreichen müssen, ist ein bestimmtes *Commitment*, das Ihnen zeigt, daß Sie Ihre Zeit nicht vergeudet haben.

Commitment erreichen: die Schlüsselideen

Jedesmal, wenn Sie zu einem Verkaufsgespräch das Haus verlassen, haben Sie Ihre Zeit und Ihre sonstigen Ressourcen *ex definitionem* auf eine bestimmte Kauf/Verkaufbeziehung verpflichtet. Die wesentliche Idee, die hinter der Überlegung steht, Commitment zu erreichen, besteht darin, daß Sie nicht die einzige Person sein sollten, die eine solche Verpflichtung eingegangen ist. Um einen Verkaufsvorgang im Ich gewinne/Du gewinnst-Quadranten abschließen zu können, muß der Verkäufer zweierlei Verantwortung übernehmen: eine sich selbst und eine der anderen Partei gegenüber. Aber der *Kunde* muß dazu ebenfalls bereit sein. Solange sich Ihr Kunde nicht verpflichtet, befinden Sie sich nicht in einer Jeder-gewinnt-Beziehung.

Wenn Sie zum ersten Gespräch mit einem vorhandenen Kunden - in diesem Falle geht es um ein neues Verkaufsziel - oder einem Interessenten gehen, bleibt Ihnen keine andere Wahl, als sich selbst zu verpflichten. Wenn Sie überhaupt eine Chance haben wollen, etwas zu verkaufen, müssen Sie, als "Initialzündung", diese 1.000 Mark investieren. Sie sind das Saatgut, das Sie zu riskieren bereit sein müssen, und zwar ohne eine Garantie von seiten des Kunden, sich zu verpflichten. Aber das muß das erste und *letzte* Mal sein, bei dem Sie aus dieser Position des einseitigen Risikos heraus verkaufen. Es geht einfach nicht, daß Sie dieses erste oder alle folgenden Verkaufsgespräche ohne Commitment des (zukünftigen) Kunden beenden. Praktisch heißt das, daß am Ende jedes Verkaufsgespräches dem Kunden klar sein muß, *was er zu tun hat*, damit der Prozeß vorankommt.

Der Kunde muß, anders gesagt, wissen, *daß es nichts umsonst gibt*, wenn er mit Ihnen Geschäfte machen will. Entweder Sie gewinnen beide, oder keiner gewinnt. Durch seine Verpflichtung, vor Ihrem nächsten Meeting etwas zu unternehmen, zeigt Ihnen Ihr Kunde sein Interesse daran, daß *Sie* gewinnen.

Das Commitment muß konkret und an einen Zeitplan gebunden sein. Vage Versprechungen, "über den Vorschlag nachzudenken" oder sich "in einigen Monaten wieder bei Ihnen zu melden", sind wertlose Aussagen als Zeichen eines Commitments. Was Sie vor dem Ende des Gespräches brauchen, ist das *Versprechen* einer bestimmten *Aktion* bis zu einem bestimmten *Zeitpunkt*. Zum Beispiel: Ich werde Ihr Angebot an diesem Freitag unserer Kommission vorlegen." Oder: "Nachdem ich diese Zahlen überprüft habe, möchte ich mich vor Ende dieses Monats wieder mit Ihnen treffen." - spezifische Aktionen, spezifische Daten, nicht ein ausweichendes "In den nächsten Tagen" oder "Bald".

Ergänzend dazu, spezifisch und an einen Zeitplan gebunden zu sein, muß Ihnen das Handlungsversprechen Ihres Kunden auch beweisen, daß er bereit ist, einen Teil *seiner* Zeit und *seiner* Ressourcen zu investieren, so wie Sie es getan haben. Wenn er das nicht tut, wenn er also nicht bereit ist, einen Teil des Risikos zu übernehmen, das in einem solchen Commitment steckt, dann gibt er Ihnen damit zu erkennen, daß Sie "die Kosten des Verfahrens" alleine tragen sollen. Frei übersetzt: Ihrem Kunden ist es egal, ob Sie verlieren. Er möchte mit Ihnen zum Essen gehen - aber bezahlen sollen Sie. Die einzige Möglichkeit sicherzustellen, daß Sie sich nicht plötzlich in einer solchen Situation wiederfinden, ist das Commitment des Kunden am Ende eines *jeden* Gespräches.

Wachsendes Commitment

Aber damit stehen wir erst am Anfang. Der zweite Schlüsselgedanke, den es zu beachten gilt, ist Ihr steigender Zeit- und Leistungseinsatz im Verlaufe des Verkaufsvorganges. Dem muß *ein steigender Grad an Commitment auf seiten Ihres Kunden* gegenüberstehen. Ich gewinne/Du gewinnst gibt es in einem Verkaufsvorgang, der aus zahlreichen Einzelgesprächen besteht, nur bei einem *wachsenden Commitment auf beiden Seiten.* Andernfalls drehen Sie sich nur im Kreise.

Am Ausgangspunkt eines Verkaufsvorganges kann der Grad des Kunden-Commitments sehr klein sein. Das wird wahrscheinlich sogar oft der Fall sein. Wenn Sie sich das allererste Mal mit Herrn Stein treffen, kann es vollkommen ausreichend sein, von ihm etwas über die Bedürfnisse seines Unternehmens zu erfahren und sein Commitment zu erhalten, ein zweites Treffen mit weiteren Kaufbeeinflussern zu arrangieren. In der Anfangsphase gibt es an einem solch bescheidenen Commitment nichts auszusetzen. Aber wenn Sie sich bei Ihrem nächsten Gespräch mit Herrn Stein mit seinen Einwänden zu Ihrem Informationsmaterial auseinandersetzen müssen und eine weitere Stunde versucht haben, auf sein Konzept zu sprechen zu kommen, dann muß sein Commitment am Ende dieses Gespräches wesentlich substantieller sein. Denn am Ende dieses zweiten Gespräches haben Sie bereits 2.000 Mark Ihres Unternehmens investiert, und das sollte Herrn Stein etwas mehr wert sein als noch ein weiteres Treffen, in dem nur Prospekte gewälzt werden.

Sie könnten ihn bitten, Sie mit der Person bekannt zu machen, die die endgültige Kaufentscheidung trifft, oder Ihr Angebot mit seiner Empfehlung der mit der Anschaffung betrauten Projektgruppe vorzulegen oder Ihnen zu sagen, wie die Finanzabteilung auf Ihre erste Spezifikation reagiert hat. Auf alle Fälle muß seine Aktion erkennen lassen, daß er bereit ist, *sein* Commitment in einem Umfang zu erhöhen, der *Ihre* Investition von weiteren 1.000 DM rechtfertigt.

Wenn Sie seit mehr als ein paar Monaten im Verkauf tätig sind, dann kennen Sie wahrscheinlich diese Vorgänge, in denen Sie vom einen zum anderen Gespräch in der Luft hängen und nicht wissen, wie dicht vor dem Abschluß Sie stehen oder ob der Kunde bereit ist, "Ihnen das Geschäft zu geben". Sie haben sich mit dem Kunden drei oder vier Mal getroffen und scheinen voranzukommen. Er hat Ihre Unterlagen angeschaut, er "denkt über das nach", was Sie ihm gesagt haben, Sie waren mit ihm ein paarmal beim Essen, Ihre Gespräche sind immer angenehm, aber das ganze Ding scheint sich nicht *weiterzubewegen*. Jeder Verkäufer, den wir kennen, hat uns solche Situationen beschrieben, die man dann einfach schleifen läßt - und auf die man, wenn sie eine Weile geschlummert haben, regelmäßig "wieder zurückkommt" in der stillen Hoffnung, daß in der Zwischenzeit irgend etwas passiert ist und man den Auftrag doch noch bekommt.

Vergessen Sie's - das wird nie geschehen. Ohne Ausnahme sind diese "Schwebezustände" mancher Geschäfte darauf zurückzuführen, daß es der Verkäufer bei den bisherigen Verkaufsgesprächen versäumt hat, das Commitment des Kunden einzuholen. Und der einzige Weg, solche Schwebezustände zu vermeiden, führt zuallererst über das Bemühen um ein *wachsendes Commitment* bei jedem Gespräch.

Daran sollten Sie sich besonders erinnern, wenn Sie ein Kunde um ein Angebot bittet. Wir erleben es oft, daß sich Verkäufer zur Abgabe eines Angebotes verpflichten, ohne um eine spezifische Aktion als Gegenleistung zu bitten. Dabei wissen sie doch, welchen Aufwand die Ausarbeitung eines Angebotes erfordern kann. Sie können es sich nicht auf dem Weg zum 19. Loch aus dem Ärmel schütteln. Deshalb: Jedesmal, wenn ein Interessent am Ende Ihres Gespräches sagt: "Das hört sich gut an; warum schicken Sie mir nicht ein Angebot?" haben Sie das uneingeschränkte Recht zu sagen: "Das mache ich sehr gerne; *und was wird Ihr nächster Schritt sein*, wenn Sie es erhalten haben?" Mit anderen Worten: "Was werden *Sie* als nächstes tun?" Nach dieser Art von Commitment nicht zu fragen, heißt nichts anderes, als sich selbst zum Verlierer zu machen.

Das grundsätzliche Problem ist hier die Zeit. Die wertvollste Ressource jedes Verkäufers ist dieser wertvolle Rohstoff "aktive Verkaufszeit". Wir meinen nicht die Zeit im allgemeinen, sondern die Zeit, die Sie im direkten Gespräch mit Ihren Interessenten und Kunden im Hinblick auf ein konkretes, Individuelles Verkaufsziel verbringen. Davon hat niemand jemals genug. Deshalb ist es so wichtig, daß die Zeit, die Sie hierfür aufwenden, nicht vergeudet wird. Wenn Sie bereit sind, Ihre Zeit einem Kunden zur Verfügung zu stellen, ohne dafür eine Gegenleistung zu erhalten, sagen Sie einfach: "Meine Zeit ist nicht so wertvoll wie die Ihrige. Ich werde alle erforderlichen Arbeiten erledigen, wenn Sie mir nur, bitte, bitte, den Auftrag geben." Selbst wenn Sie mit einer solchen Beziehung als Grundlage den Auftrag *tatsächlich* erhalten, werden Sie unter Umständen dieser Person gegenüber zum Verlierer.

Wann Sie kein Commitment erhalten können

Was tun in den Fällen, in denen Sie einfach kein Commitment erreichen können? In den Fällen, in denen Sie - trotz einer guten Resonanz auf Ihre brillante Präsentation - beim Kunden nicht mehr erreichen können, als ein "Wir werden darüber nachdenken und uns wieder bei Ihnen melden"?

Jeder von uns hat schon Situationen erlebt, in denen der Verkaufsvorgang steckengeblieben schien und nichts, was man hätte tun oder sagen können, dazu geeignet war, ihn aus dieser Misere herauszuführen. Verkäufer können Ihnen tausend Gründe dafür nennen, warum dies passiert. Wir kennen sie alle: "Ich glaube, daß die Zeit noch nicht reif ist." "Unsere Preise müssen zu hoch sein." "Sie sind zu sehr auf die Konkurrenz eingeschworen." "Der Kerl ist zu stur; er akzeptiert unsere Argumente nicht." Und unser persönlicher Favorit: "Es gibt politische Gründe." Gekennzeichnet sind solche Situationen dadurch, daß sich die Argumente im Kreise drehen und die Beteiligten ratlos am Kopf kratzen. Manchmal kommen die Ausreden der Realität sehr nahe und oft sind sie davon Lichtjahre entfernt. Aber *niemals* beschreiben sie nach unserer Erfahrung den *wirklichen* Grund dafür, warum ein Verkaufsvorgang ins Stocken gerät.

Unabhängig von den Entschuldigungen und unabhängig von der individuellen Situation haben wir festgestellt, daß es immer nur *einen Grund* dafür gibt, wenn sich eine Person nicht zu einem Commitment entschließen kann.

> *Wenn ein Kunde sein Commitment verweigert, dann deshalb, weil er das Gefühl hat, mit Ihnen oder mit Ihrer Lösung zum Verlierer zu werden.*

Das ist jedesmal der entscheidende Grund. Sie können das beste Produkt der Welt haben, es kann perfekt die persönlichen Bedürfnisse eines Menschen befriedigen und Sie können in Kundeneinladungen investieren, was Sie wollen: Wenn er keinen *persönlichen Gewinn für sich selbst* in dem Kauf sieht, haben Sie nur äußerst geringe Chancen, das Geschäft zu machen. Wir alle haben Hunderte solcher Verkaufssituationen erlebt. In jedem einzelnen Fall, in dem der Verkaufsvorgang wegen eines "sturen", eines "schwierigen" oder eines "preisempfindlichen" Kunden ins Stocken geriet, konnte sein Widerstand mit zwei Worten umschrieben werden: "Ich verliere."

138

Weil der Eindruck eines Kunden, zum Verlierer zu werden, selbst für ein "todsicheres" Geschäft das Ende bedeuten kann, versteht es sich von selbst, daß das Erkennen möglicher "Verlierer-Signale" eines Kunden einen wertvollen Bestandteil guten Verkaufsgesprächs-Managements darstellen. Je früher Sie als Verkäufer diese "Verlierer-Gefühle" eines potentiellen Kunden erkennen und damit umgehen können, umso früher werden Sie in der Lage sein, den Verkaufsprozeß weiterzubringen. Bevor Sie dies nicht erreichen, werden Sie nichts als Entschuldigungen für die Realität haben. Deshalb ist in einer solchen Situation der erste praktische Schritt zum Commitment des Kunden die Fähigkeit, nach der Ursache zu forschen, *warum* er zu verlieren glaubt.

Im *Konzeptorientierten Verkaufen* haben wir für diese Ursachenforschung eine besondere Terminologie entwickelt. Immer, wenn ein Kunde das Gefühl hat, zu verlieren, sagen wir, daß ein *Fundamentales Problem* vorliegt. Ihr erstes Ziel auf dem Weg zum Commitment ist in einem solchen Fall die *Aufdeckung* und die anschließende *Lösung* der Fundamentalen Probleme.

Definition des Begriffes "Fundamentale Probleme"

Als Fundamentale Probleme bezeichnen wir alle *persönlichen* Gefühle eines Menschen, die bei ihm in die Überzeugung münden: "Ich verliere." Die Betonung liegt dabei auf dem Wort "persönlich". Fundamentale Probleme sind keine konkreten, quantifizierbaren, "objektiven" Realitäten, die darauf warten, daß ein fixer, produktorientierter Verkäufer an ihnen herumbastelt und sie in Ordnung bringt. Fundamentale Probleme entstehen aus den individuellen Erfahrungen und Wertvorstellungen des Kunden. Deshalb können sie nicht "überwunden" oder wie ein abweisender Einwand des Kunden durch Argumente entkräftet werden.

Obwohl beide den Verkaufsprozeß behindern können, sind Fundamentale Probleme und Einwände zwei sehr verschiedene Dinge. Ein Einwand kann allerdings die Offenlegung eines tieferliegenden Fundamentalen Problemes sein; oder, etwas wissenschaftlicher formuliert: das Fundamentale Problem ist die *Ursache* des Kundenwiderstandes, während der Einwand seine *Auswirkung* ist. Wenn jemand einen Einwand vorbringt, gibt er Ihnen damit oft das Signal, daß ihn etwas beunruhigt. Dieses "Etwas" ist ein Fundamentales Problem.

Ein anderer Unterschied zwischen einem Einwand und einem Fundamentalen Problem besteht darin, daß ein Einwand für gewöhnlich greifbar und produkt- oder anwendungsbezogen ist. Das trifft auf ein Fundamentales Problem nicht zu. Fundamentale Probleme sind verbunden mit der individuellen mentalen Vorstellung zum Kaufvorgang, dem Konzept; und wie jede mentale Vorstellung sind sie nicht greifbar und persönlich.

"Einen Einwand entkräften" ist deshalb etwas ganz anderes, als sich mit einem Fundamentalen Problem zu beschäftigen. Es ist nicht weniger als der Unterschied zwischen Ursache und Wirkung, und Verkäufer, denen es gelingt, Ich gewinne/Du gewinnst-Ergebnisse in ihrer Tätigkeit zu erzielen, beschäftigen sich niemals nur mit Wirkungen. Sie wissen, daß die Auseinandersetzung mit Ursachen nicht nur die Grundlage ist, um Commitment zu erreichen, sondern auch für langfristige Geschäftsbeziehungen.

In der nachfolgenden Zusammenstellung haben wir einige mögliche Fundamentale Probleme aufgelistet, denen Sie bei Ihren Gesprächen begegnen können. Natürlich sind das nur einige wenige Beispiele, denn die Anzahl der Fundamentalen Probleme ist unbegrenzt. Die Beispiele sollten Ihnen aber aufzeigen können, was wir meinen.

Mögliche Fundamentale Probleme

Die hier zusammengestellte Liste möglicher Fundamentaler Probleme ist bei weitem nicht vollständig. Sie kann allenfalls dazu dienen, Ihre Überlegungen zu diesem Thema anzuregen und Ihnen Ansatzpunkte zu liefern.

► verliert Macht

► verliert Kontrolle

► hat weniger Freizeit

► gefährdet seine Position

► vermindert die eigenen Fertigkeiten ˙

► vermindert die Karrierechancen

► wird nicht (mehr) als Problemlöser betrachtet

► fehlende Anerkennung

► leistet keinen Beitrag für das Unternehmen

► vermindert das Wachstumspotential

► verliert sozialen / beruflichen Status

► weniger Zeit für die eigene Familie

► mindert die Selbstachtung

► macht unflexibel

► Verlust an Sicherheit

► gehört nicht mehr dazu

► Leistung gilt als unterdurchschnittlich

► verliert Führerschaft

► verliert Glaubwürdigkeit

► wird als Ja-Sager betrachtet

► verpflichtet zu Dank

► untergräbt Verantwortung

► Verlust der freien Entscheidung

► marschiert im alten Trott

► gilt als abgestempelt

► als unzufrieden gelten

Abbildung 17: Mögliche Fundamentale Probleme der Kaufbeeinflusser

Wie sich aus der Liste leicht erkennen läßt, sind Fundamentale Probleme für einen individuellen Kunden *spezifisch*, das heißt, sie sind sehr *persönlich*. Das ist der entscheidende Punkt, den es zu beachten gilt und das ist auch der Grund dafür, warum sie so oft nur schwer zu verstehen sind. Zwei zusammenhängende Überlegungen müssen noch angestellt werden:

1. Fundamentale Probleme lassen sich *nicht beurteilen*. Mit ihnen verhält es sich wie mit dem Zustand der Erde, den ein etwas zynischer Philosoph einmal so beschrieben hat: "Die Welt ist nicht gut oder schlecht; sie *ist* einfach." Das gilt auch für jedes Fundamentale Problem. Ein Fundamentales Problem ist das, was jemand ganz tief in seinem Inneren *fühlt* bei dem Gedanken, mit Ihnen zusammenzuarbeiten. Es gibt Wege, diese Gefühle zu analysieren, über sie zu diskutieren und mit ihnen umzugehen, aber ihre reale Gültigkeit sollten Sie nie bestreiten. Eine der sichersten, uns bekannten Methoden, einen Verkaufsvorgang tot zu machen, ist die Aufforderung an jemand mit einem Fundamentalen Problem: "So sollten Sie nicht darüber empfinden."

2. Sie können nicht von der Annahme ausgehen zu wissen, was das Fundamentale Problem *konkret* ist. Weil das Gefühl, zu verlieren und die Ablehnung eines Commitments immer miteinander verbunden sind, ist sicher anzunehmen, daß es *irgendein* Fundamentales Problem bei Ihrem Kaufbeeinflusser gibt. Aber es wäre gefährlich anzunehmen, Sie würden das Fundamentale Problem kennen. Die Auseinandersetzung mit der Befürchtung von Herrn Frank, Macht zu verlieren, wenn Macht für ihn in Wirklichkeit nichts bedeutet, sondern er fehlende Anerkennung empfindet, ist nichts als verlorene Zeit. Dieses Beispiel zeigt, daß es leicht möglich ist, daß ein Verkäufer zwei verschiedene Fundamentale Probleme miteinander verwechselt. Deshalb wiederholen wir hier noch einmal den Grundsatz "keine Vermutungen" und deshalb sagen wir, daß die Identifizierung des spezifischen Fundamentalen Problems entscheidend dafür ist, Commitment zu erzielen.

Symptome Fundamentaler Probleme

Bevor Sie ein spezifisches Fundamentales Problem identifizieren können, müssen Sie die Tatsache erkennen können, *daß* ein Fundamentales Problem existiert, oder anders ausgedrückt zu erkennen, daß sich Ihre Kunden als Verlierer fühlen können. Dies tun Sie, indem Sie auf Symptome Fundamentaler Probleme achten, wie wir sie in der hier abgebildeten Grafik aufzeigen.

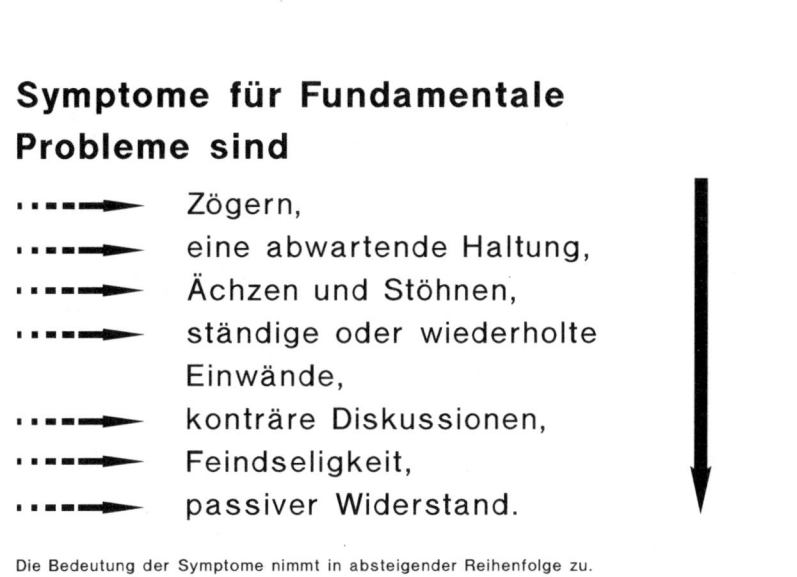

Abbildung 18: Symptome Fundamentaler Probleme

Die aufgelisteten Symptome erklären sich selbst und wir glauben, es ist klar, warum wir sagen, daß Zögern oder Argumentieren des Kunden beweisen, daß er versucht, ein Fundamentales Problem zu verbergen. Aber ein Punkt in der Liste ist nicht unbedingt offensichtlich. Rechts von den einzelnen Symptomen enthält die Grafik einen nach unten gerichteten Pfeil. Damit soll angedeutet werden, daß die Stärke der Symptome nach unten *zunimmt*. Das bedeutet gleichzeitig eine *abnehmende* Wahrscheinlichkeit für den Verkaufsabschluß. Wenn Sie es also mit einem leicht zögernden Kunden zu tun haben, dann haben Sie im allgemeinen noch genügend Zeit, das Fundamentale Problem zu identifizieren und zu lösen, bevor die Situation ganz verunglückt. Wenn Ihr Kunde dagegen offene Feindseligkeit zeigt, ist es unwahrscheinlich, daß Sie diesen Vorgang noch retten können.

Darüber hinaus *steigt* die Heftigkeit der Fundamentalen Probleme in manchen Verkaufsvorgängen *im Zeitablauf*, wenn der Verkäufer nichts dagegen unternimmt. Ein Verkaufsgespräch, das mit Fragen des Kunden beginnt, kann in gegensätzlicher Argumentation von Verkäufer und Kunde enden, wenn das Fundamentale Problem nicht erkannt und beseitigt wird. Das bedeutet, daß der Verkäufer zwar ein bestimmtes Maß an *Kontrolle* darüber hat, wohin sich ein Verkaufsgespräch entwickelt. Es bedeutet aber auch, daß sich das Fundamentale Problem verstärkt, wenn es übersehen wird.

Da jedes Verkaufsgespräch ein einmaliger Vorgang ist, enthalten die Symptome keinen Gradmesser für den Verlust der Kontrolle durch den Verkäufer. Im allgemeinen muß jedoch davon ausgegangen werden, daß die Situation nur schwer zu bereinigen ist, wenn die Reaktionen des Kunden über die Ebene des "Ächzen und Stöhnens" hinausgehen. An diesem Punkt scheint die Wahrnehmung des typischen Kunden diesem zu signalisieren, daß "alles verloren ist". Deshalb sagen wir, daß verantwortungsvolles Handeln *spätestens* an dieser Stelle ein Eingreifen erfordert. Wenn Sie das nicht tun, verschlechtert sich die Situation weiter - und mit zunehmender Geschwindigkeit.

Dabei meinen wir mit "eingreifen" etwas ganz Bestimmtes. Wir meinen damit, *Fragen zu Fundamentalen Problemen* zu stellen, um den versteckten Grund dafür herauszufinden und offenzulegen, warum der Kunde glaubt, er würde verlieren.

Fragen zu Fundamentalen Problemen

Im *Konzeptorientierten Verkaufen* gehen wir davon aus, daß eine Frage zu einem Fundamentalen Problem einer speziellen Gruppe von Commitmentfragen angehört. In unserer Darstellung der Commitmentfragen in Kapitel 4 haben wir gesagt, ihr Ziel sei es, Ihnen zu zeigen, *wo* Sie in dem Verkaufsvorgang stehen und was noch *getan* werden muß, um den Vorgang voranzutreiben. Genau das tut auch eine Frage zu Fundamentalen Problemen im Hinblick auf den Widerstand des Kunden.

Fragen zu Fundamentalen Problemen haben eine doppelte Zielsetzung. Im negativen Bereich helfen Sie Ihnen, die Gründe des Kunden zu verstehen, die ihn sich als Verlierer fühlen lassen. Im positiven Bereich zeigen Sie Ihnen auf, was noch getan werden muß, damit eine Jeder-gewinnt-Situation entstehen kann. Diese doppelte Zielsetzung und die Antwort auf die Frage, wann Fragen zu Fundamentalen Problemen eingesetzt werden sollen, enthält unsere Grafik.

Fragen zu Fundamentalen Problemen

Zweck
- ► Fundamentale Probleme zum Vorschein bringen.
- ► Aufdecken unbefriedigter Bedürfnisse.

Wann einsetzen?
- ► Als Schlußtest, um ein Commitment des Kunden sicherzustellen.

Abbildung 19: Zweck und Einsatz von Fragen zu Fundamentalen Problemen

Der gemeinsame Nenner aller Fundamentalen Probleme ist vor allem eine bestimmte *Unsicherheit* oder *Sorge*, also der Grund dafür, daß sich ein Kunde nicht zu einem Commitment entschließt. Das spiegelt sich in den Schlüsselworten wider, die Sie bei der Formulierung solcher Fragen verwenden sollten. Da Sie versuchen, Informationen zu erhalten über einen grauen und möglicherweise unsicheren Bereich der Kauf/Verkaufbeziehung, ist es durchaus angebracht, Worte zu benutzen wie "ungewiß", "betroffen" und "unklar". Weitere Beispiele finden Sie in der folgenden Grafik.

Fragen zu Fundamentalen Problemen

(Fortsetzung)

▪▪▪▪▶ Schlüsselworte

Unsicher	Ungewiß	Unschlüssig
Fraglich	Zweifelhaft	Verlegen
Verdutzt	Unbequem	Unklar
Betroffen	Eingeengt	Überfordert

Abbildung 20: Schlüsselworte in Fragen zu Fundamentalen Problemen

Wann sollten Sie Fragen zu Fundamentalen Problemen stellen? Auf diese Frage gibt es eine allgemeine und eine spezifische Antwort.

Die allgemeine Antwort lautet, daß Sie solche Fragen *immer* stellen sollten, wenn Sie spüren, daß sich Ihr Kunde in einer "Verlierer-Haltung" befindet. Anders formuliert: Immer wenn Sie ein Symptom für eine Fundamentales Problem erkennen, wie "trivial" es auch erscheinen mag, ist es an der Zeit, *in diesem Moment* die Ursache des Problems zu ermitteln, um spätere Schwierigkeiten zu vermeiden.

146

Die spezifische Antwort ist: Stellen Sie diese Art von Fragen als abschließenden Test des Commitments Ihres Kunden - also am *Ende* eines jeden Verkaufsgespräches. Wir haben schon erklärt, daß die Sequenz unseres Fragenprozesses als allgemeine Empfehlung und nicht als eine zwingend vorgeschriebene Reihenfolge zu sehen ist; das gilt auch für Fragen zu Fundamentalen Problemen. Und doch gibt es einen Punkt, an dem es eigentlich immer angebracht ist, eventuelle Sorgen des Kunden aufzudecken, und das ist kurz bevor Sie sich verabschieden. Jedes Verkaufsgespräch sollte - Sie erinnern sich - mit einer Übereinkunft abgeschlossen werden, *was der Kunde vor dem nächsten Treffen tun sollte*, um die Qualität seines Commitments aufzuzeigen. Eine Frage zu Fundamentalen Problemen gegen Ende des Verkaufsgespräches zu stellen, ist eine gute Methode, um eben diese augenblickliche Qualität zu bestimmen. In der Grafik auf der vorletzten Seite haben wir deshalb diesen *wesentlichen* Zweck der Fragen zu Fundamentalen Problemen besonders betont. Bevor Sie gehen, ist das eine gute Möglichkeit für Sie, dem Kunden nicht nur zu verstehen zu geben, was Sie für ihn *tun* werden, sondern auch, was Sie von ihm *erwarten*.

Der "schiefgegangene" Verkauf oder die "Enttäuschung des Kunden"

Natürlich können Sie sich heimlich aus der Türe schleichen und hoffen, da Sie ja immer noch miteinander reden, daß alles in Ordnung sein wird mit dem soeben abgeschlossenen Verkauf. Das ist kein ungewöhnliches Verhalten von Verkäufern, die in der Überzeugung leben, daß keine Nachrichten gute Nachrichten sind. Aber das ist eine selbstzerstörerische Taktik, weil sie am Ende weniger wissen als Sie wissen müßten, damit Sie alle Unwägbarkeiten eines Verkaufs unter Kontrolle halten können. Nicht genügend Fragen zu Fundamentalen Problemen zu formulieren heißt, einfach Fragen nach falschen Informationen zu stellen; und wenn Sie mit falschen Informationen beladen sind, befinden Sie sich sogar in einer schlechteren Position, als wenn Sie gar nichts wüßten. Denn wenn Sie genügend (angenehme) Fehlinformationen besitzen, dann neigen Sie dazu, sich eine mentale Scheinwelt aufzubauen, in der alles, was Sie nicht wissen, zu erheblichen Verletzungen führen kann. Das endet damit, daß Sie versuchen, sich aus dem Verkauf herauszustehlen.

Oder etwas noch Schlimmeres kann passieren. Sie können sich dem Spiel mit den Verkaufszahlen anschließen, in dem nur der augenblickliche Umsatz zählt. Vergessen Sie also, Fundamentale Probleme zu lösen, kümmern Sie sich nicht um die verwirrten oder unschlüssigen Blicke Ihres Kunden und machen Sie den Abschluß *trotz* seines Widerstandes. Das passiert ständig, und es führt zu dem, was wir die "Enttäuschung des Kunden" nennen.

Im typischen Geschehensablauf, der zu enttäuschten Kunden führt, setzt der Kunde trotz seiner Gefühle von Beklommenheit die Verhandlungen mit dem redegewandten Verkäufer fort, um schließlich mit dem Gefühl zu leben, ihm sei "etwas angedreht" worden. Immerhin schaffen es nicht alle Kunden, mit ihren Fundamentalen Problemen bewußt umzugehen. Oft haben Kunden nur ein unbestimmtes Gefühl der Unsicherheit oder Unzufriedenheit und sind nicht in der Lage, dessen Ursache klar auszudrücken. Ein Verkäufer, der nur auf den Auftrag bedacht ist und alles herausholen will, kann einem Interessenten schon "helfen", diese seine Gefühle nicht zu beachten. Aber das langfristige Ergebnis solcher Geschäfte ist nicht gut. Typischerweise findet der Kunde nach zwei Wochen oder nach zwei Monaten heraus, daß mit dem Produkt das Problem nicht gelöst werden konnte oder daß er die Glaubwürdigkeit in den Lieferanten verloren hat oder daß die Anschaffung seine Aufgaben schwerer und nicht leichter gemacht hat -

kurz gesagt, daß aus irgendeinem von Dutzenden möglicher Gründe der Kauf ihn zum Verlierer gemacht hat. Das Ergebnis ist die Enttäuschung des Kunden: das nagende und erniedrigende Gefühl, das man empfindet, wenn man hereingelegt wurde.

Wenn ein Kunde Enttäuschung empfindet, ist die Auswirkung für den Verkäufer immer schlecht. Denn irgendwie wird dieser Verkauf früher oder später und auch zukünftige Verkäufe werden "schiefgehen". Genau davon sollten Sie ausgehen, wenn Sie dem Kunden etwas angedreht haben. Selbst wenn er Ihnen Ihre Ware nicht zurückschickt oder Ihrem Servicemanager nicht die Hölle heiß macht, das allerletzte, was er tun wird, ist weiterhin mit Ihnen Geschäfte zu machen. Im schlimmsten Falle - das werden wir im nächsten Kapitel sehen - führt die Enttäuschung des Kunden zur Rache des Kunden. Sie haben sich den Auftrag genommen und sind mit ihm davongerannt. In Ordnung. Aber wie die alten Schlangenölverkäufer werden Sie sehr schnell feststellen, daß Sie *nicht mehr aufhören können* zu rennen.

Das kann sogar passieren, wenn Sie *nicht versuchen*, auf Kosten Ihres Kunden zu gewinnen. Selbst für ethisch hochstehende Verkäufer ist es sehr verlockend, die Fundamentalen Probleme ihrer Kunden zu ignorieren, solange diese nicht als Einwände sichtbar werden. Manche Verkäufer scheinen immer noch der Idee anzuhängen, daß nur *ausgesprochene* Einwände wirklich etwas bedeuten. Oder anders formuliert: Wenn der Kunde zur Unterschrift bereit ist, muß das bedeuten, daß er mit dem Kauf zufrieden ist. Wie zahllose "schiefgegangene" Verkäufe zeigen, kann diese Haltung für langfristige Geschäftsbeziehungen tödlich sein.

Wegen ihrer unterschwelligen Macht, Ihre gute Arbeit zunichte zu machen, müssen Sie sehr bewußte und *aktive* Anstrengungen unternehmen, Fundamentale Probleme aufzudecken und mit ihnen fertig zu werden. Wir betonen das Wörtchen "aktiv", um damit auf andere Weise den kritischen Unterschied zwischen einem Fundamentalen Problem und einem Einwand zu beleuchten. Verkäufern wird beigebracht, auf Einwände zu *reagieren* oder sie zu *ignorieren*. Es genügt niemals, auf ein Fundamentales Problem nur zu reagieren und es ist oft tödlich, es zu ignorieren. Das ist wie mit dem Unterschied zwischen einer sichtbaren und einer versteckten Waffe. Fundamentale Probleme sind wie versteckte Waffen, die jede Verkaufsbeziehung bedrohen können. Sie müssen sich um sie kümmern, *bevor* sie zum Vorschein kommen.

Commitmentsignale

Einen abschließenden Punkt wollen wir noch besprechen. Wir sagten, daß Verkäufer, die Fundamentale Probleme ignorieren oder diesen aus dem Weg gehen wollen, in Wirklichkeit den Eindruck des Kunden ignorieren, er sei der Verlierer - und sich selbst damit auch zum Verlierer machen. Merkwürdigerweise ignorieren Verkäufer aber auch die Gewinnersignale ihrer Kunden. Die Folgen davon sind nicht viel besser. Um dieser Falle zu entgehen, müssen Sie auf das achten, was wir *Commitmentsignale* nennen.

Ein Commitmentsignal in unserer Definition ist eine Botschaft des Kunden an den Verkäufer in Form einer *Aktion, die zum gegebenen Zeitpunkt* den Verkaufsprozeß *weiterführt*.

Seitdem wir betont haben, daß Commitment erreichen bedeutet, den Kunden dazu zu bringen, etwas zu *tun*, denken Sie möglicherweise, daß Verkäufer ständig wachsam und bereit sind, zuzugreifen, wenn sie ein Commitmentsignal hören. Dem ist nicht so. Obwohl der *Kunde ihnen ausnahmslos sagt, wann er zum Kauf bereit ist*, hören nach unserer Beobachtung viele Verkäufer diese Botschaft nie - mit dem Ergebnis, daß sie große Geschäfte verlieren. Da ist der Verkäufer von Videorecordern, der so damit beschäftigt ist, alle Schalter und Knöpfchen zu erklären, daß er nicht hört, wie der Kunde sagte: "Okay, den nehme ich." Oder der Software-Verkäufer, der die Frage des Interessenten ignoriert, wann mit dem Training seiner Mitarbeiter begonnen werden könne und weiterhin von den Merkmalen und deren Nutzen seines Produktes redet.

Dieses nur allzu bekannte Verhalten nennen wir "den Klauen des Sieges die Niederlage entreißen". Im allgemeinen geschieht dies, weil Verkäufer ein Commitmentsignal als "einfach eine weitere Frage" mißverstehen oder weil sie nicht vor dem Verkaufsgespräch genau darüber nachgedacht haben, welches Commitmentsignal sie erhalten wollen - und es deshalb überhören, wenn es ihnen angeboten wird.

Um das Commitment *tatsächlich* zu bekommen, das Sie sich wünschen, müssen Sie auf die Signale des Kunden achten. Glücklicherweise sind sie nicht schwer zu identifizieren. Commitmentsignale sind fast immer in Form einer Frage oder Aussage zur *Implementierung* formuliert.

Implementierungsfragen können sich auf ein breites Feld von Einzelheiten Ihres Angebotes beziehen, aber im allgemeinen stehen sie immer in direkter Beziehung zur "Endphase" der Auftragserteilung. Einige der wichtigsten Bereiche, auf die sich Implementierungsfragen beziehen können, sind in der nächsten Grafik aufgelistet.

Bereiche möglicher Fragen zur *Implementierung*

▶ Kosten	Finanzierung ◀
▶ Fristen	Inzahlungnahme ◀
▶ Referenzen	Vorführung ◀
▶ Installation	Versuchslauf ◀
▶ Traininge)	Pilotanlage ◀
▶ Administration	Tests ◀
▶ Umrüstung	Garantie ◀
▶ Service	Spezifikation ◀
▶ Kreditierung	Logistik ◀
▶ Zahlungsziel	

Abbildung 21: *Bereiche möglicher Fragen zur Implementierung*

Die typischen Fragen, die im Hinblick auf die genannten Bereiche der Implementierung gestellt werden, beziehen sich nicht darauf, *ob* der Verkäufer das liefern kann, was der Kunde wünscht, sondern *wann* und *unter welchen Bedingungen*. Hier einige Fragenbeispiele von Kunden:

❏ "Wann können Sie liefern?"

❏ "Wann können meine Mitarbeiter ein zweites Training absolvieren?"

❏ "Wie viel Vorlaufzeit benötigen wir, um eine Pilotinstallation durchzuführen?"

❏ "Können Sie uns ein Leihgerät zur Verfügung stellen, bis unsere Anlage aus der Fertigung kommt?"

❏ "Ich würde mich gerne mit dreien Ihrer Referenzkunden unterhalten."

151

Beachten Sie, daß es bei allen genannten Fragen und Aussagen um das gleiche Thema geht. Der Kunde ist bereit, sein Commitment abzugeben, er möchte nur wissen, *wie* dieses aussehen soll. Es dürfte klar sein, warum wir solche Fragen und Aussagen als Commitmentsignale bezeichnen - und warum Sie darauf reagieren müssen, wenn Sie Ihnen vorgetragen werden.

Und wieder einmal kommen wir zu der Feststellung zurück, daß das Wichtigste ist, *dem Kunden zuzuhören*, darauf zu hören, was er zu sagen hat. In welcher Phase des Verkaufsgespräches Sie sich auch befinden mögen und ob das, was er sagt, im Hinblick auf Ihr Ziel günstig, ungünstig oder neutral ist: Der gesamte Prozeß des Informationsaustausches - nennen Sie ihn einen Lern- oder einen Verkaufsprozeß - beginnt mit den Vorstellungen Ihres Kunden, mit dem Konzept, wie er etwas Bestimmtes erreichen möchte.

Wie unsere Diskussion der drei Phasen des Verkaufsgespräches ergeben hat, ist der einzige, wirklich effektive Weg, dem Konzept Ihres Kunden zu folgen und damit zu arbeiten der, mehr zu fragen als zu erzählen und zuzuhören - den Antworten wirklich zu folgen. Auf diese Weise entwickelt sich ein positiver Informationsaustausch. Es ist der einzige Weg zum Commitment des Kunden. Und es ist der Weg, auf dem Sie auf lange Sicht die Grundlage für die Ich gewinne/Du gewinnst-Beziehungen legen, die wir alle dringend benötigen.

Im nächsten Teil des Buches werden wir uns ausführlicher über solche Beziehungen unterhalten und gleichzeitig erklären, wie Joint-Venture-Verkaufen aus der Jeder-gewinnt-Philosophie Wirklichkeit werden läßt.

Teil 3

Die Straße der Jeder-gewinnt-Philosophie

8 Ihr wichtigstes Ziel: Ich gewinne/ Du gewinnst

Jedem Programm, das von Miller-Heiman gelehrt wird, liegt ein Commitment zu dem von uns so genannten Ich gewinne/Du gewinnst-Verkaufen zugrunde. Im Ich gewinne/Du gewinnst-Verkaufen beenden der Verkäufer und der Kunde den Verkaufsvorgang mit dem Wissen, daß ihren berechtigten Interessen auf die bestmögliche Weise Rechnung getragen wurde - mit anderen Worten, daß sie beide gewonnen haben. Aufgrund unserer Erfahrung aus Tausenden von Verkaufssituationen ist es unsere feste Überzeugung, daß nur derjenige Verkäufer auf lange Sicht wirklich erfolgreich sein kann, der sich der Jeder-gewinnt-Philosophie verpflichtet hat.

Aber der Grund ist nicht nur "philosophischer" Natur. In dieser Zeit heftigen Wettbewerbs und anspruchsvoller Kunden kann der erfolgreiche Verkaufsprofi, "praktisch" gesprochen, nicht "einfach den Auftrag nehmen und dann das Weite suchen". Wir zweifeln daran, ob es jemals ausreichend war, nur den Auftrag zu "gewinnen" und zu gehen; heute ist es das zweifellos nicht mehr. Um Ihren Erfolg heute *langfristig* sicherzustellen, von Kunde zu Kunde und von Verkauf zu Verkauf, sind folgende Dinge erforderlich:

❒ zufriedene Kunden,

❒ langfristige Geschäftsbeziehungen,

❒ solide Folgegeschäfte mit Dauerkunden und

❒ aktive Vollreferenz.

Wenn Sie diese vier Dinge nicht beständig und vorhersagbar in Ihren Verkaufsgesprächen erreichen, werden Ihre Ergebnisse früher oder später nur noch den Charakter von "Eintagsfliegen" haben. Sie mögen zwar durchaus hohe Verkaufsergebnisse erzielen, aber auf den heutigen Märkten *können* diese hohen Ergebnisse nicht dauerhaft sein, wenn Sie sich nur für das Volumen Ihres Geschäftes interessieren. Im modernen Verkaufen gibt es einen großen Widerspruch. Der Verkäufer, der das Geld einstreicht und davongeht, erkennt unter Umständen plötzlich, daß er auf der Stelle tritt;

und diejenigen, die wissen, daß den Auftrag zu erhalten nur der *Anfang* ist, machen nicht nur die Erfahrung, daß sie *mehr* Aufträge hereinholen, sondern auch, daß diese Aufträge *solider* sind: Sie verhelfen ihnen zu einem sich ständig erweiternden Netz von Querverbindungen zu neuen Geschäften.

Der Grund dafür läßt sich in der Natur des Verkaufens selbst finden. Im Verkaufen müssen zwei Parteien - ein Käufer und ein Verkäufer - zu einer Übereinkunft kommen, bevor überhaupt ein Geschäft zustande kommen kann. Das bedeutet, daß jede Verkaufstransaktion *gegenseitige Abhängigkeit* beinhaltet. Unsere Philosophie des Ich gewinne/Du gewinnst-Verkaufens geht von dieser gegenseitigen Abhängigkeit aus und liefert Ihnen eine verläßliche Methode, um langfristig auf dieser gegenseitigen Abhängigkeit aufzubauen.

Die Ich gewinne/Du gewinnst-Matrix

Zu sagen, daß beide Seiten, der Käufer und der Verkäufer, bei jedem Verkaufsvorgang gewinnen sollten, ist das eine. Etwas ganz anderes ist es dagegen, dies in der realen Welt auch zu erreichen. Wir sind die ersten, die zugeben, daß das, was auf dem Papier einfach und elementar erscheint, in einer bestimmten Verkaufssituation nicht immer einfach umzusetzen ist - besonders dann, wenn Sie den Atem der Konkurrenz im Nacken spüren oder Ihr Vorgesetzter verlangt, daß Sie Ihre Quota erreichen - und Sie nicht einmal genau wissen, ob Ihr Interessent mit Ihnen Ich gewinne/Du gewinnst spielen *will*. Wir sehen dieses Problem und wir haben dazu eine Neuigkeit für Sie: Es wird Ihnen auch in Zukunft begegnen. Alle Verkaufsprofis finden sich in Situationen wieder, in denen sie Ich gewinne/Du gewinnst spielen wollen, dieses Ergebnis aber einfach nicht erzielen können.

Der erste Schritt in der Umsetzung der Jeder-gewinnt-Philosophie ist die Erkenntnis, daß ein Ich gewinne/Du gewinnst-Ergebnis nur eines von *vier* möglichen Ergebnissen eines Verkaufsvorganges ist. Dabei meinen wir nicht solche Vorgänge, die sich am Rande des Mißerfolges bewegen oder in denen Sie die Konkurrenz übertrumpft hat. Wir sprechen vielmehr über Verkaufsvorgänge, in denen Sie bereits offensichtlich "gewonnen" haben, weil Sie *den Auftrag* und Ihre Provision bekommen haben oder bekommen werden. Weil immer mindestens zwei Parteien - Sie und Ihr Kunde - in diesen Vorgängen vertreten sind, sind insgesamt vier verschiedene Ergebnisse möglich:

❏ *Ich gewinne/Du gewinnst:* In diesem Falle sind Sie *beide* mit dem Geschäft zufrieden und Sie sind beide zufrieden mit Ihrer Geschäftsbeziehung.

❏ *Ich gewinne/Du verlierst:* Hier fühlen *Sie* sich wohl bei dem Gedanken an den Verkauf, während Ihr Kunde, aus welchen Gründen auch immer, das Gefühl hat, er säße bei diesem Geschäft am kürzeren Hebel.

❏ *Ich verliere/Du gewinnst:* In diesem Szenario ist Ihr Kunde zufrieden. Aber Sie mußten "dieses Geschäft kaufen" - daher haben *Sie* das Gefühl, das kürzere Ende erwischt zu haben.

❐ *Ich verliere/Du verlierst:* Obwohl das Geschäft zustande gekommen ist, wünschen Sie beide, daß Sie nie miteinander Geschäfte gemacht hätten - und vielleicht sind Sie dazu entschlossen, dies auch nie wieder zu tun.

Die vier genannten Szenarien sind in der folgenden Grafik wiedergegeben, die wir Ich gewinne/Du gewinnst-Matrix nennen.

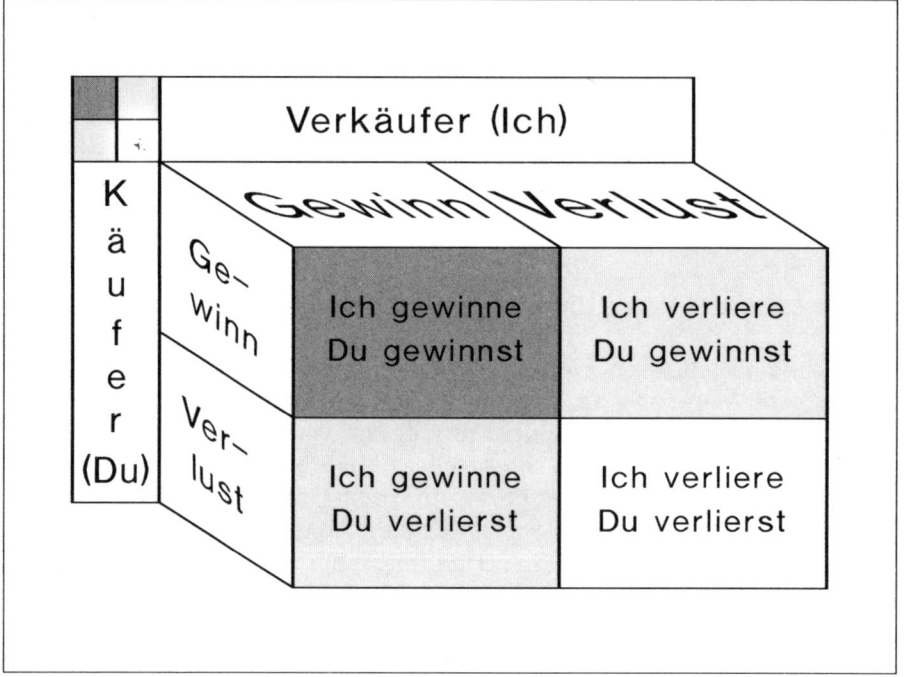

Abbildung 22: Die Ich gewinne/Du gewinnst-Matrix

Sie sehen, daß wir den linken oberen oder Ich gewinne/Du gewinnst-Quadranten des Diagrammes dunkel gerastert haben. Der Grund ist offensichtlich. In diesem Quadranten sollte sich jeder von uns - zumindest in seiner Zielvorstellung - immer befinden wollen. Das Ziel jedes vernünftigen Verkaufsmanagements muß es sein, sich selbst und jeden seiner Kunden in diesem Quadranten zu positionieren und diese Position auch zu behalten.

158

Warum Ich gewinne/Du gewinnst so attraktiv ist

Warum? Warum finden Menschen den Ich gewinne/Du gewinnst-Quadranten so attraktiv? Dafür gibt es drei Hauptgründe.

❒ Erstens ist der Ich gewinne/Du gewinnst-Quadrant *ertragreicher* als jedes andere Szenario. Wir haben schon hervorgehoben, daß ein Ich gewinne/Du gewinnst-Ergebnis nicht nur den "Auftrag" bringt, sondern auch ein sich ausdehnendes Netzwerk zukünftiger Geschäftsmöglichkeiten. Übersetzt heißt das, daß Ich gewinne/Du gewinnst-Verkäufer mehr Umsatz machen.

❒ Zweitens ist der Ich gewinne/Du gewinnst-Quadrant *stabiler* im Zeitablauf. In der dynamischen Welt des Verkaufens ist ständiger Wandel auf der Tagesordnung. Aber ein Geschäft, aus dem beide Parteien meinen, wirklichen Nutzen gezogen zu haben, ist auf Dauer beständig, jedenfalls weitaus beständiger als eines, von dem eine Partei meint, der Verlierer zu sein.

❒ Sich im Ich gewinne/Du gewinnst-Quadranten zu befinden, ist - drittens - wesentlich *angenehmer* als in einem der übrigen Quadranten. Wenn Sie einen Verkaufsvorgang so managen, daß Sie beide sich gut bedient fühlen, entwickeln Sie keine Schuldgefühle dem Kunden gegenüber und empfinden auch keine Mißstimmung ihm gegenüber, weil er Sie getäuscht hat. Ihrem Kunden geht es ebenso. Das ist wichtig, denn - jeder Psychologie-Student im ersten Semester kann Ihnen das sagen - es ist ein weiter Weg von Groll oder Schuldgefühlen zu einer guten Beziehung mit einem Menschen.

Das Ich gewinne/Du gewinnst-Ergebnis ist das einzige Ergebnis eines Verkaufsvorganges oder eines Verkaufsgespräches, das einen *dauerhaften* Erfolg einleiten kann. Es nimmt deshalb nicht Wunder, daß gewiefte Verkäufer sich diese Butter nicht vom Brot nehmen lassen wollen.

Ich gewinne/Du verlierst: der "Gegenschlag"-Quadrant

Den "Gegenschlag" erleben Sie nicht alle Tage - aber häufig, wenn er nicht erfolgt, dann nur, weil der Verkäufer - sarkastisch gesprochen - zu wenig Anstrengungen unternommen hat, um das Eintreffen dieser Situation *sicherzustellen*. Am häufigsten ist die Ursache für das Eintreffen darin zu sehen, daß der Verkäufer dachte, *sein* Gewinn sei das einzige, was zählt - oder zumindest, daß dies wichtiger sei als derjenige des Kunden. Oder er hat sich überhaupt nichts gedacht und endet schließlich bei Ich gewinne/Du verlierst.

Verkäufer spielen Ich gewinne/Du verlierst aus verschiedenen Gründen, aber der wohl häufigste Grund ist Habgier. Hierzu ein ganz alltägliches Beispiel:

Aus einem besonderen Anlaß bestellen Sie sich einen Tisch in einem ausgefallenen Restaurant, davon ausgehend, daß dieses seinem Ruf voll gerecht werden würde. Sie haben sich darauf eingestellt, eine Menge Geld für das Essen auszugeben, weil Sie sich davon einen Gewinn versprechen. Aber der Abend endet in einer Katastrophe. Das Restaurant war an diesem Abend total überbucht, so daß Sie eine Stunde auf Ihren reservierten Tisch warten mußten. Die Zubereitung des Essens dauerte Ewigkeiten und dann war es zerkocht. Die Bestellungen wurden durcheinander gebracht und schlußendlich hatten Sie einen Spitzenpreis für einen Service zu bezahlen, der in keiner Imbißhalle hätte schlechter sein können. Das Restaurant, an kurzfristigem Profit interessiert, beendete den Abend mit einem Gewinn; aber Sie und alle anderen Gäste dieses Abends verließen schimpfend die "gastliche Stätte". Das ist ein klassisches Szenario des Spiels "Verkäufer gewinnt/Kunde verliert".

Nun, in diesem Szenario ist es vielleicht richtig anzunehmen, daß es das Restaurant-Management nicht aktiv darauf *angelegt* hatte, auf Kosten des Kunden zu gewinnen, was uns zu einer wichtigen Erkenntnis über Ich gewinne/Du verlierst führt. *Ich gewinne/Du verlierst-Verkaufen kann bewußt oder unbewußt geschehen.* Ohne daß Sie das *möchten*, kann bei Ihren Kunden dieser Eindruck entstehen. In vielen Fällen fühlen sich Kunden sogar als Verlierer, während Sie noch glauben, diese hätten gewonnen. Wenn eine solche Situation eintritt, kommt es nicht mehr auf die "Tatsachen" an. Es zählt nur noch das, was der Kunde über das Geschehen zu wissen *glaubt*. Wenn er ernsthaft glaubt, Sie hätten Ich gewinne/Du verlierst mit ihm gespielt, dann ist *das* die Realität, mit der Sie sich auseinandersetzen müssen.

Die Situation muß nicht immer sofort eintreten. Bis das Ich gewinne/Du verlierst-Szenario dem Kunden bewußt wird, braucht es manchmal eine gewisse Zeit. Es kann zum Beispiel Wochen oder Monate dauern, bevor sich herausstellt, daß ein Verkäufer einem Industriebetrieb die falschen Maschinen verkauft oder daß er bei der Darstellung der Serviceleistungen seines Unternehmens übertrieben hat. Aber unabhängig davon, ob der Kunde das sofort oder erst später merkt, das mögliche Ergebnis ist dasselbe: der "Gegenschlag". Der Gegenschlag ist die *unausweichliche* Konsequenz, wenn ein Verkauf im Ich gewinne/Du verlierst-Quadranten endet. Für gewöhnlich erfolgt er in zwei Phasen.

Phase 1: Die Enttäuschung des Kunden. In dieser Phase erkennt der Kunde, was Sie mit ihm angestellt haben und nimmt die Schuld und den Groll auf sich. Er erkennt, daß die Software, die Sie ihm verkauft haben, überholt ist, daß er für den Wagen viel zuviel bezahlt hat, daß Ihre Service-Versprechungen nicht eingehalten werden - und er fängt an, sich für einen Blödmann zu halten. Er fragt sich: "Wie konnte ich nur so dumm sein?"

Phase 2: Die Rache des Kunden. In der zweiten Phase findet er die Antwort auf seine Frage. Er entwickelt das Gefühl, daß ihm von einem Gauner etwas angedreht wurde, der sich einen Teufel darum kümmerte, ob *er* verlieren oder gewinnen würde. Sobald sich dieses Gefühl bei ihm zu entwickeln beginnt, verlagert sich der Ärger auf wundersame Weise von seiner Person auf die des Verkäufers. Jetzt hat er jemand anderen, den er beschuldigen kann. Wenn Sie dieser Jemand sind, dann sehen Sie sich vor, weil jemand, der das Gefühl hat, hereingelegt worden zu sein (ob dies zutrifft oder nicht), unweigerlich auf Rache sinnt.

Die Rache des Kunden nimmt viele Formen an, aber keine ist gut für den Verkäufer. Das Geringste, was sich ein geschlagener Kunde einfallen läßt, ist es, mit dem Verkäufer, der ihn beleidigt hat, in Zukunft keine Geschäfte mehr zu machen. Das heißt, er *wendet* sich einfach *ab*. Das ist schlimm genug. Aber ein weitaus gefährlicheres und mehr übliches Verhalten der getäuschten Person ist der Versuch, es dem Verursacher *heimzuzahlen*. Wenn Sie ein Ich gewinne/Du verlierst-Geschäft mit einem Kunden gemacht haben, können Sie darauf wetten, sich einen Feind für lange Zeit geschaffen zu haben. Sie können auch jede Wette darauf abschließen, daß dieser Kunde Ihnen *überall* Knüppel zwischen die Beine wirft, nicht nur in seinem eigenen Unternehmen - und das mit einem befriedigten Lächeln.

Eine für die Abteilung Verbraucherfragen des Weißen Hauses im Jahre 1985 durchgeführte Studie trifft hier voll ins Schwarze. Die Studie enthält folgende nüchterne Statistiken:

☐ 96 Prozent aller unzufriedenen Kunden beklagen sich nie *direkt* beim Verkäufer über ihre Unzufriedenheit.

☐ Aber 91 Prozent dieser unzufriedenen Kunden *werden bei diesem Verkäufer nichts mehr kaufen.*

☐ Zusätzlich wird der durchschnittliche unzufriedene Kunde mit *mindestens neun* Personen darüber reden, wie er vom Verkäufer hereingelegt wurde.

☐ 13 Prozent der Kunden werden *über zwanzig* anderen Leuten erzählen, was ihnen passiert ist.

Die Lektion für den Verkaufsprofi ist von brutaler Klarheit. Ich gewinne/Du verlierst mit einem Kunden zu spielen - oder dieses auch nur unbewußt zu tun - garantiert Ihnen nicht nur den Verlust Ihres beruflichen Ansehens; wegen der 96 Prozent, die sich "nicht beklagen", garantiert Ihnen Ich gewinne/Du verlierst auch, daß der "geschlagene" Kunde mit Ihnen gleichzieht, *ohne daß Sie dies merken*. Das ist die heimtückische Natur der Rache des Kunden.

Die Rache braucht nicht unmittelbar zu folgen. Das kann Wochen, Monate oder sogar Jahre dauern. Und, natürlich, kommt sie manchmal auch gar nie, weil der Betreffende verzogen oder verstorben ist oder weil er einfach nicht die Machtposition hat, um Ihnen wirklich schaden zu können. Aber selbst in einer solch "glücklichen" Situation müssen Sie wachsam bleiben - wegen dem, was er sagen *könnte* oder was er unternehmen *könnte*. Dem Verkäufer, der "erfolgreich" Ich gewinne/Du verlierst gespielt hat, geht es wie dem Nachwuchsschützen, der gerade den alten Revolverhelden ausgeschaltet hat. Er hat sich die Kerbe in seinen Revolvergriff geschnitzt, okay, aber für den Rest seines Lebens wird er über seine Schulter blicken müssen. Er hat zwar eine Runde gewonnen, aber es ist nur eine Frage der Zeit, wann die Reihe an ihm ist.

Das bringt uns zum grundsätzlichen Problem mit Ich gewinne/Du verlierst. Wir hatten gesagt, daß Ich gewinne/Du gewinnst ein, relativ gesehen, *stabiler* Quadrant sei. Das kann man von Ich gewinne/Du verlierst nicht sagen. Unter Umständen arbeitet diese Verkaufsmethode gegen Sie ebenso wie gegen den Kunden. Ich gewinne/Du verlierst ist höchst unstabil; es endet fast immer im Ich verliere/Du verlierst.

Ich verliere/Du gewinnst: seinen Laden verschenken

Das ist auf noch viel dramatischere Weise der Fall in dem Szenario Ich verliere/Du gewinnst, in dem Sie für Ihren Kunden bewußt ein Opfer bringen, um auf diese Weise das Geschäft zu machen.

Bei Ich verliere/Du gewinnst bekommen Sie den Auftrag, *indem Sie etwas herschenken* - indem Sie sich selbst und Ihrem Unternehmen zu verlieren erlauben in der Hoffnung, daß Sie das Geschenk bei späteren Verkäufen wieder zurückholen können. Vielleicht bieten Sie Ihrem Kunden einen lächerlich geringen Einführungspreis an oder einen besonderen Mengennachlaß oder Service-Konditionen, die jenseits von gut und böse sind. Was es auch immer sein mag - Fristen, Zahlungsziele, Preise, Training, Finanzierung -, im wesentlichen sagen Sie dem Kunden: "Ich lasse Sie auf meine Kosten gewinnen, weil mir dieses Geschäft mit Ihnen das wert ist."

Nun, an einer "Verlierer"- oder "Investitions"-Strategie ist nichts Falsches; Einzelhändler wenden sie laufend an - und mit guten Ergebnissen. Das Problem für die meisten Verkäufer besteht darin, daß ein solches Ich verliere/Du gewinnst-Geschäft kraft seiner Natur nur *zeitlich bedingt* sinnvoll ist. Es kann nicht ständig allen Kunden geboten werden - und doch verfahren viele Verkäufer genau so. Um das Geschäft für ihn attraktiv zu machen, bieten Sie einem neuen Kunden für den ersten Auftrag außerordentliche Zahlungsziele an. Sie wissen, daß es sich dabei um eine einmaliges Sonderzugeständnis handelt, aber diese Botschaft kommt beim Kunden nicht an. Er denkt, die außerordentlichen Zahlungsziele seien Ihre *normalen* Konditionen. Wenn der Folgeauftrag ins Haus steht und Sie ihm sagen: "Harry, diesen Auftrag wickeln wir zu normalen Konditionen ab," dann reagiert er, als ob Sie gerade seinen neuen Wagen gestohlen hätten. "Was meinen Sie mit normal? Ich dachte, wir hätten einen Vertrag miteinander!"

Sie hatten einen Vertrag miteinander, aber Harry hat vergessen, dessen besondere, zeitlich begrenzte Natur zur Kenntnis zu nehmen. Weil er glaubt, die laufende Vereinbarung sei das Normale, geht er von falschen Erwartungen aus - was Sie selbst, ohne es zu wollen, bewirkt haben. Deshalb betrachtet er jetzt Ihr Opfer als einen (Verkaufs-) Trick und schon bald sind Sie beide der Gefahr ausgesetzt zu verlieren.

164

Im Kunden falsche Erwartungen zu wecken, ist die Gefahr in jedem Ich verliere/Du gewinnst-Szenario. Hierzu ein Beispiel aus den Wirtschaftsnachrichten.

Sie erinnern sich vielleicht daran, daß die amerikanischen Automobilhersteller im Jahre 1985, dem Beispiel von General Motors folgend, damit anfingen, unterschiedliche Ratenzahlungsprogramme mit besonders günstigen Zinssätzen anzubieten, um damit die Japaner aus dem Feld zu schlagen. Das waren klassische Verlierer-Strategien oder Ich verliere/Du gewinnst-Programme, in denen der Kunde mit dem Versprechen einer Vier-Prozent-Finanzierung (oder enormen, alternativen Barzahlungsrabatten) in den Verkaufsraum gelockt wurde. Die Hoffnung war, man könne zu einem "normalen" Zinsniveau zurückkehren, sobald man die Loyalität des Kunden zurückgewonnen hätte.

Der Schuß ging gleich zweimal nach hinten los. Zum einen entschieden zahlreiche Käufer, daß sie, selbst bei einem Zinssatz von vier Prozent, das nicht haben wollten, was sie als minderwertige Ware betrachteten, verglichen mit den japanischen Modellen. Sie waren bereit, die zwölf Prozent bei Toyota zu bezahlen und einen Wagen zu bekommen, von dem sie glaubten, daß er nicht in drei Jahren auseinanderfallen oder wegen des hohen Benzinverbrauchs ihre Kasse ramponieren würde. Also lehnten sie das Ich verliere/Du gewinnst-Angebot ab, weil sie es unterschwellig als Ich verliere/Du verlierst betrachteten. Zweitens begannen diejenigen Kunden, die immer noch amerikanische Autos kauften, die Niedrigzins-Finanzierung als *normal* zu betrachten und zwangen damit die verschiedenen Hersteller in einen Prozentpunkte-Kampf, der das Ich verliere/Du gewinnst-Szenario noch unrealistischer erscheinen ließ. Die *Newsweek* beschrieb das so: "GM hat das Ausmaß nicht erkannt, in dem die Einführung der Niedrigzins-Finanzierung zukünftige Käufe vorwegnehmen würde. Die anderen Hersteller mußten GM in die Subventionierung der Absatzfinanzierung folgen und wünschen sich jetzt, dies würde von selbst wieder aufhören."

Der Fall von GM beschreibt die beiden Dinge, die sehr häufig eintreten, wenn Sie eine Ich verliere/Du gewinnst-Strategie anwenden. Die Kunden neigen zu Mißtrauen, weil sie einen Trick hinter dem Ganzen sehen (denn wir wissen alle, daß es nirgendwo etwas umsonst gibt) und verlassen den Raum mit festgehaltener Brieftasche, oder sie nehmen die Ich verliere/Du gewinnst-Option an und erwarten, daß sich daran nie mehr etwas ändern wird. Welchen Weg sie auch wählen, *Sie* verlieren immer.

Wie wir sagten, kann die Situation in ein Ich verliere/Du verlierst ausarten, wenn der Kunde das Gefühl bekommt, Sie hätten ihn übervorteilt, Sie hätten Ich gewinne/Du verlierst mit ihm gespielt. Dasselbe passiert bei Ich verliere/Du gewinnst, wenn Sie dem Kunden tatsächlich erlauben, auf Ihre Kosten einen Vorteil zu erlangen. Aber in diesem Fall gelangen Sie auf einem indirekten Weg in den Ich verliere/Du verlierst-Quadranten. Wir haben diesen Weg im folgenden Diagramm durch einen geknickten Pfeil in der Mitte der Grafik aufgezeigt, der dem Hinterbein eines Hundes gleicht.

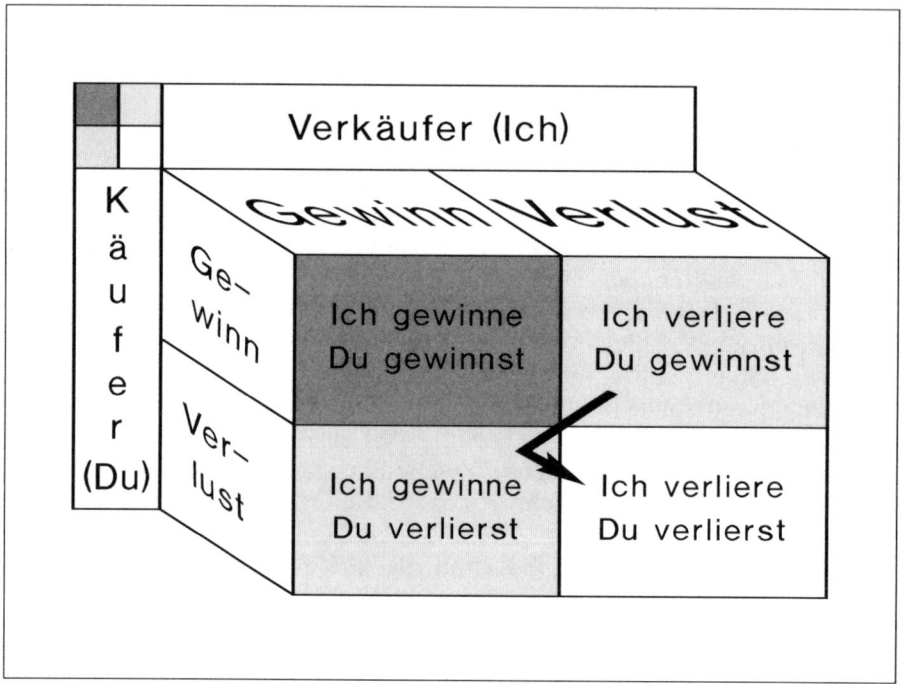

Abbildung 23: Das "Hundebein" der Ich gewinne/Du gewinnst-Matrix

Der erste (obere) Teil des "Beines" zeigt Ihnen, was passiert, wenn Sie dem "bevorzugten" Kunden sagen, daß Sie jetzt zum normalen Geschehen zurückkehren wollen. Er sieht das ganz anders: Er denkt, Sie wollen ihn hereinlegen und in seiner Vorstellung wird er zum Verlierer. So werden Sie, ohne es zu wollen, zum Bösewicht eines Ich gewinne/Du verlierst-Szenarios. Im zweiten (unteren) Teil des "Beines" passiert das Unausweichliche: Der Kunde, der denkt, er würde verlieren, wendet sich ab, versucht gleichzuziehen oder tut beides, und Sie beide landen gemeinsam in der Hundehütte, im Ich verliere/Du verlierst-Quadranten.

166

Aber in einem Fall wie diesem ist es nicht immer der Verkäufer, der falsche Erwartungen weckt. Oft *fragen* Kunden nach Ich verliere/Du gewinnst, weil sie (fälschlicherweise) glauben, das sei zu ihrem Vorteil. Ein Kunde fragt nach besseren Finanzierungskonditionen oder einem günstigeren Preis als allem, was ihm oder sonst jemand in der Vergangenheit geboten wurde - weil er weiß, daß Sie seinen Auftrag so unbedingt wollen, daß Sie dafür Ihren Laden verschenken würden. Das Interessante an der Sache ist, daß ein solcher Kunde, weit davon entfernt, dem "zum Narren gehaltenen" Verkäufer zuvorkommen zu wollen, schlußendlich doch *selbst* falsche Erwartungen bei sich setzt und *sich damit selbst zum Verlierer macht*. Die Quintessenz bleibt die gleiche. Ganz egal, wer die Idee des Ich verliere/Du gewinnst - aus der Sicht des Verkäufers - ins Spiel bringt, langfristig ist es fast immer ein doppelt falsches Spiel.

Wann sich ein Glücksspiel lohnt

Wir sagten "fast immer". Das läßt Situationen vermuten, in denen es sich lohnt, ein kalkuliertes Risiko einzugehen. Sie könnten Ich verliere/Du gewinnst in Situationen in Erwägung ziehen, in denen der potentielle Ertrag *so* gut ist und wo die Aussichten auf langfristige Geschäfte *so* erfolgversprechend sind, daß Sie sich wie ein Idiot vorkommen würden, wenn Sie jetzt nicht alle Hebel in Bewegung setzten, nur weil die verlangten Bedingungen für dieses spezielle Geschäft "unmöglich" sind. Natürlich können wir Ihnen keine Regeln an die Hand geben, mit denen Sie solche Verkaufsvorgänge identifizieren könnten, weil niemand Ihr Geschäft so gut kennt wie Sie selbst. Aber wir können Ihnen eine kleine Geschichte liefern, die aufzeigt, worauf es ankommt.

Eine Freundin von uns hat vor einiger Zeit in Manhattan einen Pflanzenbetreuungs-Service eröffnet. Sie liefert Pflanzendekorationen und übernimmt deren Pflege für Unternehmen und große Einkaufszentren. Vor einigen Monaten wurde ihr die Möglichkeit angeboten, die Pflanzendekorationen für eine der größten Banken der Stadt - mit Dutzenden von Filialen überall - zu liefern. Das hätte über Nacht ihr Einkommen verdoppelt. Weil sie so sehr daran interessiert war, den Schuh in die Türe zu bringen, akzeptierte sie die Lieferung und sechsmonatige Betreuung der Pflanzen für eine Filiale in der Stadtmitte zu etwa ihrem halben Normalpreis. Bei einem so hohen Einführungsrabatt verdiente sie bei diesem Geschäft überhaupt nichts. Aber ihr schien das Risiko angemessen wegen des von ihr vermuteten Ertrags. Sie erzählte uns neulich, wie sie dieses Spiel der Bank schmackhaft machte:

"Was ich mache, mache ich extrem gut - aber es hätte für die Bank keine Möglichkeit gegeben, dies herauszufinden, wenn ich nur mit der Konkurrenz gleichgezogen wäre. Die hätte mich über den Preis ohne Schwierigkeiten aus dem Rennen geworfen. Also erzählte ich der Bank, ich würde für sie etwas Einmaliges tun: daß sie von mir einen Mehrwert-Service bekämen und daß ich bereit wäre, ihnen das in einer vereinbarten Zeitperiode unter Beweis zu stellen. Ich habe ihnen gesagt, daß ich auf jeglichen Ertrag verzichten würde und das tat ich *schriftlich*. Außerdem habe ich ihnen vollkommen klar gemacht, daß, wenn sie meinen Service nach der Versuchszeit weiterhin haben wollten, dies nur zu meinen normalen Preisen der Fall sein könne. Jetzt habe ich einen Zweijahres-Vertrag für zehn Filialen bekommen und über meine Preise haben sie auch nicht die geringste Bemerkung fallen lassen."

Dieser Fall illustriert auf gekonnte Weise nicht nur die einzige Ausnahme, die wir für zulässig halten, *wann* es also in Ordnung ist, Ich verliere/Du gewinnst zu spielen, sondern auch, *wie* dies zu geschehen hat. Unsere Freundin "sagte es in aller Deutlichkeit" und sie tat es von Anfang an *schriftlich*. Der Grund, warum Ich verliere/Du gewinnst so oft in das "scheinbare" Ich gewinne/Du verlierst und dann in Ich verliere/Du verlierst entartet, ist das *Versäumnis des Verkäufers, den Kunden auf das Besondere des entsprechenden Geschäftes hinzuweisen.*

Die Lektion ergibt sich hier direkt aus dem, was wir das ganze Buch hindurch über die *Kommunikation* mit den Menschen gesagt haben, denen Sie etwas verkaufen wollen. Wenn Ihre Situation das Ich verliere/Du gewinnst-Spiel als Einsatz wert erscheinen läßt, dann tun Sie es. Aber sagen Sie das Ihren Kunden von Anfang an. Erzählen Sie ihnen, was Sie vorhaben. Betonen Sie, daß das für Sie und Ihr Unternehmen schwierig ist. Nennen Sie ihnen die Gründe, warum Sie es trotzdem für richtig halten und - das ist das Wichtigste von allem - sagen Sie ihnen genau, wann und unter welchen "neuen" Bedingungen die "Wirklichkeit" in Ihre Geschäftsbeziehung wieder zurückkehrt. Das ist der einzige Weg, der es Ihnen erlaubt, ein Ich verliere/Du gewinnst-Szenario - oder, so gesehen, jedes Szenario - zu einem langfristigen Ich gewinne/Du gewinnst-Ergebnis zu führen.

Ich verliere/Du verlierst: der "magnetische" Quadrant

Wir sagen "zu führen", weil die Erfahrung uns gelehrt hat, daß Ich gewinne/Du gewinnst-Verkaufen niemals das Ergebnis von Zufall, Glück oder guten Absichten ist. Es ist immer das Ergebnis einer *bewußten Entscheidung von seiten des Verkäufers, auf die gegenseitige Zufriedenheit aktiv hinzuarbeiten.* Wir glauben, daß Sie heute als Verkäufer zweierlei Verantwortung haben:

1. Sie haben die Verantwortung dafür zu sorgen, daß Ihr *Kunde* gewinnt.

2. Sie haben die Verantwortung dafür zu sorgen, daß Sie *selbst* gewinnen.

Beide Verantwortungen sind gleich wichtig und im Ich gewinne/Du gewinnst-Verkaufen unlösbar miteinander verbunden.

Wenn Sie auch nur *eine* dieser beiden Verantwortungen nicht wahrnehmen, ist das Ergebnis unausweichlich. Der Verkaufsprozeß mündet, früher oder später, im Ich verliere/Du verlierst-Quadranten. Im *Konzeptorientierten Verkaufen* trifft der Verkaufsprofi nicht nur eine bewußte *Wahl* zugunsten von Ich gewinne/Du gewinnst-Ergebnissen, er unternimmt auch alles, was vom einen zum anderen Verkaufsgespräch notwendig ist, damit sich der Verkaufsprozeß in dieser Richtung weiter entwickelt. Das ist wesentlich, weil jedes nur denkbare Verkaufs-Szenario unter Umständen in Ich verliere/Du verlierst entarten kann, *wenn darauf nicht geachtet wird.*

Der Ich verliere/Du verlierst-Quadrant scheint tatsächlich eine Art "magnetischen" Einfluß auf Verkaufsvorgänge auszuüben. Sei es wegen der menschlichen Trägheit, Faulheit, Nachlässigkeit oder einer Kombination dieser Faktoren, alle potentiell guten Kauf/Verkauf-Interaktionen haben eine natürliche Tendenz, in Unordnung zu geraten. Die einzige Möglichkeit, dem vorzubeugen, ist es, jedes einzelne Verkaufsgespräch bewußt und aktiv in die Richtung Ich gewinne/Du gewinnst *zu managen.*

Wir behaupten nicht, dies sei leicht. Was in den meisten Fällen leicht ist, das ist, den Kunden bewußt oder unbewußt zum Kauf zu verführen (Ich gewinne/Du verlierst), oder seinen Laden zu verschenken, um das Geschäft zu machen (Ich verliere/Du gewinnst). Im Ich gewinne/Du gewinnst-Quadranten zu bleiben, kann harte Arbeit sein. Die möglichen

Schwierigkeiten wollen wir nicht verniedlichen - aber wir wollen sagen, daß sich der Einsatz lohnt, weil es der einzige Weg ist, der Sie beide davor bewahren kann zu verlieren.

Probleme, im Ich gewinne/Du gewinnst-Quadranten zu bleiben

Lassen Sie uns über ein paar kennzeichnende Schwierigkeiten sprechen. Wenn wir unseren Kunden sagen: "Versuchen Sie immer, im Ich gewinne/Du gewinnst-Quadranten zu bleiben", hören wir häufig Einwände, von denen wir in diesem Abschnitt die vier am häufigsten genannten behandeln wollen. Wir haben keine todsicheren Antworten auf diese Probleme und die das behaupten, können noch nicht lange im Verkauf tätig sein. Aber wir können Ihnen ein paar Richtlinien an die Hand geben.

Problem 1: "Das paßt nicht zusammen." Was tun, wenn die Ware oder Dienstleistung, die Sie verkaufen, die geschäftlichen oder persönlichen Bedürfnisse Ihres Kunden nicht "voll trifft"? Ist es möglich, daß ein Kunde gewinnt, auch wenn Sie ihm keine klaren, einmaligen Antworten liefern können zu seinen "Lösungsvorstellungen"?

Die einfache Antwort lautet "Nein". Also sollten Sie auf dieses Geschäft verzichten. Die schwierigere Antwort lautet "Vielleicht" - *wenn* Sie ihm und/oder seinem Unternehmen etwas bringen können, was sonst niemand liefern kann. Wenn die Maschine, die Sie der XYZ-Gesellschaft verkaufen wollen, nur 95 Prozent der Effizienz erreicht, welche das Produkt der Konkurrenz bietet, können Sie trotzdem ein Ich gewinne/Du gewinnst-Ergebnis erzielen, wenn Ihr Supportsystem nicht zu überbieten ist, wenn Ihr Servicesystem dem von IBM den Rang abläuft oder wenn Sie bereit sind, ein um zwanzig Monate längeres Zahlungsziel einzuräumen als die Konkurrenz. Niemand kauft heute *einfach* Produkte. Dadurch eröffnet sich Ihnen die Chance, Ihr Angebot in anderen Bereichen "passend" zu machen. Vergewissern Sie sich aber, wenn Sie sich in einer solchen Situation befinden, daß Ihr Kunde von Anfang an erkennt, was Sie ihm anbieten und wo die wichtigen Unterschiede liegen. Es macht keinen Sinn, jemand einen guten Service anzubieten und ihn dann gleichzeitig glauben zu machen, Sie hätten ihm das neueste State-of-the-art-Produkt verkauft - oder umgekehrt. Der Punkt, auf den es ankommt, ist: *Sie müssen mit Ihrem Kunden auf einer Wellenlänge sein.* Wenn Ihnen das gelingt, erreichen Sie manchmal eine Übereinstimmung, die auf den ersten Blick nicht ersichtlich war. Wenn es Ihnen nicht gelingt, wird Ihnen der Wind über kurz oder lang ins Gesicht blasen, egal, was für eine Art von "Paßform" Sie gefunden haben mögen.

Problem 2: "Ich muß meine Quota erfüllen." Es ist eine Tatsache im heutigen Verkauf, daß sich diejenigen Menschen, die Sie bei der Entwicklung von Ich gewinnne/Du gewinnst-Szenarios am ehesten auf Ihrer Seite glauben, in dieser Hinsicht oft als Ihre größten Feinde entpuppen. Wir reden hier über das Verkaufs- und Marketing-Management, aber nicht über *jedes* Verkaufs- und Marketing-Management: nur über diese weitblickenden, zahlenbesessenen Typen, die Ihnen schon drei Monate, bevor Sie das erste Mal außer Haus gehen, genau sagen, was Sie mitzubringen haben, die Typen, die den Dow-Jones-Index und den Marktanteil Ihres Unternehmens auswendig kennen, die Astrologie befragen und dann ohne den leisesten Anflug von Humor sagen, daß "Ihre Quota in diesem Quartal sechs Milliarden Einheiten beträgt".

Wir haben nichts gegen Marketing-Prognosen an sich. Aber für jeden im Verkauf ist es sehr klar, daß die Zahlen, die Sie in jedem Quartal - sei es vom Abteilungsleiter oder von der Zentrale - bekommen, nur eine marginale Beziehung zu dem haben, was Tag für Tag draußen geschieht. Deshalb haben Sie als derjenige, der am weitesten vorne im Verkauf steht, die Verantwortung, Ihr Management zu *unterrichten*: zu erklären, so wie wir das hier tun, daß Sie alle langfristig mehr Erträge ernten, wenn Sie *mit* Ihrem Kunden arbeiten und nicht gegen ihn. Das kann bedeuten, manchmal darauf hinweisen zu müssen, daß die Erfüllung der Vierteljahres-Quota *gegen* Ihrer aller Interessen gerichtet ist.

Es ist weit verbreitet, daß Verkäufer von ihrem Management widersprüchliche Signale bekommen. Auf der einen Seite ist es das Beruhigungsmittel: "Unsere Aufgabe ist es, die Bedürfnisse unserer Kunden zu befriedigen." Auf der anderen Seite heißt das: "Sorge dafür, daß er das will, was wir haben. Erfülle Deine Quota. Wie Du das machst, ist Dein Problem." Wir hoffen, daß unsere Ausführungen in diesem Kapitel reichlich zu der Erkenntnis beitragen, daß solche widersprüchlichen Signale kontraproduktiv sind.

Problem 3: "Der Wettbewerb unterbietet mich laufend." Die beiden ersten Probleme, die wir angesprochen haben, sind Probleme eines Ich gewinne/Du verlierst, ob Sie das wollen oder nicht. Problem Nummer drei, das haben wir schon angedeutet, ist das Dilemma, ob Sie sich für ein Ich verliere/Du gewinnst entscheiden sollen, wenn Ihre Konkurrenz dem potentiellen Kunden ein offensichtlich besseres Geschäft angeboten hat. In einer solchen Situation, in der die Auseinandersetzung mit dem Angebot des Wettbewerbs Sie klar zum Verlierer machen würde, haben Sie drei Optionen. Sie können sich, erstens, jetzt für Ich verliere/Du gewinnst entscheiden in der Hoffnung auf zukünftige Erträge, wobei wir die Zweifel an diesem Vorgehen bereits herausgearbeitet haben. Sie können zweitens versuchen, Ihr Produkt mit einem besseren Mehrwert zu verkaufen, indem Sie dem Kunden aufzeigen, daß er trotz des günstigeren Preises (oder der höheren Lieferfähigkeit oder was auch immer) der Konkurrenz bei Ihnen für sein Geld einen höheren *Wert* erhält. Oder Sie können drittens, wenn keine dieser Alternativen überzeugt, auf dieses Geschäft verzichten. Manchmal ist diese letzte Option langfristig gesehen die beste, weil sie eine einfache Tatsache berücksichtigt: Wenn Sie sich zum Ich gewinne/Du gewinnst-Verkaufen verpflichtet haben, *können Sie nicht immer an jeden verkaufen.*

Viele Verkäufer, die der Devise "Umsatz an erster Stelle" verhaftet sind, bevorzugen möglicherweise die erste Option - also Ich verliere/Du gewinnst als "Investition". Wir sagen nicht, dies sei falsch. Wir möchten Sie aber daran erinnern, daß Sie, wenn Sie dies tun, um zukünftiges Geschäft zu ermöglichen, sicherstellen sollten, daß das heutige Opfer dies auch wert ist - und in schriftlicher Form sicherzustellen, daß Ihr Kunde erfährt, daß Sie *nur für dieses eine Mal* bereit sind, Ich verliere/Du gewinnst zu spielen.

Problem 4: "Mein Kunde ist an Ich gewinne/Du gewinnst nicht interessiert." Stellen Sie sich dieser Tatsache. Egal, was Sie unternehmen, es wird immer einen Kunden geben, der *Sie verlieren sehen möchte* - nicht nur speziell Sie, sondern jeden, mit dem er zu tun hat. Diese Leute wird es immer geben, die ihr Vergnügen daran haben zu sehen, wie sich andere Menschen unwohl fühlen. Sie können ihnen alles geben, was sie sich wünschen. Sie werden immer unzufrieden bleiben und wie Geier herumschweben, bis sie eine Chance sehen, Sie zum Verlierer zu machen.

Gottseidank sind diese Typen selten (vielleicht sind die meisten ihren Magengeschwüren zum Opfer gefallen). Aber Sie können es nicht verhindern, gelegentlich einem von ihnen zu begegnen. Wenn Ihnen das passiert, haben wir einen einfachen Rat für Sie. Sobald Sie die Situation umfassend erkannt haben und zu dem Ergebnis gekommen sind, daß es Ihrem Gegenüber egal ist, ob Sie zum Verlierer werden, sollten Sie aufstehen, sagen: "Es tut mir leid, wir passen nicht zusammen" - und sich so schnell wie möglich verabschieden.

Das kann sicherlich nicht die erste Empfehlung für Ihre verkäuferische Tätigkeit sein, aber es ist trotzdem eine gute Empfehlung. Sie können einfach nicht mit jedermann Ich gewinne/Du gewinnst spielen und sicherlich funktioniert dieses Spiel nicht allein. Deshalb müssen Sie, wenn Sie sich Ich gewinne/Du gewinnst wirklich verpflichtet fühlen, Situationen einfach

174

akzeptieren, die in sich selbst eine solche Strategie nicht zulassen. Das heißt einfach, daß Sie bereit sein müssen, zu gehen. Um eine Aussage zu wiederholen, die wir soeben gemacht haben: *Entweder* Sie spielen Ich gewinne/Du gewinnst, *oder* Sie versuchen jederzeit, an jeden etwas zu verkaufen. *Beides zusammen geht nicht.*

Grundlagen der Jeder-gewinnt-Philosophie

Wir möchten dieses Kapitel abschließen mit einer Zusammenfassung der wichtigsten Gesichtspunkte, die Sie bei jedem Ihrer Verkaufsgespräche beachten sollten.

❐ *Wecken Sie keine falschen Hoffnungen.* Machen Sie keine Versprechungen, die Sie nicht erfüllen können. Seien Sie Ihrem Kunden gegenüber von Anfang an ehrlich. Das liegt in Ihrer beider Interesse, denn das, was Sie sich am Anfang zu viel versprechen, können Sie beide am Ende nicht halten.

❐ *Lassen Sie sich nicht aussaugen.* Klammern Sie sich nicht so sehr an ein bestimmtes Geschäft, daß Sie dabei vergessen, worum es geht: Ihren Kunden zufriedenzustellen und *Sie sich selbst.* Das eine *ohne* das andere geht auf Dauer nicht gut.

❐ *Hören Sie dem zu, was Ihr Kunde sagt.* Glauben Sie nicht zu wissen, was er darüber denkt, was Sie für ihn und sein Unternehmen tun können. Lassen Sie Ihren Kunden reden. Das ist die einzige Möglichkeit, zu den Informationen zu kommen, die Sie benötigen, um den Verkauf in den Ich gewinne/Du gewinnst-Quadranten zu managen.

❐ *Klären Sie Zweifelsfragen.* Stellen Sie die Fragen, mit deren Beantwortung Sie herausfinden können, was Ihr Kunde über die augenblickliche Situation und darüber denkt, wie er gewinnen kann. Testen Sie Ihr Verständnis aller für ihn wichtigen Fragen in jeder Phase des Verkaufsprozesses, also bei jedem Verkaufsgespräch. Der Schlüssel zu jedem guten Verkauf ist solide, direkte *Kommunikation.*

❐ *Seien Sie bereit zu gehen.* Seien Sie bereit, auf das eine oder andere Geschäft zu verzichten, wenn Sie erkennen, daß Sie sonst jemanden zum Verlierer machen müssen. Wenn Sie nicht bereit sind, *in manchen Fällen* auf ein Geschäft zu verzichten, dann stellen Sie sich: Ich gewinne/Du gewinnst ist für Sie nur ein Lippenbekenntnis und Sie werden immer nur Ich gewinne/Du verlierst oder Ich verliere/Du gewinnst spielen.

9 Der Weg zu Ich gewinne/Du gewinnst: Joint-Venture-Verkauf

Jedesmal, wenn Sie mit einem Verkaufsvorgang neu beginnen, treffen Sie eine bewußte oder unbewußte Wahl zwischen zwei grundsätzlichen Verkaufsmethoden. Die bekanntere und beliebtere Methode geht davon aus, daß für alles, was Sie verkaufen, beim Interessenten ein latentes Bedürfnis vorhanden ist. Ihre Aufgabe im Verkaufsgespräch besteht darin, dafür zu sorgen, daß der potentielle Kunde dieses Bedürfnis bewußt wahrnimmt. Die weniger bekannte Methode unterstellt kein latent vorhandenes Bedürfnis, sondern sucht nach einer Übereinstimmung zwischen dem, was der Kunde benötigen *könnte* und dem, was der Verkäufer anzubieten hat. Diesen zweiten, weniger bekannten Verkaufsansatz nennen wir Joint-Venture-Verkauf. In diesem Kapitel werden wir erläutern, warum diese Methode in den meisten Fällen der bessere Weg zu Ich gewinne/Du gewinnst-Abschlüssen ist.

Der wesentliche Grund für die größere Effektivität des Joint-Venture-Verkaufs ergibt sich aus dem, was wir am Anfang dieses Buches über den *Entscheidungsprozeß* Ihres Kunden gesagt haben. Hier noch einmal die einzelnen Punkte zur Wiederholung:

1. Kaufen ist eine besondere Form der Entscheidungsfindung.

2. Jede Entscheidungsfindung läuft in einer Reihe von vorhersagbaren und logischen Schritten ab.

3. Die Reihenfolge der Schritte entspricht einer ebenfalls vorhersagbaren und logischen Sequenz, der Sie als Verkäufer folgen können.

4. Nur durch das Verfolgen dieser Sequenz können Sie professionelles Verkaufen sicherstellen.

Jedem Entscheidungs- oder Kaufprozeß liegt, kurz gesagt, eine *natürliche Ordnung* zugrunde. Weil sich Kunden wohler fühlen, wenn sie dieser natürlichen Ordnung folgen können, sollte auch der *Verkauf* einer natürlichen Ordnung folgen. Das ist beim Joint-Venture-Verkauf der Fall.

Die drei Arten des Denkens

Wenn wir von "natürlicher Ordnung" sprechen, meinen wir nichts Physikalisches oder Kosmologisches. Die natürliche Ordnung des Verkaufens hat mit der Funktionsweise des menschlichen Gehirns zu tun und dabei speziell mit den *drei Arten des Denkens*, von denen die Spezies Mensch immer Gebrauch macht, wenn sie sich mit einer Entscheidung herumschlägt.

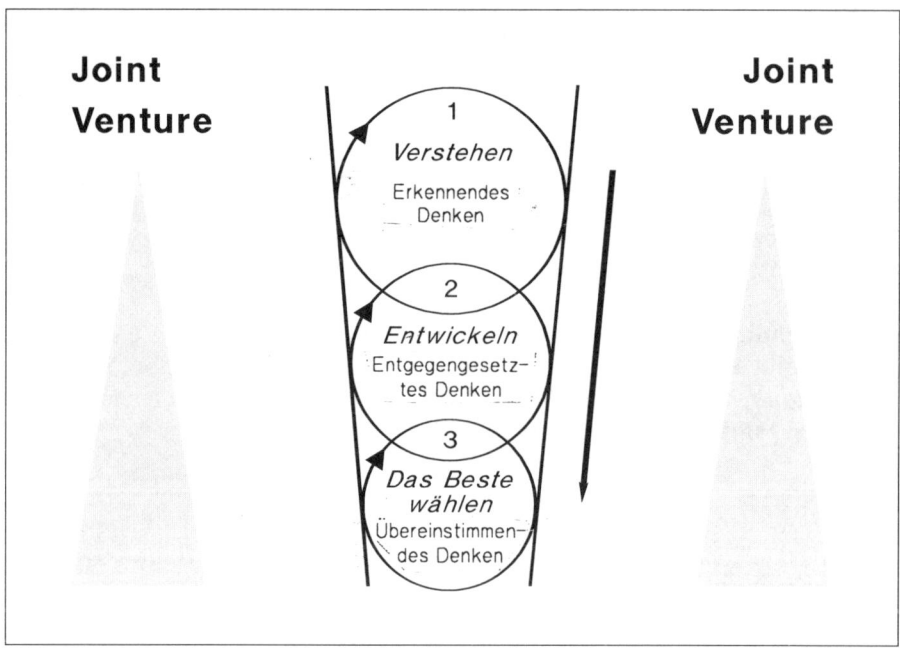

Abbildung 24: Die natürliche Sequenz des Entscheidungsprozesses

Diese drei Arten des Denkens wurden vor einigen Jahren von dem UCLA-Psychologen J. P. Guilford identifiziert und in seinem Buch *Die Natur der menschlichen Intelligenz* erläutert. Guilford fand bei klinischen Experimenten heraus, daß die menschliche Entscheidungsfindung drei verschiedene, aber miteinander zusammenhängende Denkprozesse erfordert. Wie von Computer-"Subprogrammen" macht der Entscheider[1] von diesen Ge-

---

1 Der Begriff *"Entscheider"* hat hier eine etwas andere Bedeutung als in unserem Workshop *Strategisches Verkaufen*. Dort bezeichnen wir als Entscheider denjenigen Kaufbeeinflusser, der das *endgültige Ja* zu einer Kaufentscheidung sagen kann (Anmerkung des Übersetzers).

178

brauch. Jeder dieser Denkprozesse hat seine eigene Funktion und seinen eigenen Anwendungsbereich. Darüberhinaus laufen diese Subprogramme nicht in einer willkürlichen Reihenfolge ab; denn obwohl die Subprogramme voneinander verschieden und unabhängig sind, ist die Sequenz ihres Ablaufs praktisch immer die gleiche. Es ist zwar möglich, diese Sequenz zu unterlaufen oder zu ignorieren, wie wir Ihnen gleich zeigen werden. Aber für jede vernünftige und schlüssige Entscheidungsfindung ist das die natürliche Reihenfolge der drei Arten des Denkens:

1. Die erste Art des Denkens nennt Guilford *Erkennendes Denken*; es erlaubt dem Entscheider, die Situation zu *verstehen*, mit der er konfrontiert wird.

2. Der zweite Typ wird *Entgegengesetztes (divergierendes) Denken* genannt; mit dessen Hilfe *entwickelt* die Person Alternativen und Lösungen.

3. Die dritte Art nennt sich *Übereinstimmendes (konvergierendes) Denken*; mit ihm *wählt* der Entscheider die beste Lösung.

Die drei genannten Denktypen sind in dem Diagramm auf der vorhergehenden Seite dargestellt. Wir wollen uns mit ihnen jetzt etwas näher beschäftigen.

Erkennendes Denken

Wenn jemand aufgefordert wird zu handeln, wird das erste, was ihm in den Sinn kommt, die Frage nach der Situation sein, in der er sich befindet. Sobald die Entscheidung zum Handeln verlangt wird, liefern alle Ihre Sinne unstrukturierte Informationen an das Gehirn. Erkennendes Denken ist der Prozeß, durch den diesen unstrukturierten Informationen *Sinn* und *Struktur* gegeben wird. Dadurch entsteht ein mentales Bild der Situation, aus dem Form, Abmessungen, Größe und andere relevante Parameter sichtbar werden. Könnte man diesen internen Prozeß aufzeichnen, würde sich Erkennendes Denken etwa so anhören: "Was ...? Wie viel ...? Wo ...? Wann ...? Warum ...?"

Solange Sie den Prozeß des Erkennenden Denkens, mit dem Sie eine Situation klären und zu verstehen versuchen, nicht abgeschlossen haben, sind Sie mit einem Menschen vergleichbar, der in einem dunklen Raum herumtappt und ständig über Einrichtungsgegenstände stolpert. Mit erkennendem Denken schalten Sie das Licht ein; aber es hilft Ihnen nicht, ein Problem zu lösen - sowenig wie das Einschalten des Lichtes eine verschlossene Türe öffnet. Aber dieser wichtige erste Schritt liefert Ihnen die Möglichkeit zu erkennen, wo Sie sind. Ohne gutes Erkennendes Denken kann jemand nur durch puren Zufall eine vernünftige Entscheidung treffen, und diese Wahrscheinlichkeit ist sehr gering.

Erkennendes Denken ist im Verkauf sehr wichtig. Denn solange Verkäufer und Kunde die Parameter ihrer Situation und ihrer wechselseitigen Abhängigkeit nicht vollinhaltlich *verstanden* haben, haben sie nahezu keine Chance, zu einer befriedigenden Übereinkunft zu kommen: Der Kunde selbst wird nicht wissen, was er wirklich braucht und der Verkäufer weiß das noch viel weniger. Das Ergebnis wäre eine kümmerliche Übereinstimmung und damit eine kümmerliche Lösung.

Die Folgen eines vernachlässigten Erkennenden Denkens können Sie im Verkauf überall beobachten. Häufig wird der Verkäufer, der nur unvollständige Kenntnisse über die Situation seines Kunden hat, am Schluß frustriert feststellen, daß das von ihm angepriesene Produkt mit den Bedürfnissen des Kunden nur herzlich wenig zu tun hat. Oder der Verkäufer erhält einen Auftrag über zwanzig Einheiten des Produktes A anstelle von 100 Einheiten des Produktes B, weil die Kenntnisse des Kunden über die Angebotspalette des Verkäufers unzureichend waren. Gutes Verkaufen zeichnet sich durch gute und vollständige Kenntnisse des Kunden und des

Verkäufers über die wechselseitigen Möglichkeiten und Bedürfnisse aus. Diese Ergebnisse Erkennenden Denkens werden dann die Grundlage bilden für echte, wirklich abgestimmte Lösungen.

An anderer Stelle haben wir darauf hingewiesen, daß gutes Verkaufen immer von dem ausgeht, was sich in den Gedanken des Kunden abspielt hinsichtlich seines Konzeptes und dessen, was Ihr Produkt dazu beitragen kann. Und wir sagten, daß gutes Fragen die Hauptquelle zum Verständnis des Kundenkonzeptes ist. Hierzu paßt Erkennendes Denken ganz genau. Gute Fragen zu stellen, um das Konzept eines Kunden wirklich zu präzisieren, ist ein integraler Bestandteil Erkennenden Denkens: Es erlaubt beiden, dem Kunden und dem Verkäufer, ein Gespür für die Ausgangssituation zu entwickeln.

Wir betonen *beiden*. Für Ihren Interessenten ist es genau so wichtig zu verstehen, was Sie ihm anbieten können, wie es für Sie wichtig ist, seine Bedürfnisse und Probleme zu verstehen. Manchmal verstehen Menschen - darauf haben wir schon hingewiesen - Ihre eigenen Probleme und Bedürfnisse nicht so gut, wie es der Verkäufer gerne hätte. Fragen hilft Ihnen über diese Hürde. Es lädt den Interessenten oder Kunden dazu ein, *mit Ihnen zusammen* die Parameter seines Konzeptes herauszuarbeiten. Fragen erlauben Ihnen gewissermaßen, an einem *gegenseitigen* Prozeß Erkennenden Denkens teilzunehmen. Damit sollte jedes gute Verkaufsgespräch beginnen.

Entgegengesetztes Denken

Die zweite Phase des Entscheidungsfindungs-Prozesses heißt Entgegengesetztes Denken. Das muß *notwendigerweise* die zweite Phase sein, denn Sie können keine guten entgegengesetzten Gedanken entwickeln, bevor Sie nicht ein klares Verständnis der Situation entwickelt haben. Im Entgegengesetzten Denken betrachtet der Entscheider verschiedene Lösungen, die eine Antwort auf seine besonderen Bedürfnisse darstellen könnten. Entgegengesetztes Denken klingt so: "Was halten Sie von ...? Wir könnten ...! Was geschieht, wenn ...? Laß' uns überlegen ..." Es handelt sich um einen kreativen und oft unstrukturierten Prozeß, der zu möglichst vielen *Alternativen* führen soll. Im allgemeinen wird dieser Prozeß "Brainstorming" genannt. Allerdings handelt es sich um ein zielgerichtetes, präzises Brainstorming, denn es folgt den Erkenntnissen aus der ersten Phase des Prozesses.

Jeder, der schon einmal ein Brainstorming geleitet hat, weiß, daß Entgegengesetztes Denken am ergiebigsten ist, wenn den Teilnehmern keine Begrenzungen auferlegt werden. Nehmen wir einmal an, Sie wären der Moderator einer Studiengruppe, die nach der Lösung für ein Lager-Kontrollsystem sucht. Wenn Sie die Gruppe beim ersten Meeting dazu auffordern, ausschließlich "solide, wohlüberlegte Vorschläge" zu unterbreiten, werden Sie verdammt wenige Vorschläge erhalten. Wenn Ihre Sitzung - Ihr Entgegengesetztes Denken oder Brainstorming - wirklich ertragreich sein soll, müssen Sie dazu bereit sein, *alle* Vorschläge zu akzeptieren und seien sie auch noch so verrückt oder unkonventionell. Natürlich werden Sie auf diese Weise eine ganze Menge unbrauchbarer Ideen bekommen, aber es werden auch weitaus mehr brauchbare Vorschläge gemacht werden, als Sie sie jemals bekommen würden, wenn Sie auf der Diskussion von nur sogenannten guten Ideen bestünden.

Beim Entgegengesetzten Denken kommt es darauf an, Möglichkeiten zu *erschließen* und nicht, Möglichkeiten *auszuschließen*. Das ist in der Interaktion mit einem Kunden ebenso wichtig wie bei einem Brainstorming. Sobald der Kunde seine Situation durch den Prozeß des Erkennenden Denkens klar erkannt hat, sollte er bereit und in der Lage sein, sich eine angemessene Zeit zu nehmen, um *alle* Lösungsmöglichkeiten zu sondieren, nicht nur die "offensichtlichsten" oder die "vernünftigsten" Lösungen, und auch nicht nur die, die *Sie* anbieten können. Damit der dreistufige Denkprozeß sauber ablaufen kann, muß auch das Subprogramm "Entgegengesetztes Denken" Ihres Kunden vollständig ablaufen können.

Wenn Sie das verhindern wollen, lösen Sie unausweichlich Verwirrung und Widerstand beim Kunden aus mit der wahrscheinlichen Folge, daß Sie kein Jeder-gewinnt-Ergebnis erzielen werden.

Übereinstimmendes Denken

Sobald der Entscheider die Gelegenheit hatte, alle verfügbaren Optionen zu betrachten, folgt der abschließende Schritt, in dem es um die *Wahl der besten Lösung* für seine spezielle Situation geht. Das geschieht in dem mentalen Prozeß des Übereinstimmenden Denkens. Dieser wird so genannt, weil es darauf ankommt, sich auf die Gemeinsamkeiten einer Lösung zu konzentrieren: Wir suchen "die" Antwort. Typische Formulierungen in dieser Prozeßphase sind: "Wir sollten ...! Die logisch richtige Wahl wäre ...! Es ist offensichtlich, daß ..."

Mit dem Übereinstimmenden Denken ist ein interessantes Paradoxon verknüpft. Vielleicht denken Sie, "die" Antwort zu finden, sei der härteste, aber auch langweiligste Teil eines Entscheidungsfindungsprozesses: Immerhin wollen Sie ja keine falsche Entscheidung treffen mit der Folge, daß Sie unangemessen viel Zeit dafür aufwenden, sich für die richtige Lösung zu entscheiden. Aber in Wirklichkeit passiert in einem guten Entscheidungsfindungsprozeß genau das nicht. Nur, *wenn Sie auf die beiden vorhergegangenen Phasen nicht genügend Zeit verwandt haben*, dauert die abschließende Selektionsphase endlos lange. Wenn Sie genügend Zeit zum Erkennen des Problems in der ersten Phase aufgewandt und durch Entgegengesetztes Denken die verfügbaren Optionen angemessen verarbeitet haben, ist das Finden der richtigen Antwort mit Übereinstimmendem Denken oft ein automatischer Vorgang.

Zeitaufwand und Reihenfolge

Das soeben Gesagte läßt sich auch aus dem Diagramm auf Seite 178 nachvollziehen. Um zu verstehen, warum ein gut strukturierter Entscheidungsfindungsprozeß oft automatisch zur richtigen Antwort führt, müssen Sie bei der Interpretation der Grafik drei Dinge beachten.

Die erste Feststellung ist, daß die drei Kreise, mit denen die drei verschiedenen Arten des Denkens dargestellt werden, nicht alle gleich groß sind. Das ist kein Zufall. Durch die unterschiedliche Größe der Kreise soll auf den unterschiedlich großen Zeitaufwand hingewiesen werden, den der Entscheider jedem der drei Denkschritte widmen sollte. Wir folgen damit der Arbeitsweise unseres Gehirns. Denn wir haben in den unterschiedlichsten Verkaufssituationen immer wieder festgestellt, daß potentiellen Kunden das Entgegengesetzte Denken in der zweiten Phase des Prozesses umso leichter fällt, je mehr Zeit ihnen in der (ersten) Phase des Erkennenden Denkens zur Verfügung stand - und je mehr Zeit sie auf die Entwicklung möglicher Lösungen verwenden, umso geringer ist der erforderliche Zeitbedarf, wenn es am Ende des Prozesses um die Auswahl der besten Lösung geht.

Beachten Sie zweitens, daß sich die drei Kreise in der Grafik überlappen. Damit soll angedeutet werden, daß die drei verschiedenen Denkprozesse in einem wechselseitigen Abhängigkeitsverhältnis stehen, so wie dies auch bei den Subprogrammen eines Computers der Fall ist. Dieses Abhängigkeitsverhältnis ist wichtig, denn wenn eines der Subprogramme fehlerhaft ist oder unvollständig abläuft, das heißt, wenn Sie dem Entscheider nicht erlauben, eines von ihnen in der von ihm gewünschten Geschwindigkeit "bis zum Ende" auszuführen, wird es schwierig, wenn nicht gar unmöglich, auf den nächsten logischen Schritt des Entscheidungsprozesses überzugehen.

Beachten Sie schließlich auch, daß der dreiphasige Entscheidungsfindungsprozeß in einer spezifischen *Reihenfolge* abläuft. Diese Reihenfolge wird durch den nach unten gerichteten Pfeil rechts neben den Kreisen aufgezeigt. Jeder gute Entscheidungsfindungsprozeß beginnt mit dem Erkennenden Denken. Entgegengesetztes Denken folgt als nächstes und das Übereinstimmende Denken kommt zuletzt. Weil Kaufen eine bestimmte Form der Entscheidungsfindung ist, *sollte* Verkaufen dieser Sequenz folgen. Der Verkäufer sollte zuerst mit dem Interessenten die Phase des Erkennenden Denkens durchlaufen, um das Konzept seines Gesprächspartners voll zu verstehen. Danach sollte er ihm helfen, sich durch Entgegengesetztes Denken einen Überblick über alle möglichen Lösungen für dieses Konzept zu verschaffen. Und erst, *nachdem* diese beiden Schritte adäquat absolviert sind, sollte der Verkäufer den Kunden zu Übereinstimmendem Denken ermutigen.

Aber leider geschieht dies sehr selten.

Verkehrt herum verkaufen

Was die Verkäufer - weil sie dazu erzogen wurden - typischerweise tun:
Sie stellen den Entscheidungsfindungsprozeß des Kunden auf den Kopf -
so, wie wir dies im nachfolgenden Diagramm aufzeigen.

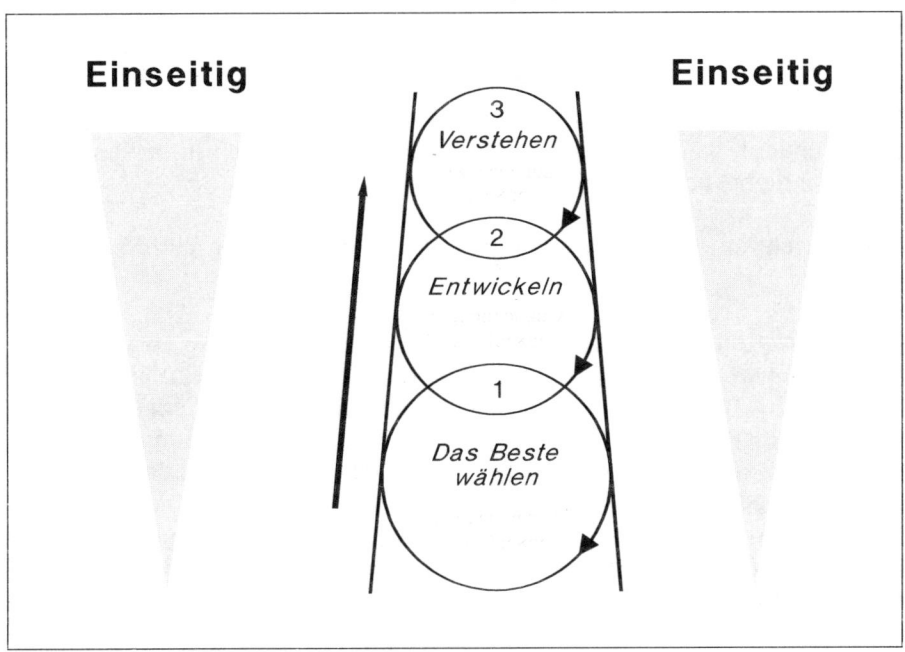

Abbildung 25: Der "traditionelle" Ablauf des Verkaufsvorganges

Verkäufern wird immer wieder gepredigt, ihr Job sei es, dafür zu sorgen,
daß *der Kunde das braucht*, was sie zu verkaufen haben. Es wird ihnen erzählt, die ganze Kunst des Verkaufens bestünde darin, daß der Kunde das
eigene Angebot als *die* Lösung erkenne. Anders ausgedrückt soll der
Kunde in der letzten, in der Phase des Übereinstimmenden Denkens die
Entscheidung zugunsten des Verkäufers treffen - und zwar unabhängig davon, ob er zuvor die beiden ersten Subprogramme des Entscheidungsfindungsprozesses durchlaufen hat oder nicht. Tatsächlich versuchen viele
Verkaufstrainings diese beiden vorausgehenden Subprogramme vollständig zu unterdrücken, indem sie "direkt auf das Ziel" losgehen, das Produkt
zu puschen und den Auftrag zu bekommen.

187

Wie die Grafik zeigt, heißt das, daß der typische Verkäufer *gegen* die natürliche Reihenfolge des Denkens seines Kunden vorgeht, indem er diesen auffordert, *zuerst* seine Wahl zu treffen, über alternative Optionen erst *danach* nachzudenken und sich erst *zum Schluß* - falls überhaupt - Gedanken darüber zu machen, warum er etwas gekauft hat. In den Ohren des potentiellen Kunden klingt das dann so: "Für Ihre Situation, die weder Sie noch ich verstehen, habe ich Ihnen von den wenigen Lösungen - falls Sie sich überhaupt andere angeschaut haben - die beste zu bieten."

Ist das nicht verrückt? Und doch geschieht das am laufenden Band durch Verkäufer, die dann ohne Auftrag nach Hause kommen und sich noch darüber wundern, warum "dieser störrische Blödmann" nach ihrer Super-Präsentation nichts bei ihnen gekauft hat.

Warum geht ein Verkäufer eigentlich überhaupt in dieser naßforschen Art vor?

Die Antwort lautet: weil es leichter und sicherer scheint, so zu verkaufen. Das Vorgehen scheint zielgerichteter und effizienter zu sein, als sich mit dem Kunden gemeinsam durch all diese Phasen des Erkennenden, des Entgegengesetzten und des Übereinstimmenden Denkens hindurchzuarbeiten. Eine Reihe von Verkäufern vertritt den Standpunkt, daß sie umso besser sind, je schneller sie den Auftrag bekommen, und daß der schnellste Weg zum Auftrag der sei, den Verkaufsvorgang mit einer großen Schau unter Kontrolle zu halten, während der sie dem Kunden mit einem Lächeln den Stift hinhalten, um dann - immer noch redend - zum nächsten Kunden davonzuschweben. Das ist schlichtes Puschen von Produkten, aber eines, das nach Vergeltung schreit.

Diese Art, "verkehrt herum zu verkaufen", mag gelegentlich bei manchen Kunden funktionieren. Aber die Methode ist einem zunehmenden Druck ausgesetzt. Den Kunden in Übereinstimmendes Denken "hineinzuhetzen", bevor er überhaupt verstanden hat, worauf er sich eingelassen hat, ist ein klassisches Ich gewinne/Du verlierst-Spiel. In der heutigen Zeit, in der Kunden mehr Köpfchen haben als jemals zuvor, löst das zwangsläufig Gegenreaktionen aus - für gewöhnlich früher als später.

Hinzu kommt, und auch dem steht die allgemeine Meinung entgegen, daß der "Einstieg" über Übereinstimmendes Denken bei weitem nicht so "schnell und leicht" ist, wie es scheint. In Wirklichkeit ist diese Art des Verkaufens wesentlich *langsamer* und *weniger effizient*, als dem natürlichen Denkprozeß des Kunden zu folgen. Warum? Wenn Sie einen Kunden

188

zu einer Entscheidung zwingen, bevor er dazu mental in der Lage ist, löst das mit großer Wahrscheinlichkeit eine von zwei möglichen Reaktionen aus: Entweder er schreckt zurück, baut Widerstände auf und liefert Einwände, bis Sie vollkommen in die Defensive gedrängt sind, oder er kapituliert, unterschreibt den Auftrag und hat dann, nach einigem Nachdenken, einen heftigen Anfall von Enttäuschung. Demgegenüber haben Sie eine wesentlich größere Chance, diesen positiven Informationsfluß auszulösen, der das Herzstück jedes Ich gewinne/Du gewinnst-Verkaufens ist, wenn Sie Ihren Abschluß vorbereiten, indem Sie ihm das Verstehen Ihrer Absicht ermöglichen.

Die wesentliche Erkenntnis, die hier folgt, haben wir schon im ersten Kapitel formuliert: *Menschen lieben es zu kaufen, aber sie hassen das Gefühl, sie seien "hereingelegt" worden.* Wenn Sie das tun, was wir "verkehrt herum verkaufen" nennen, laufen Sie Gefahr, als jemand angesehen zu werden, der jemand irgend etwas "andrehen" will, weil es ihm nur um seinen eigenen Erfolg geht. Das hat nicht selten zur Folge, daß Sie "im Regen steh'n" und Ihre große Schau für sich selbst alleine abziehen müssen.

"Einseitig" gegen "Joint Venture"

Weil das Puschen von Produkten nach der Methode des "Verkehrt-herum-Verkaufens" Sie oft dazu zwingt, das "Gespräch" alleine zu bestreiten, nennen wir dieses Verfahren auch Einseitiges Verkaufen. Einseitig deshalb, weil der ganze Druck, den Verkauf zu "machen", bei Ihnen liegt; Sie bekommen von Ihrem Kunden keine Unterstützung, weil Sie ihn nicht danach fragen. Deshalb versuchen Sie alleine, viereckige Löcher mit runden Zapfen zu stopfen und betrachten den Kunden als Ihren Gegner. Immer, wenn Sie versuchen, den Prozeß des Erkennenden Denkens bei Ihrem Kunden (und bei Ihnen selbst) zu ignorieren und den Abschluß herbeizuzwingen, setzen Sie sich der Gefahr aus, auf diese Weise isoliert zu werden.

Hinzu kommt gleichzeitig, daß Sie oft im Einseitigen Verkaufen die eine Sache vernachlässigen, um die Sie sich kümmern sollten: die notwendige Verbindung herzustellen zwischen Ihrer Ware oder Dienstleistung und dem Konzept des Kunden. Wenn Sie einseitig verkaufen, beschränken Sie sich selbst auf das Puschen von Produkten - und verlassen sich auf die Fähigkeit Ihres Kunden, die notwendige Verbindung zu seinen Wünschen oder Bedürfnissen herzustellen. Das vermindert auf dramatische Weise den Prozentsatz der Interessenten, die zu Kunden werden können, weil es einfach nicht logisch ist, anzunehmen, alle Menschen *hätten* ein wirkliches Bedürfnis nach Ihrem Produkt oder daß jemand, selbst wenn er ein Bedürfnis hat, immer alleine in der Lage wäre, Ihr Produkt als die geeignete Lösung zu erkennen. Der doppelte Fehler im Einseitigen Verkaufen ist der gleiche wie der, den wir im Zusammenhang mit dem Puschen von Produkten schon erkannt haben: Es unterstellt zunächst, daß *alle* potentiellen Kunden Ihr Produkt brauchen und dann, daß es nur noch darauf ankommt, ihnen alles "zu zeigen und zu erläutern", damit sie die offensichtlichen Vorteile für sich erkennen und bei Ihnen kaufen.

Wir sagen nicht, daß Sie *niemals* einseitig verkaufen sollten. Immerhin haben wir bereits die Bedeutung der Phase "Informationen geben" für das Aufrechterhalten eines positiven Informationsflusses mit Ihrem Kunden im Verkaufsgespräch betont. Also sind wir nicht dagegen, daß der Verkäufer etwas sagt. An bestimmten Stellen wird es in jedem Verkaufsgespräch absolut angemessen sein, daß Sie Ihr Produkt zeigen und es erläutern. Das mögliche Problem ergibt sich für uns daraus, daß dieser Abschnitt zu lange dauern könnte und Sie im 80-Prozent-Syndrom enden, also aus dem Gespräch praktisch ein von Ihnen geführter Monolog über Ihr Produkt wird.

Damit Sie nicht in einem Monolog enden, sollten Sie bei jedem Verkaufsgespräch darüber nachdenken, wie Sie den Kunden *einbeziehen* können, so daß Sie beide die Beteiligten an einer wirklichen Zweiwege-Kommunikation sind. Wir meinen damit nicht einen sturen Plan, nach dem Sie reden, dann Ihr Kunde und dann wieder Sie. Wir meinen einen aktiven, flüssigen *Austausch* von Ideen. Die Methode, die wir empfehlen, um das zu erreichen, nennen wir Joint-Venture-Verkauf.

Wie es der Name "Joint-Venture-Verkauf" bereits impliziert, ruht die Last, den Verkauf zu "machen", auf dem Kunden und dem Verkäufer gemeinsam. Bei unseren Überlegungen zur Phase "Commitment erreichen" haben wir betont, daß der Kunde und der Verkäufer durch einen positiven Informationsfluß dafür sorgen müssen, daß der Kauf/Verkaufprozeß vorankommt. Damit wird nicht unterstellt, daß der Kunde bereits ein Bedürfnis für das Produkt des Verkäufers empfindet - im Gegenteil. Der ganze Fragenprozeß und die ganze Phase des Erkennenden Denkens im Verkaufsgespräch haben zum Ziel, die Frage zu klären, ob ein wirkliches Bedürfnis vorliegt oder nicht. Damit folgt Joint-Venture-Verkaufen der natürlichen Sequenz der Entscheidungsfindung, beginnend mit Erkennendem Denken, dem anschließenden Entgegengesetzten Denken und dem abschließenden Übereinstimmenden Denken.

Wir wir schon gesagt haben, macht ein solchermaßen "kundenorientierter" Verkaufsprozeß vielen Verkaufsprofis zu schaffen, die in der alten Tradition trainiert wurden. Sie verwechseln "Beherrschen" des Gespräches mit "Kontrolle" der Tagesordnung und fürchten, die Kontrolle zu verlieren, wenn sie es dem Kunden gestatten, zu ihrem Partner zu werden. Aber üblicherweise geschieht genau das Gegenteil. Wenn der Verkäufer nach den Prinzipien des Joint-Venture-Verkaufs immer wieder Fragen stellt, um die wirklichen Bedürfnisse des Kunden herauszuarbeiten, hat er am Ende *mehr* Kontrolle als dies in einer "Zeigen-und-erklären-Präsentation" möglich ist. Im Joint-Venture-Verkauf kontrollieren Sie die Tagesordnung, weil deren Grundlage das gegenseitige Verstehen und ein guter Informationsfluß sind. Sie führen den Interessenten durch die drei natürlichen Phasen des Entscheidungsprozesses, weil Sie wissen, daß nur solche Verkaufsvorgänge im Ich gewinne/Du gewinnst-Quadranten enden, in denen es dem Kunden möglich war, diesen Prozeß zu durchlaufen.

Es sich selbst leicht machen

Ihre Kunden durch den Entscheidungsprozeß zu führen, macht es diesen wesentlich leichter, vernünftige Kaufentscheidungen zu treffen, als dies möglich wäre, wenn Sie ihnen Ihre Produkte in den Rachen stopfen würden. Aber es ist auch für *Sie* leichter. Das ist einer der wichtigsten Vorteile des Joint-Venture-Ansatzes. Weil es eine natürlich fließende Methode ist, berichten Verkäufer, die Sie anwenden, im allgemeinen, daß ihre Verkaufsgespräche weniger stressig sind und die Ergebnisse wesentlich genauer vorhergesagt werden können, als dies jemals zuvor der Fall war. Mit der Umsetzung der Methode kommt es zu einem echten Motivationsschub, wenn der Verkäufer - wie Rolf in seinem Verkaufsgespräch in Chicago - erlebt, daß er "den Jungs eigentlich gar nichts mehr *verkaufen* mußte".

Die Erfahrung von Rolf ist kein Einzelfall. Sie ist typisch. Was er festgestellt hat, finden alle Joint-Venture-Verkäufer sehr schnell heraus: Die Suche nach einer Übereinstimmung zwischen Produkt und Bedürfnis - so schwierig und herausfordernd diese auch sein mag - ist unendlich viel einfacher als das alte Spiel, Produkte in den Kunden hineinzustopfen. Es ist ein beweglicherer, freierer Weg des Verkaufens. Viele unserer Workshop-Teilnehmer sagen immer wieder, Joint-Venture-Verkaufen habe sie mental *befreit*.

Wir wollen hier keine Gefühlsduselei betreiben oder philosophieren. Wenn wir sagen, Joint-Venture-Verkaufen würde Sie frei machen, meinen wir damit, daß es Sie, sehr praktisch gesprochen, von der Last verkäuferischer Konventionen befreit - und besonders von der ältesten all dieser Konventionen: der Idee, es sei Ihr Job, dafür zu sorgen, daß *jemand Ihr Produkt braucht*, egal, wie unmöglich dies auch immer erscheinen mag. Einmal von dem tödlichen Gewicht dieser Konvention befreit, können Sie sich Ihrem wirklichen Verkaufsauftrag zuwenden, nämlich Ihren Interessenten und Kunden Lösungen zu liefern.

Wir sagen nicht, daß Lösungen zu liefern einfach sei oder daß Ihnen durch Joint-Venture-Verkaufen die Aufträge in den Schoß fallen. Auch Joint-Venture-Verkäufer arbeiten so hart wie alle anderen. Aber sie arbeiten mit einer weit größeren *Effizienz*. Die Energie, die sie in ihre Verkaufsgespräche einbringen, verpufft nicht ins Leere. Sie führt zu logischen und natürlichen Ergebnissen. Um es mit den Worten eines weiteren Kollegen zu formulieren: "Für die meisten Leute ist ein hartes Verkaufsgespräch damit zu vergleichen, mit angezogener Handbremse eine Geschwindigkeit von 180 Stundenkilometern zu erreichen. Joint Venture löst die Bremse."

Joint Venture und der Denkprozeß

Es ist Ihnen sicherlich schon aufgefallen, daß die drei Phasen der Entscheidungsfindung direkt mit den drei Phasen des Verkaufsgespräches verknüpft werden können, die wir in Teil 2 dieses Buches beschrieben haben. Im Joint-Venture-Verkaufen geschieht üblicherweise folgendes:

☐ Erkennendes Denken wird bei Ihrem Kunden und bei Ihnen gefördert durch den Fragenprozeß, der in der Phase "Informationen beschaffen" eingesetzt wird.

☐ Entgegengesetztes Denken wird in der Phase "Informationen geben" angeregt, in der Sie die Einmaligen Stärken Ihrer Ware oder Dienstleistung hervorheben.

☐ "Commitment erreichen" durch die Beseitigung Fundamentaler Probleme ermöglicht es Ihrem Kunden, sich auf den Prozeß des Übereinstimmenden Denkens zu konzentrieren.

Aber offensichtlich gibt es keine absolute Korrelation zwischen den drei Subprogrammen des Entscheidungsprozesses und den drei Phasen des Verkaufsgespräches. Dafür gäbe es auch gar keinen Grund. So, wie Sie sich ohne einen sturen Zeitplan von einer Phase des Verkaufsgespräches in eine andere bewegen, genauso werden Sie sich manchmal gegen Ende eines Verkaufsgespräches in der Phase des Entgegengesetzten Denkens befinden und in einem anderen Gespräch werden Sie Übereinstimmendes Denken gleich am Anfang praktizieren. Aber die grundsätzliche Aussage behält ihre Gültigkeit: Egal, in welcher Phase Sie und Ihr Kunde sich in einer bestimmten Gesprächssituation befinden, er wird es immer vorziehen, seine Kaufentscheidungen zu treffen, *nachdem* er alle drei Subprogramme der Entscheidungsfindung abgearbeitet hat, nicht vorher.

Aus dieser Tatsache können Sie Nutzen ziehen, denn zu wissen, daß Ihr Kunde die drei Sequenzen des Entscheidungsprozesses durcharbeiten möchte, verschafft Ihnen eine einmalige Methode, um Schwierigkeiten zu erkennen und zu beseitigen. Versetzen Sie sich in das folgende, typische Szenario: Sie versuchen ein brillant konzipiertes Programm Ihres Unternehmens zu verkaufen, mit dessen Hilfe es den Winger-Werken gelingen soll, durch die Lösung eines technischen Problems jährlich mehrere Millionen Dollar einzusparen. Aber der Ingenieur-Guru von Winger schießt immer wieder quer - mit an den Haaren herbeigezogenen, irrelevanten Argumenten, warum Ihr Lösungsvorschlag nicht funktionieren werde.

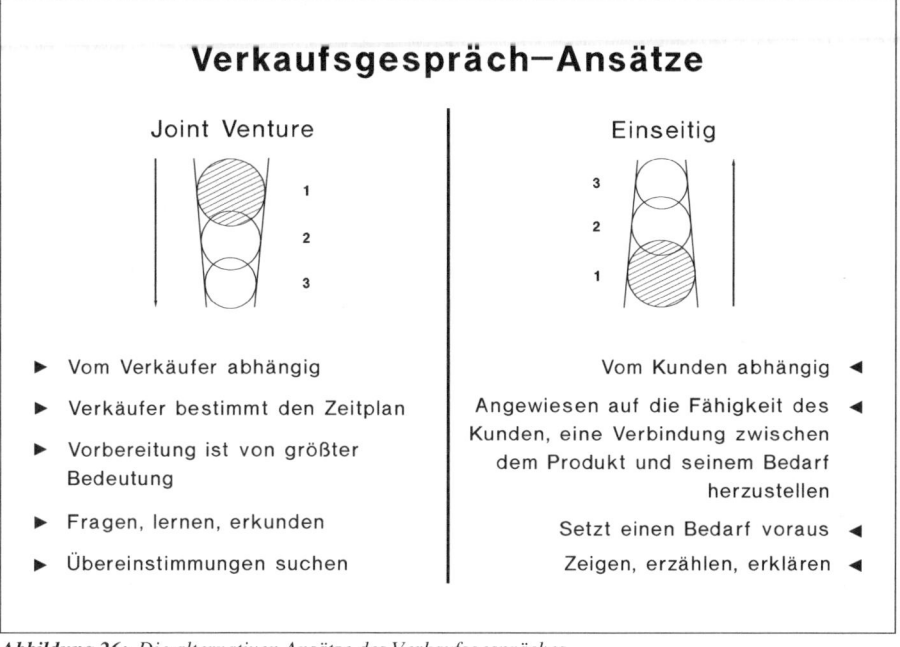

Abbildung 26: *Die alternativen Ansätze des Verkaufsgespräches*

Durch ein solches Szenario würde sich ein klassisch trainierter Verkäufer wie ein Stier mit gesenktem Kopf hindurch bewegen und dabei Einwände behandeln, als ob er Kieselsteine vom Weg kicken würde. Aber wenn Sie sich an den Entscheidungsfindungsprozeß des Kunden erinnern, werden Sie einen anspruchsvolleren Ansatz wählen. Sie werden in der Lage sein zu erkennen, daß der Winger-Ingenieur vielleicht versehentlich zu rasch durch frühere Stadien des Entscheidungsprozesses hindurchgeeilt ist und sich Ihrer Lösung widersetzt, weil es bei ihm Lücken gibt im Hinblick auf Erkennendes oder Entgegengesetztes Denken oder in beiden Bereichen. Da Sie das wissen, können Sie einen Schritt zurück machen: Sie können eine frühere Übereinstimmung ins Gedächtnis rufen, neue Fragen zum Verständnis des Kundenkonzeptes stellen, Sie können Schritt für Schritt alles das tun, was nötig ist, um den ganzen Prozeß noch einmal zu durchlaufen. Dadurch haben Sie eine viel bessere Chance, doch noch zu einem Ich gewinne/Du gewinnst-Ergebnis zu kommen, als wenn Sie versucht hätten, die Entscheidung mit Gewalt durchzuboxen.

Die Grafik auf der vorhergehenden Seite faßt das zusammen, was wir über die beiden alternativen Ansätze des Verkaufsgespräches, den Joint-Venture-Verkauf und den Einseitigen Verkauf, gesagt haben.

"Beiträge", "Aneignung" und Commitment des Kunden

Obwohl es, das haben wir bereits festgestellt, in einem Verkaufsgespräch Phasen geben kann, in denen Sie als Verkäufer sprechen, gibt es nur *ganz wenige* Situationen, in denen es für Sie angebracht wäre, *die "Beiträge" zu limitieren*, die Ihr Kunde zu dem Gespräch oder zu einer Lösung liefert. Das ist die tendenzielle Gefahr des einseitigen Verkaufens und einer der Gründe, warum wir Sie vor dieser Methode warnen, nämlich das Engagement des Kunden zu unterbinden.

Das ist gefährlich, weil es zu Verkäufen kommen kann, die später sehr leicht "entgleisen" können. Das Mitglied der Geschäftsleitung haben wir bereits zitiert, welches sagte, daß "sich Menschen ihren eigenen Ideen nicht widersetzen". Das Gegenteil dieser Aussage ist ebenfalls wahr. Menschen widersetzen sich, aktiv und lautstark, Ideen, die sie sich nicht "zu eigen" gemacht haben - selbst wenn sie diese durch den Kauf einer Ware oder Dienstleistung offensichtlich akzeptiert haben. Das bedeutet, daß, wenn Sie einen Kauf herbeiführen, von dem Ihr Kunde nicht überzeugt ist, den er sich nicht "zu eigen" gemacht hat, Sie am Ende der Verlierer sein werden - dann nämlich, wenn der Betreffende erkennt, daß ihm etwas "verkauft" wurde. Demgegenüber erlauben Sie ihm, sich eine gemeinsame Lösung anzueignen, wenn Sie ihn dazu ermutigen, aktive "Beiträge" zu leisten. Um eine Lösung, die er sich zu eigen gemacht hat, wird jeder Kunde so lange wie möglich kämpfen.

Und zwar nicht nur für diese eine. Wenn Sie sich mit einem Kunden zusammen durch alle Phasen des Joint-Venture-Verkaufsprozesses hindurcharbeiten, dann legen Sie damit den Grundstein für ein langfristiges Commitment, daß über Jahre hinweg weitaus profitabler ist, als es eine einmalige Provision jemals sein kann. Das haben wir schon unzählige Male erlebt. Hier ist nur *ein* Beispiel:

Ein Freund von uns hat vor einigen Jahren in seinem Haus einige Schreinerarbeiten machen lassen. Die Arbeiten waren etwas schwierig und der Schreiner, den er beauftragte, hatte damals gerade sein Geschäft eröffnet. Am Anfang hatte unser Freund Zweifel, ob der Schreiner dem Auftrag gewachsen war, aber alles endete zu seiner vollen Zufriedenheit. Der Schreiner wußte nicht nur gut mit Hammer und Säge umzugehen. Er *beteiligte* unseren Freund auch an Entwurf und Konstruktion der Arbeit. Er studierte Pläne mit ihm, führte lange Gespräche mit ihm und seiner Frau, kurz, er stellte bei jedem einzelnen Schritt des Entscheidungsprozesses sicher, daß die Arbeit genau dem entsprechen würde, was unserem Freund vorschwebte. "Als er die letzten Feinheiten anbrachte," erzählte unser Freund, "war alles so, wie wir es uns vorgestellt hatten. Er hat zwar die Arbeiten geplant und ausgeführt, aber das fertige Produkt war *unseres*."

Das war "Aneignung". Aber das ist nur die halbe Geschichte. Zwei Jahre später, in denen sich der Schreiner recht gut etabliert hatte, gab ihm unser Freund einen neuen Auftrag. Dieses Mal verlief alles ganz anders. Der Schreiner hatte inzwischen drei Mitarbeiter eingestellt, von denen allerdings einer den beruflichen Anforderungen nicht genügte. Als die Arbeit zur Hälfte fertig war, erkannte unser Freund offensichtliche Ausführungsmängel. Aber - und darauf wollen wir hinaus - weil er mit dem Schreiner beim letzten Auftrag eine so gute Ich gewinne/Du gewinnst-Beziehung aufgebaut hatte, reagierte er ganz anders, als es ohne dieses Commitment der Fall gewesen wäre. "Wenn jemand anders in meinem Haus eine solche Arbeit gemacht hätte," vertraute er uns an, "hätte ich meinen Auftrag sofort annulliert. Aber bei Jim hatte ich ein so gutes Gefühl. Wir hatten so gut zusammengearbeitet, daß ich mich zurückhielt, weil ich ihn unbedingt an Bord behalten wollte. Ich wandte mich direkt an ihn, erzählte ihm von meinen Sorgen und gab seiner Firma einen Monat länger Zeit, als ich das bei jedem anderen Unternehmen getan hätte, um die Arbeit in Ordnung zu bringen. Dann haben wir uns zusammen an die Arbeit gemacht und aus dem Projekt, das in erheblichen Schwierigkeiten zu enden schien, ein weiteres Ich gewinne/Du gewinnst-Geschäft hervorgezaubert."

Die Lektion ist klar. Indem Sie Ihre Kunden *an den entwickelten Lösungen beteiligen*, machen Sie eine Investition in die Zukunft, die Sie mit noch so vielen schnellen Abschlüssen niemals erzielen könnten. In gutem *Konzeptorientiertem Verkaufen* führen die "Beiträge" des Kunden zu "Aneignung" - und "Aneignung" führt zu langfristigem Commitment.

10 Aufgaben und Methoden miteinander verbinden: die Matrix der Verkaufsgespräch-Ansätze

In jedem Verkaufsgespräch haben Sie zwei wesentliche Aufgaben zu erfüllen: Zuerst haben Sie das Konzept Ihres Kunden zu verstehen und dann, wenn der Zeitpunkt dafür gekommen ist, müssen Sie eine Verbindung herstellen zwischen Ihrer Ware oder Dienstleistung und den Bedürfnissen des Kunden. Um diese zwei Aufgaben zu erfüllen, stehen Ihnen zwei grundsätzliche Möglichkeiten oder *Methoden* zur Verfügung, die wir soeben beschrieben haben als die Einseitige und die Joint-Venture-Verkaufsmethode. Die Ergebnisse, die Sie in Ihren Verkaufsgesprächen erzielen, werden immer besser sein, wenn Sie sich vor dem Gespräch Gedanken darüber machen, welche Kombination von Aufgaben und Methoden Sie in dem bevorstehenden Gespräch einsetzen wollen. Aus diesem Grund möchten wir Ihnen jetzt das Planungsinstrument vorstellen, das wir als die Matrix der Verkaufsgespräch-Ansätze bezeichnen. Es ist ein einmaliges organisatorisches Werkzeug, das Ihnen helfen wird, Aufgaben und Methoden auf höchst effektive Weise miteinander zu verbinden.

Die Matrix der Verkaufsgespräch-Ansätze ist auf der folgenden Seite als Grafik dargestellt. Sie werden sofort erkennen, daß es eine äußerliche Ähnlichkeit gibt zwischen dieser Matrix und der Ich gewinne/Du gewinnst-Matrix, die wir Ihnen im Kapitel 8 vorgestellt haben: beide Matrizes stellen die möglichen Verkaufssituationen in vier Kästchen oder "Quadranten" dar. Aber die Aussagen der beiden Matrizes sind nicht identisch.

Im Zusammenhang mit der Ich gewinne/Du gewinnst-Matrix haben wir gesagt, daß es immer erstrebenswert, wenn auch nicht immer erreichbar ist, sich in dem linken oberen, dem Ich gewinne/Du gewinnst-Quadranten zu positionieren. Denn unabhängig davon, wie weit Sie in einem bestimmten Verkaufsvorgang bereits vorangekommen sind, lautet das Ziel Ich gewinne/Du gewinnst. Diese Feststellung gilt für die Matrix der Verkaufsgespräch-Ansätze nicht immer. Obwohl wir betont haben, wie wichtig es ist, das Konzept des Kunden zu verstehen und dabei den Joint-Venture-Ansatz zu wählen, ergibt sich daraus nicht notwendigerweise, daß Sie sich *immer* im linken oberen Quadranten der Matrix der Verkaufsgespräch-Ansätze aufhalten können.

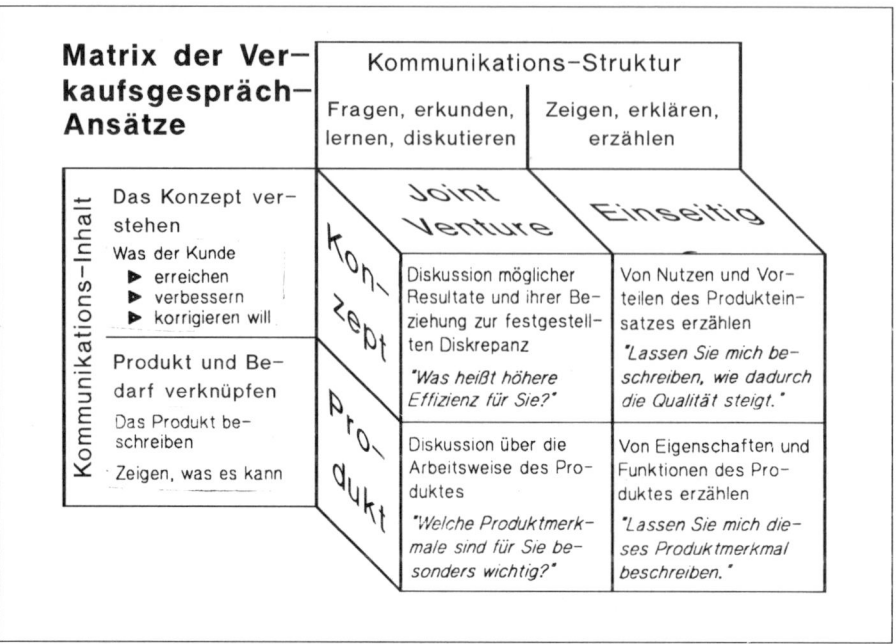

Abbildung 27: Die Matrix der Verkaufsgespräch-Ansätze

Tatsächlich verhält es sich so, daß in Abhängigkeit davon, in welcher Phase des Verkaufsprozesses Sie sich befinden und welche spezifische Information Sie in einem Verkaufsgespräch benötigen, jeder der vier Quadranten der Matrix der Verkaufsgespräch-Ansätze für Sie der richtige sein kann. Es wird sogar in den meisten Fällen so sein, daß Sie während eines einzigen Verkaufsgespräches die Quadranten wechseln werden, in denen Sie sich aufhalten, je nachdem, wie es die benötigten Informationen erforderlich machen. Indem wir jeden der vier Quadranten durchleuchten, wollen wir dies jetzt ausführlicher erklären.

Quadrant 1: Konzept/Joint Venture

Wenn Sie und Ihr Kunde sich dafür entscheiden, in dem Konzept/Joint-Venture-Quadranten zu agieren, dann bedeutet dies, daß die Betonung auf dem liegt, was wir Erkennendes Denken genannt haben. In diesem Quadranten verwenden Sie - und möglicherweise auch Ihr Interessent - viel Zeit darauf, Fragen zu stellen, um seine aktuellen Probleme wirklich zu erkennen und zu verstehen. Gleichzeitig versuchen Sie, gemeinsam die Resultate zu erforschen, die Ihr Kunde benötigt und festzustellen, was Sie zu deren Erzielung beitragen können. Sie fokussieren sich auf das Konzept des Kunden, nicht auf Ihre Ware oder Dienstleistung, versuchen also, Informationen über sein Konzept zu bekommen. Typische Fragen im Konzept/Joint-Venture-Quadranten fragen nicht nach Details, sondern nach dem großen Ganzen: "Wenn Sie zaubern könnten, Beate, wie würde dann das Ganze hier aussehen?" Oder: "Könnten Sie mir die aktuellen Probleme Ihrer Qualitätskontrolle beschreiben?"

Weil es so wichtig ist, zuerst das Konzept des Kunden zu verstehen und weil die Wahrscheinlichkeit, daß eine Joint-Venture-Unterhaltung mit Ihrem Kunden mehr Informationen über sein Konzept liefert als jedes einseitige "Erzählen", ist es durchaus angebracht, diesen ersten Quadranten zum Auftakt eines Verkaufsgespräches anzustreben - und sei es nur, um eine Bestätigung dafür zu erhalten, das Konzept des Kunden richtig verstanden zu haben. Das ist besonders wichtig, wenn Sie den Interessenten - wie zum Beispiel bei einem ersten Gespräch - noch nicht gut kennen oder wenn Sie unsicher sind über seine Interessen und Sorgen. Es ist auch angebracht, diesen Quadranten aufzusuchen, wann immer sich während eines Gespräches eine Informationslücke zeigt. Weil alles im *Konzeptorientierten Verkaufen* mit dem Konzept des Kunden beginnt und endet und weil Sie das Kundenkonzept nur verstehen, wenn Sie gemeinsam auf Entdeckungsreise gehen, ist es durchaus empfehlenswert, sich bei jedem Verkaufsgespräch mit jedem Kunden eine angemessene Zeit im Konzept/Joint-Venture-Quadranten aufzuhalten.

Aber *immer* wollen Sie dort nicht sein.

Quadrant 2: Produkt/Joint Venture

Wenn Sie auf einer Joint-Venture-Basis über Ihr Produkt sprechen, dann haben Sie den Fokus des Gespräches definitiv auf das gelenkt, was *Sie* zu verkaufen haben. Aber das geschieht auf eine Weise, die den Kunden zu einer größtmöglichen Beteiligung seinerseits einlädt. Indem Sie sich Informationen darüber beschaffen, welche Produktbedürfnisse der Kunde hat und ihm gleichzeitig Informationen geben, die Ihre Einmaligen Stärken beschreiben, sind Sie in der Lage, ihm genau zu sagen, welchen Beitrag Ihr Produkt zu dem liefern kann, was er zu erreichen versucht.

Die Fragen im Produkt/Joint-Venture-Quadranten beziehen sich zwar primär auf das Produkt selbst, aber mit ihrer Hilfe soll auch geklärt werden, wie mit ihm die vom Kunden geäußerten Bedürfnisse abgedeckt werden können. "Wenn Sie mit dieser Ausführung nur eine Ihrer Anforderungen abdecken könnten, Mark, welcher würden Sie den Vorzug geben?" Oder: "Glauben Sie, daß die Möglichkeiten der Spektralanalyse unseres Gerätes ausreichend sind, um Ihr Problem in der Qualitätskontrolle zu lösen?" Wenn Sie über Ihr Produkt mit dem Kunden über den Joint-Venture-Ansatz diskutieren, bewegen Sie sich eindeutig auf dem Gebiet der "Schnörkel und Ösen". Aber Sie sind laufend dabei - durch Diskutieren, Erforschen und Lernen - zu überprüfen, wie die beschriebenen Schnörkel und Ösen zur Befriedigung der Kundenbedürfnisse beitragen können.

Beachten Sie, daß Sie, wenn Sie sich in diesem Quadranten aufhalten, *das Konzept des Kunden im wesentlichen bereits verstanden haben sollten.* Um eine der fundamentalen Lektionen im *Konzeptorientierten Verkaufen* noch einmal zu wiederholen, möchten wir auch an dieser Stelle darauf hinweisen, daß es an erster Stelle darauf ankommt, *das Konzept des Kunden zu verstehen.* Selbst wenn Sie am Ende eines langen Verkaufsprozesses stehen, ist es nicht angebracht, ein Verkaufsgespräch mit der Beschreibung von Produktmerkmalen zu beginnen. Ideal wäre es, mit dem Konzept/ Joint-Venture-Quadranten zu beginnen und dann in den Produkt/Joint-Venture-Quadranten zu wechseln, damit Sie hier im Detail diskutieren können, wie der Kunde mit Ihren Einmaligen Stärken seine besonderen Probleme lösen kann.

Quadrant 3: Konzept/Einseitig

Im dritten Quadranten konzentriert sich der Verkäufer auf das Konzept des Kunden, aber auf einseitige Weise. Es geht zwar um die Frage, was der Kunde von der Ware oder Dienstleistung für sein Konzept hält, aber im Grunde genommen redet nur der Verkäufer.

Wir erkennen sehr wohl, daß das widersprüchlich klingen mag, denn wir haben ständig die Wichtigkeit des Zuhörens betont und den Wert des Nur-Redens heruntergespielt. Aber in Kapitel 9 haben wir darauf hingewiesen, daß dies nicht heißen muß, es sei *niemals* angebracht, daß der Verkäufer redet. Solange Sie das Verkaufsgespräch nicht *monopolisieren* und solange Sie weiterhin den Antworten des Kunden aufmerksam zuhören, gibt es Situationen, in denen es unbedingt darauf ankommt, sich Bestätigungen über das eigene Verstehen des Kundenkonzeptes zu verschaffen.

Weil es sich aber bei dem Konzept um etwas handelt, das sich *ex definitionem* im Kopf des Kunden abspielt, heißt das nicht, daß Sie über *sein* Konzept reden sollten. Einseitiges Verkaufen wird niemals dazu benutzt, dem Kunden zu sagen, was er denken sollte. Aber Sie können diese Methode effektiv dazu benutzen, ihm zu sagen, wie *andere* Kunden mit ähnlichen Konzepten von der Lösung profitiert haben, die Ihr Unternehmen anbieten konnte. Nehmen Sie an, das Problem Ihres derzeitigen Gesprächspartners sei die Qualitätskontrolle an einem Montageband. Wenn Sie dieses Problem am Montageband eines anderen Unternehmens bereits erfolgreich lösen konnten, ist es absolut angebracht, dies dem Interessenten direkt zu sagen. "Einer unserer Kunden in A-Stadt hatte vor zwei Monaten ein ähnliches Problem, und so haben wir es gelöst." Oder: "Lassen Sie mich beschreiben, welche Ergebnisse wir bei der Lösung des gleichen Problems bei diesem Hersteller erzielt haben."

Möglicherweise kann eine solche Situation Sie und/oder Ihren Kunden verwirren. Auf der einen Seite erzählen Sie Ihrem Kunden, was Sie in der Vergangenheit geleistet haben. Das ist in einem gewissen Sinne eine Produktpräsentation, denn Sie konzentrieren sich ja auf eine Lösung, die Ihr Unternehmen ermöglicht hat. Auf der anderen Seite verknüpfen Sie diese Lösung mit dem Bedürfnis des jetzigen Gesprächspartners, so wie Sie es wahrnehmen. In diesem Sinne besteht Ihr definitives Anliegen darin, sein Konzept zu verstehen. Aber die Terminologie ist nicht so wichtig wie das, was Sie zu erreichen versuchen. Im Konzept/Einseitig-Quadranten sind zwar Sie der Redende, aber gleichzeitig versuchen Sie durch Fragen zu überprüfen, ob das, was Sie sagen, in einer Beziehung zu seinem Konzept steht. Wenn Sie sein Konzept bereits eindeutig und klar identifiziert haben, ist gegen eine Gesprächsphase, in der Sie Ihr Produkt "zeigen und erläutern", nichts einzuwenden. In manchen Situation könnte das sogar genau das sein, was der Kunde hören muß oder zu hören wünscht.

Die Gefahr besteht darin, zu früh aus diesem kniffligen dritten Quadranten in den scheinbar weniger kritischen vierten Quadranten hineinzugleiten, den wir Produkt/Einseitig nennen.

Quadrant 4: Produkt/Einseitig

Wenn Sie Ihr Produkt auf einseitige Weise präsentieren, fallen Sie zurück in die altbewährte Grundtaktik der Verkäufer, dem Kunden solange alles, was sie wissen, über ihr Produkt zu erzählen, bis er sich vollkommen geblendet zum Kauf entschließt. Lang und breit erzählen Sie alles über Hebel und Knöpfe, Kapazität und Leistungsvermögen, Sicherheitseinrichtungen, Garantien und Servicemöglichkeiten, was Sie sich jemals angeeignet haben. Ob Sie Flugzeugteile, Bank-Dienstleistungen oder Anrufbeantworter verkaufen, es geht immer um das gleiche: "Jetzt schalte ich mein Gedächtnis ein und sage Ihnen alles, was ich weiß."

Wir haben bereits ausführlich beschrieben, welche gefährlichen Folgen es haben kann, sich auf diese produktorientierte Verkaufsphilosophie zu verlassen und wir bekennen offen, daß die Hauptstoßrichtung des *Konzeptorientierten Verkaufens* gegen diese "Zirkusnummern" geht. Deshalb genügt es an dieser Stelle, noch einmal an die wesentliche Feststellung zu erinnern, die wir zu dieser Methode in Kapitel 2 gemacht haben: der produktorientierte Ansatz ist nur dann effektiv, *wenn bereits festgestellt wurde*, daß eine Übereinstimmung besteht zwischen den Möglichkeiten des Produktes und den wirklichen Bedürfnissen des Kunden. Aber diese vorher erforderliche Überprüfung wird von den meisten Verkäufern *nicht* vorgenommen. Das hat zur Folge, daß sie Menschen erzählen, wie phantastisch ihr Produkt ist, die dieses nicht im entferntesten brauchen oder haben wollen.

Aber auch hier gilt, daß es nicht richtig wäre, sich *niemals* im Produkt/ Einseitig-Quadranten aufzuhalten. Die einseitige Darstellung Ihres Produktes kann dem Kunden helfen, in der Phase Entgegengesetzten Denkens neue Alternativen zu entwickeln oder in der Phase Übereinstimmendes Denken die richtige Wahl zu treffen. Ihnen als Verkäufer gibt dieser Quadrant die Möglichkeit, Ihre Einmaligen Stärken zu betonen. Darüber hinaus kann der Kunde auch um eine Präsentation oder eine umfassende Beschreibung der Produktmerkmale bitten. Wenn er sagt: "Zeigen Sie mir jetzt die Schnörkel und Ösen", kann es durchaus sein, daß auch Sie den Zeitpunkt für gegeben halten, zu dem Sie das tun sollten. Jeder Verkäufer liebt es, über sein Produkt zu reden und wenn ein Kunde sagt: "Erklären Sie mir die Funktion *dieses* Knopfes", besteht beim Verkäufer die Neigung, die Funktion *aller* Knöpfe zu erklären. Auch das kann manchmal richtig sein.

Aber selbst wenn der Kunde darum gebeten hat, ist eine große Gefahr damit verbunden, sich nur auf den Produkt/Einseitig-Ansatz zu verlassen. Das möchten wir Ihnen mit einer Geschichte demonstrieren, die wir selbst erlebt haben.

Die Falle "Vierter Quadrant"

Vor Jahren, kurz nachdem wir unser Unternehmen gegründet hatten, wurden wir gebeten, einem großen Pharma-Unternehmen eine Präsentation zu liefern. Das Auftragspotential war recht ansehnlich und so waren wir beide, strahlend gelaunt, pünktlich beim Interessenten und konnten kaum erwarten, bis es losging. Als wir den Sitzungsraum betraten, saßen dort zehn Topmanager, von denen wir nur drei vorher getroffen hatten und warteten bereits auf uns. Der Vize-Präsident Verkauf, der uns zu dieser Präsentation eingeladen hatte, stellte uns der Gruppe vor und forderte uns dann auf: "Okay, warum erzählen Sie uns nicht, was Sie so alles tun?"

Nach dieser Einladung "loszulegen", ließen wir das größte Produkt-Blabla unseres Lebens vom Stapel. Fünfundzwanzig Minuten lang saßen unsere Zuhörer wie verzaubert da und lauschten der Beschreibung unserer verschiedenen Programme bis ins kleinste Detail. Wir erklärten, wie jedes von ihnen perfekt zu ihrem eigenen Geschäft passen würde und lieferten ihnen eine Folienschau, die Hollywood wie Kleinkleckersdorf erscheinen ließ. Jeder Showmaster wäre auf uns stolz gewesen: Wir waren die "Bobbsey-Zwillinge" auf dem Broadway - im Original.

Gut, wir haben nicht nur den Auftrag nicht bekommen, vielmehr erhielten wir nicht einmal eine zweite Chance. Unsere große Bühnenschau zerplatzte wie eine Seifenblase - und das ließ uns darüber nachdenken, was wir falsch gemacht hatten. Heute wissen wir, daß wir zwei kapitale Fehler begangen hatten.

Zunächst hatten wir nicht überprüft, wo wir uns befanden. Das *erste*, was wir nach unserer Vorstellung hätten sagen sollen, ist: "Wir haben bisher nur Don und Jane und Arnie getroffen. Könnten wir erfahren, wer die anderen Teilnehmer sind, damit wir eine Vorstellung davon bekommen, was Sie an unseren Programmen interessieren könnte?" Dann hätten wir uns zurücklehnen und eine Menge Goldenes Schweigen praktizieren sollen, um herauszufinden, warum sie mit zehn Mann erschienen waren - und damit auch, warum *wir* dort waren. Indem wir uns kopfüber in die Präsentation gestürzt hatten, bevor wir überhaupt etwas über unsere Zuhörer wußten, haben wir uns selbst ins Abseits gestellt. Anstatt in der Lage zu sein, unsere Präsentation auf *diese* Gruppe zurechtzuschneiden, *zwangen* wir uns selbst zu einer einseitigen Zirkusschau, die wahrscheinlich wenig oder gar nichts mit den individuellen Interessen unserer Zuhörer zu tun hatte.

Wir haben also im Dunkeln geschossen - und schließlich festgestellt, daß wir uns selbst ins Bein geschossen hatten.

Zweitens haben wir das Kundenkonzept vollkommen ignoriert und uns darauf konzentriert, unser Produkt zu puschen. Wir meinten damals, das wäre ein angemessener taktischer Ansatz, denn schließlich war es das, worum wir vom Kunden gebeten worden waren. Aber sich auf diese scheinbar vernünftige Bitte zu stützen, stellte sich als großer Fehler heraus. Das zwang uns in den Produkt/Einseitig-Quadranten und in dieser Falle blieben wir während des gesamten Verkaufsgespräches gefangen. Das Ergebnis war vollkommen einseitig. Die Manager des Pharma-Unternehmens erfuhren mehr über unsere geschäftlichen Aktivitäten, als sie jemals wissen wollten, aber wir erfuhren überhaupt nichts über sie, über ihre aktuellen Bedürfnisse, ihre Probleme, ihre Gründe, sich mit uns zu treffen, was wir nicht schon vorher wußten. Wenn Sie eine Präsentation machen, ohne etwas Neues über Ihren Kunden zu erfahren, werden Sie genau das bekommen, was wir bekommen haben und was wir überhaupt nicht haben wollten - nämlich gar nichts.

Aber uns wurden einige wertvolle Lektionen erteilt, die wir seitdem in alle unsere Programme übernommen haben:

1. Sie sollten *niemals, absolut NIEMALS* einer Gruppe Ihnen nicht bekannter Personen eine Zirkus-Präsentation liefern. Wenn sich in der Gruppe ein Ihnen nicht bekannter Teilnehmer befindet, müssen Sie zuerst herausfinden, wer er ist und warum er Ihnen zuhören möchte.

2. *Beginnen* Sie auch ein Einzelgespräch nicht mit einer Produkt-Präsentation. Versuchen Sie so früh wie möglich in jedem Verkaufsgespräch, etwas über die *aktuelle* Situation im Hinblick auf das Kundenkonzept zu erfahren und erzählen Sie erst dann etwas über Ihr Produkt, wenn Ihnen die Bereitschaft des Kunden, darüber etwas zu hören, bestätigt wurde.

3. Selbst wenn Sie davon überzeugt sind, daß der Kunde etwas über Ihr Produkt erfahren will, sollten Sie diese Ihre Überzeugung laufend *testen*, indem Sie fragen: "Sollten wir das nach Ihrer Meinung jetzt besprechen?" Oder: "Sind das Ihre Sorgen, mit denen wir uns jetzt beschäftigen?"

4. Wenn Sie sich selbst in der Produkt/Einseitig-Falle ertappen, *hören Sie auf zu sprechen* und lassen Sie sich von Ihrem Kunden *Feedback* ge-

ben. Selbst wenn er Sie gebeten hat, über Ihr Produkt zu sprechen, beziehen Sie ihn in die Diskussion mit ein, indem Sie von der Einseitigen in eine Joint-Venture-Präsentation hinüberschwenken und indem Sie die Präsentationsinhalte am Kundenkonzept ausrichten.

Wir wissen, daß das alles nicht einfach sein wird. Die alten Traditionen im Verkauf halten sich hartnäckig und es gibt viele Situationen im Verkaufsgespräch, in denen der Kunde daran interessiert scheint, daß Sie weiterreden, daß Sie ihm die Schnörkel und Ösen zeigen, selbst wenn noch gar nicht feststeht, ob Ihr Produkt und sein Konzept zusammenpassen. Vor solchen Situationen müssen Sie sich in acht nehmen und sich ständig bemühen, die Diskussion wieder auf eine Ebene zu bringen, auf der Sie sich beide im gegenseitigen Interesse während des ganzen Gespräches bewegen sollten.

Es gibt keine Möglichkeit, genau vorherzusagen, womit Sie sich zu einem bestimmten Zeitpunkt während des Gespräches beschäftigen sollten oder wann Sie sich in der Gefahr befinden, in die Falle des vierten Quadranten zu tappen. Aber als allgemeine Empfehlung würden wir meinen, daß *vier oder fünf Minuten* das Maximum an Zeit sind, die Sie sich selbst geben können, ohne daß Sie vom Produkt/Einseitig-Quadranten in den Produkt/ Joint-Venture-Quadranten *wechseln müssen*. Wenn Sie ohne das geringste Feedback bereits sieben oder acht Minuten geredet haben, stekken Sie bereits in der Falle, allerdings *ohne* es bisher vielleicht gemerkt zu haben.

Das Feedback kann in einer präzisen Frage bestehen, mit der Sie aufgefordert werden, eine Aussage näher zu erläutern oder es kann aus einem zustimmenden Kopfnicken bestehen. Was es auch sei, worauf es Ihnen ankommen muß, ist einen Hinweis darauf zu bekommen, daß der Kunde an dem Gespräch *teilnimmt*, daß er es auch als *sein* Gespräch betrachtet und daß er nicht davon ausgeht, daß Sie "den Ball alleine führen". Erinnern Sie sich daran, daß Ich gewinne/Du gewinnst bedeutet, daß Sie und Ihr Kunde sich die Verantwortung dafür *teilen*, daß der Verkaufsprozeß Fortschritte macht. Das bedeutet, daß Sie nicht einfach den "Auftrag ausführen" müssen, wenn Sie jemand auffordert: "Machen Sie mir nächsten Freitag eine Demo von dreißig Minuten." Statt dessen sollten Sie sich während dieser ganzen Demonstration darum bemühen, daß daraus eine *gemeinsame* Aktion, ein Joint-Venture wird.

Zur Vorbereitung eines Verkaufsgespräches gehört es deshalb auch, daß Sie sich Gedanken darüber machen, in welchem Quadranten der Matrix der Verkaufsgespräch-Ansätze Sie sich bewegen wollen und wie Sie sich, falls dies während des Gespräches erforderlich sein sollte, bequem von einem Quadranten in den anderen bewegen können. Wir möchten Ihnen empfehlen, mit dieser zusätzlichen Vorbereitung schon vor Ihrem nächsten Verkaufsgespräch zu beginnen.

Teil 4

Der Start:
drei Vorbedingungen
des
Verkaufsgespräches

11 Glaubwürdigkeit

Bis jetzt haben wir taktische Fertigkeiten diskutiert, die Sie einsetzen können, wenn Sie sich mit dem Kunden schon im Gespräch befinden. Aber was tun, wenn bereits der Versuch, zu einem Gespräch zu kommen, zum großen taktischen Problem wird? Was tun mit der Person, die Ihnen keinen Termin gibt? Oder mit dem "heißen" Interessenten, von dem Sie so wenig wissen, daß Sie nicht wüßten, wo Sie anfangen sollen, selbst wenn Sie einen Termin vereinbaren könnten? Hat *Konzeptorientiertes Verkaufen* eine Lösung anzubieten für das uralte Dilemma des Verkäufers, nicht in der Lage zu sein, den Schuh in die Türe zu bekommen?

Absolut. Wir wissen, daß die besten taktischen Fertigkeiten der Welt nichts nützen, wenn es Ihnen nicht gelingt, zuerst die Türe zu öffnen. Deshalb konzentrieren wir uns in diesem Teil des Buches, "Der Start", auf die taktische Planung vor Ihren Verkaufsgesprächen, um sicherzustellen, daß Sie zum Gespräch kommen und daß Sie gut in ihm positioniert sind.

Der Dreh- und Angelpunkt dieser taktischen Planung vor dem Gespräch ist das, was wir die *drei Vorbedingungen des Verkaufsgespräches* nennen - Bereiche, die Sie abdecken müssen, bevor Sie überhaupt an den Start gehen können. Die erste dieser drei Vorbedingungen ist Glaubwürdigkeit.

Die Bedeutung der Glaubwürdigkeit

Erinnern Sie sich an das alte Poster mit Richard Nixon und dem Titel "Würden Sie von diesem Mann ein gebrauchtes Auto kaufen?" Es wurde einige Monate vor seinem Abschied publiziert und stellte den angeschlagenen Präsidenten als den Prototyp des verschlagenen Gebrauchtwagenhändlers dar. Die Aussage, die dahinter steckte, war, daß von nun an "Tricky Dick" nicht mehr getraut werden konnte als einem Ganoven.

Ob diese Charakterisierung von Präsident Nixon fair war oder nicht, so beinhaltet sie doch eine für den Verkauf wichtige Aussage. Wenn Sie Ihren potentiellen Kunden nicht davon überzeugen können, daß man Ihnen *trauen* kann, sind Sie nicht besser dran als der Hausierer, der nur dann etwas einnimmt, wenn er seine Käufer betrügen kann. Für jeden Verkauf, in dem langfristiger Erfolg wichtig ist, ist die Glaubwürdigkeit des Verkäufers eine entscheidende Grundlage.

Allgemein formuliert haben wir festgestellt, daß es fünf fundamentale Gründe für einen Käufer gibt, eine Geschäftsbeziehung abzulehnen:

1. Es besteht keine *Notwendigkeit* für den Kauf - Ware oder Dienstleistung und der Wunsch des Kunden passen nicht eindeutig zusammen.

2. Es gibt *kein Geld*, oder kein ausreichendes Budget, oder keine Möglichkeit, die erforderlichen Mittel freizusetzen, um den Kauf zu finanzieren.

3. Es besteht *kein Wunsch* auf seiten des potentiellen Kunden, die Veränderung herbeizuführen, die mit dem Kauf verbunden wäre.

4. Es besteht *keine Dringlichkeit*, diese Veränderung zum jetzigen Zeitpunkt herbeizuführen.

5. Die *Vertrauensgrundlage* fehlt. Der Kunde glaubt nicht, daß der Verkäufer daran interessiert ist, beider Interessen - denen des Kunden und seinen eigenen - gerecht zu werden.

Jede beliebige Kombination dieser Faktoren kann der Grund für das Nichtzustandekommen eines Verkaufs sein. Aber ein Faktor unterscheidet sich wesentlich von den übrigen. Unsere Erfahrung mit Tausenden von Verkaufsvorgängen beweist, daß der zuletzt genannte, das *fehlende Vertrauen*, viel häufiger die Ursache für das Scheitern eines Verkaufsvorganges ist, als alle vier übrigen zusammengenommen. Das hat für den Verkäufer dramatische Auswirkungen. Egal, wie optimal Sie Ihre sonstige Arbeit verrichten, wenn Ihr Kunde kein Vertrauen zu Ihnen hat, ist alles "für die Katz". Denn fast niemand kauft von jemandem etwas, dem er nicht traut.

Gelegentlich gibt es Ausnahmen von dieser Regel. Wenn Sie der *einzig* verfügbare Lieferant für ein bestimmtes Produkt sind und der Kunde braucht es unbedingt - oder anders formuliert, wenn es für ihn keine Alternative gibt -, dann können Sie das Geschäft auch ohne oder mit nur geringer Glaubwürdigkeit machen. Gelegentlich können Sie auch unaufmerksame oder impulsive Kunden austricksen, die eigentlich auf ihren gesunden Menschenverstand hören sollten. Aber solche Situationen sind eher die Ausnahme, und auf dieser Basis *läßt sich kein Geschäft aufbauen*. Wenn Sie deshalb erfolgreiche Ich gewinne/Du gewinnst-Verkäufe tätigen wollen - mit zufriedenen Kunden, aktiver Vollreferenz, Folgegeschäften und auf langfristiger Basis -, dann ist Glaubwürdigkeit *unabdingbar*.

Elemente der Glaubwürdigkeit

Verschiedene Menschen vertrauen Ihnen aus verschiedenen Gründen. Deshalb ist es nützlich, alle Elemente der Glaubwürdigkeit zu verstehen. Es mag Dutzende solcher Elemente in verschiedenen Verkaufssituationen geben, aber wir können sie alle in vier grundsätzliche Bereiche einordnen. Diese Bereiche sind Ihre *Erfahrung*, Ihre *Kenntnisse*, Ihr *Erscheinungsbild* und Ihr *Umgang*.

1. Ihre Erfahrung. Das erste, wofür sich ein potentieller Kunde interessiert, ist Ihre Erfahrung in Ihrer jetzigen oder einer verwandten Tätigkeit. Veteranen, die seit zwanzig Jahren im gleichen Geschäft sind, haben automatisch mehr Glaubwürdigkeit als der Verkäufer, der gerade im letzten Monat seine erste Provision kassiert hat. Hinzu kommt, daß Sie auf Ihren Kunden umso zuverlässiger wirken, je mehr Ihre letzte Aktivität mit *seinem* Geschäft zu tun hatte.

Aber es ist Qualität und nicht Quantität, die wirklich zählt. Ihre Kunden interessieren sich weniger für Ihre zwanzigjährige Tätigkeit im jetzigen Job als vielmehr für die Erfolge, die Sie erzielt haben. Selbst wenn Sie in Ihrer jetzigen Tätigkeit neu sind, genießen Sie bei Kunden Vertrauen, für die Sie etwas Wichtiges bewirkt haben, oder für jemand, der ähnliche Probleme hatte wie sie. Erinnern Sie sich daran, daß Glaubwürdigkeit bedeutet, daß Sie *glaubhaft* sind. Wenn Sie Herrn Wegener genau die Leistungsergebnisse liefern, die Sie ihm versprochen haben, dann weiß er, daß Sie das schaffen können, was Sie zugesagt haben. Das ist die Art von Erfahrung, die zählt. Wenn Sie diese Art von Erfahrung - das zu liefern, was Sie versprochen haben - seit zwanzig Jahren haben, umso besser.

2. Ihre Kenntnisse. Selbst wenn Sie bisher keine Gelegenheit hatten, Herrn Wegener gute Ergebnisse zu liefern, können Sie sein Vertrauen durch Ihre Kenntnisse erwerben. Ihre Ausbildung, Ihre technischen Kenntnisse, Ihre bewiesene Fähigkeit, seine Kompetenz und seine Verantwortung anzuerkennen - all das können Elemente Ihrer Glaubwürdigkeit sein. Vertrauen durch das zu schaffen, was Sie *wissen*, ist nicht so zuverlässig wie es zu schaffen durch das, was Sie *getan* haben, aber das kann ein ganz guter Ersatz sein, *wenn* das, was Sie wissen, ihm hilft, etwas zu erreichen, was er erreichen möchte.

Natürlich kann das ein großes "Wenn" sein, und es ist auch nichts Falsches daran, auf Ihre Kenntnisse zu verweisen. Aber hüten Sie sich davor, *ein-*

fach nur auf Ihren Universitätsabschluß hinzuweisen oder Aufsätze aus Wirtschaftsmagazinen zu zitieren. Ihre Kenntnisse können Ihnen zu einem Vertrauens*vorschuß* verhelfen. Wenn Sie dieses Vertrauen aber auf Dauer erwerben wollen, dann müssen Sie den Beweis antreten - das heißt, den Wert Ihrer besonderen Kenntnisse im Hinblick auf die Interessen und Bedürfnisse des Kunden demonstrieren.

3. *Ihr Erscheinungsbild.* Mit "Erscheinungsbild" meinen wir hier die Art, wie Sie sich *selbst* dem Interessenten oder Kunden präsentieren, nicht Ihre Ware oder Dienstleistung. Zu den "weichen", aber dennoch sehr wichtigen Elementen Ihrer Glaubwürdigkeit kann Ihre persönliche Erscheinung gehören oder Ihre Sprechweise und Ihre Wortwahl, Ihre Persönlichkeit und Ihr Benehmen oder die Professionalität, mit der Sie Kunden behandeln. Die Art, wie Sie auf Ihre Kunden wirken, kann, mit anderen Worten, einen wesentlichen Bestandteil ihres Vertrauens in Sie bilden.

Aber die äußere Erscheinung kann zu falschen und übertriebenen Schlüssen führen, und wir möchten nicht den Eindruck erwecken, daß man Glaubwürdigkeit nur dadurch erwerben kann, daß man gut aussieht. Sie können jede verfügbare Lektüre über "Erfolg durch die richtige Kleidung" und "Geschäftliche Gepflogenheiten" verschlingen und trotzdem bei manchen Kunden "auf die Schnauze fallen", weil sie Ihnen nicht *mehr* glauben als Ihrem äußeren Erscheinungsbild. Aber wenn alle anderen Bedingungen gleich sind, dann wird derjenige größere Glaubwürdigkeit erringen, der sich selbst in einer sauberen, klaren und professionellen Weise präsentiert. Der andere im grünen Anzug, der nur vor sich hingrunzt, hat dann keine Chance. Aber Ihr Erscheinungsbild ist - wie Ihre Kenntnisse - nur der Anfang: Es signalisiert Ihrem Kunden, daß Sie gewitzt genug sind, in seiner Klasse mitzuspielen. Wenn Sie einmal drin sind, zählt nur noch die Leistung.

Trotzdem gibt es einen Aspekt in Ihrem Erscheinungsbild, der, für sich betrachtet, ein extrem wichtiges Element darstellen kann. Wir haben "Professionalismus" als einen Aspekt Ihres Erscheinungsbildes erwähnt. Das ist aber auch ein Aspekt der Verkaufs*methode*, die wir als Joint-Venture-Verkauf definiert haben. Der Verkäufer, der pünktlich zum Termin erscheint, der seine Präsentation gut vorbereitet hat und der seinem zukünftigen Kunden aufmerksam zuhört, wenn er etwas sagt, demonstriert mehr als nur "Höflichkeit". Er zeigt das Interesse an seinem Gegenüber, das für gutes Verkaufen *und* für gute Manieren steht. Wenn ein solches Verhalten zum integralen Bestandteil Ihres Auftretens gegenüber Ihren Kunden wird und nicht nur eine geschickte, höfliche Fassade darstellt, dann kann es zum unbezahlbaren Baustein zur Glaubwürdigkeit bei Ihrem Kunden werden.

4. *Ihre Umgebung.* Abschließend noch einige Bemerkungen zu Ihrer persönlichen und beruflichen Umgebung. Herr Wegener wird Sie ja vermutlich nicht seit Ihrer Kindheit kennen. Aber wenn er Ihr Unternehmen kennt, wenn er über Sie etwas von anderen Ihrer Kunden weiß oder wenn er über Sie etwas von Freunden weiß, denen er vertraut, dann haben Sie eine größere Chance, daß er Ihnen vertraut, als wenn Sie vor x Jahren mit ihm zur Schule gegangen wären.

Solche Dinge sind selten mehr als eine "Initialzündung", und wir sind weit davon entfernt, Sie glauben zu machen, daß Sie sich auf "Verbindungen" verlassen sollten, um Glaubwürdigkeit aufzubauen. Wir sind vielmehr fest davon überzeugt, daß die Tage der Beziehungsgeschäfte - des "Wen kennen Sie alles", der Kumpelbeziehungen, der Studentischen Verbindungen - gezählt sind. Denn diese Art des Verkaufens ist aus sich selbst heraus nicht förderlich für Ich gewinne/Du gewinnst-Ergebnisse. Aber wie Ihre Kenntnisse und Ihre "Art", sich zu präsentieren, können auch Ihre geschäftlichen und persönlichen Beziehungen einen guten Einführungseffekt haben: Sie können Ihnen vorübergehend in Situationen eine Vertrauensbasis schaffen, in denen Sie diese ohne Beziehungen nicht gehabt hätten.

Die Betonung liegt hier auf "vorübergehend". So schwierig es manchmal sein kann, Glaubwürdigkeit bei seinen Kunden zu erringen, so extrem leicht kann es sein, diese zu verlieren, wenn Sie sich nicht ständig darum bemühen, dieses Vertrauen zu rechtfertigen. Um sicher zu sein, daß sie nicht verspielt wurde, muß Glaubwürdigkeit deshalb ständig *überprüft* werden - das heißt bei jedem Verkaufsgespräch und innerhalb jedes Gespräches so oft, wie dies notwendig erscheint. *Das Verkaufsgespräch, bei dem Sie unterstellen, Sie hätten Glaubwürdigkeit, wird dasjenige sein, bei dem Sie sie verlieren.* Deshalb empfehlen wir Ihnen dringend, vom ersten Kontakt bis zum Abschluß des Verkaufsvorganges mit jedem Kunden und mit jeder einzelnen Person beim Kunden Ihre Glaubwürdigkeit laufend zu überprüfen.

Der erste Schritt zu dieser laufenden Überprüfung ist die Fähigkeit zu erkennen, wann Sie bei einem individuellen Kunden Glaubwürdigkeit besitzen und wann nicht.

Woran läßt sich vorhandene oder fehlende Glaubwürdigkeit erkennen?

Sie sitzen einem wichtigen Interessenten an seinem Schreibtisch gegenüber und Sie haben festgestellt, daß Sie wahrscheinlich sein Problem lösen können. Aber Sie haben mit ihm bisher nie Geschäfte gemacht, deshalb gibt es kein "historisch" gewachsenes Vertrauensverhältnis zwischen Ihnen, oder es sind inzwischen sechs Monate vergangen, seitdem Sie sich das letzte Mal getroffen haben und Sie sind sich nicht sicher, ob er Ihnen *immer noch* vertraut. Was Sie deshalb brauchen, sind im laufenden Gespräch einsetzbare Schlüssel, mit deren Hilfe Sie Ihre *aktuelle* Glaubwürdigkeit bei dieser Person ermitteln können.

Signale vorhandener Glaubwürdigkeit

▪▪▪▪▶ Positive Körpersprache
- zustimmendes Nicken
- lächelt und ist aufgeräumt

▪▪▪▪▶ Nennt Beispiele

▪▪▪▪▶ Erlaubt keine Unterbrechungen

▪▪▪▪▶ Stellt inhaltliche Fragen

▪▪▪▪▶ Diskussion konzentriert sich auf das, was der Kunde erreichen will

Abbildung 28: Signale vorhandener Glaubwürdigkeit

Diese Schlüssel nennen wir die "Signale" vorhandener oder fehlender Glaubwürdigkeit. Sie sind zum einen im oben abgebildeten und zum anderen im nachfolgenden Diagramm zusammengefaßt. Wie die genannten Signale vermuten lassen, gibt es eine direkte und klare Beziehung zwischen Glaubwürdigkeit und dem Verhalten eines Kunden. Wenn ein potentieller Kunde Ihnen *glaubt* - wenn er davon überzeugt ist, daß man Ihnen trauen kann -, ist er auf natürliche Weise mehr aktiv in das Verkaufsgespräch involviert, als wenn er in Ihnen eine Gefahr oder eine "unbekannte Größe" sieht. Wenn Sie Glaubwürdigkeit besitzen, ist der Kunde Ihr "Partner" in dem Gespräch: Er stellt sachdienliche Fragen im Sinne Ihrer gemeinsamen Bemühungen, er liefert Ihnen von sich aus Informationen, mit deren Hilfe Sie Fortschritte im Verkaufsprozeß machen und er schenkt Ihnen seine ungeteilte Aufmerksamkeit, weil er sich an etwas beteiligt fühlt, das er "besitzt".

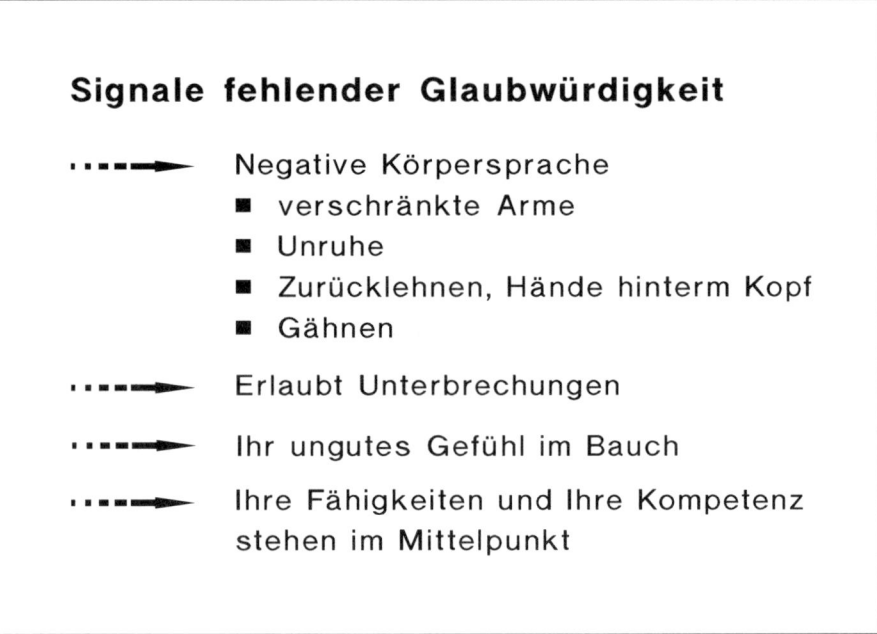

Abbildung 29: Signale fehlender Glaubwürdigkeit

Wenn Sie keine Glaubwürdigkeit besitzen, geschieht genau das Gegenteil. Wenn der Kunde nicht davon überzeugt ist, daß man Ihnen trauen kann, dann spricht er kein Wort mehr oder er wird zu Ihrem Gegner. Er bombardiert Sie mehr mit Fragen *über* Ihre Glaubwürdigkeit als mit solchen, die Ihnen zu erkennen helfen, ob und wie Sie möglicherweise sein Problem lösen könnten. Anstatt zu Ihrem Partner im Kauf/Verkaufsprozeß zu werden, entwickelt er sich zu Ihrem Anti-Sponsor, der all seine Energie darauf verwendet, Argumente dafür zu finden, warum Ihr Vorschlag keine Lösung darstellen kann.

220

Weil Glaubwürdigkeit einen so ausschlaggebenden Einfluß darauf hat, wie sich Ihr Interessent im Gespräch mit Ihnen wahrscheinlich verhält, ist es wichtig, auf die in den Grafiken genannten Signale im Verkaufsgespräch vom ersten Augenblick an zu achten. Je schneller Sie die Signale erkennen, umso schneller können Sie die erforderlichen taktischen Maßnahmen ergreifen, geeignete Fragen stellen und das Gespräch so steuern, daß Sie die erforderliche Glaubwürdigkeit erlangen.

Aber wie soll das geschehen? Wie "erlangen" Sie Glaubwürdigkeit, wenn Sie sie noch nicht besitzen?

Glaubwürdigkeit "erlangen"

Auf diese Frage gibt es eine dreigeteilte Antwort, aber zuerst müssen wir darauf hinweisen, daß es sich hier in einem gewissen Sinne um eine Fang-frage handelt. Niemand gelingt es wirklich, Glaubwürdigkeit ein für alle-mal zu "erlangen". Das Vertrauen, das Sie bei Ihrem Kunden benötigen, müssen Sie im Laufe der Zeit entwickeln und bei jedem Zusammentreffen aufs Neue erwerben. Deshalb ist es treffender zu sagen, daß der konzept-orientierte Verkäufer Glaubwürdigkeit in einem fortwährenden Prozeß *ge-winnt*, als zu meinen, diese könne einfach festgenagelt werden. Glaubwür-digkeit ist so zerbrechlich, wie sie wertvoll ist. Wenn Sie nicht beständig darauf achten, sie in jedem Gespräch zu gewinnen und wieder zu gewin-nen, kann es Ihnen sehr leicht passieren, daß Sie das bei Ihrem Kunden *vermutete* Vertrauen schon lange nicht mehr besitzen.

Es gibt drei Wege,
Glaubwürdigkeit zu erlangen

▪▪▪➡ *Sie haben sie sich verdient*

▪▪▪➡ *Sie wurde auf Sie übertragen*

▪▪▪➡ *Sie basiert auf Ihrem Ruf*

Abbildung 30: Die Wege zur Glaubwürdigkeit

Es gibt grundsätzlich drei Wege, um Glaubwürdigkeit zu erlangen. Man kann Sie *sich verdienen*, Sie kann von jemand anderem auf Sie *übertragen* werden oder sie kann auf Ihrem *Ruf basieren*. Diese drei Wege sind in der Grafik auf dieser Seite dargestellt.

222

1. Verdiente Glaubwürdigkeit. Bei weitem der *beste* Weg zur Glaubwürdigkeit ist es, sich diese bei jedem Kunden zu verdienen. In unserer Diskussion über die Elemente der Glaubwürdigkeit haben wir weiter oben erwähnt, daß "erbrachte Leistungen" eine Hauptkomponente dieser Vorbedingung des Verkaufens sind. Wenn Sie mit Fräulein Weller in der Vergangenheit schon einen erfolgreichen Joint-Venture-Verkauf abgewickelt haben, weiß sie, daß Sie sich sowohl um ihre Eigeninteressen kümmern als auch um die Ihrigen - und ein Kunde, der dies weiß, ist bereit dazu, mit Ihnen weitere Geschäfte zu machen. Wenn Sie einen Kunden einmal auf diese Weise bedient haben, dann sind Sie der "Schreiner", von dem wir im Kapitel über den Joint-Venture-Verkauf berichtet haben: Ihre Leistung ist für den Kunden "pures Geld wert", und er ist weit mehr daran interessiert, sich auch in Zukunft dieses "Geld" bei Ihnen zu holen, als zu einem Ihrer Wettbewerber zu rennen, der ihm möglicherweise die gleiche Befriedigung verschafft - oder auch nicht.

2. Übertragene Glaubwürdigkeit. Manchmal macht es Sinn, Glaubwürdigkeit mit dem Kredit zu vergleichen, der einem von einer Bank gewährt wird. Das beste aller Szenarien, das haben wir gerade beschrieben, ist dasjenige, in dem Sie sich diesen Kredit selbst einräumen können mit Hilfe der "Mittel", die Sie sich durch Ihre Leistung in der Vergangenheit erworben haben. Aber genauso, wie Sie manchmal einen Kredit eingeräumt bekommen, weil ein Dritter den Antrag gegenzeichnet, so können Sie eine zeitweilige Glaubwürdigkeit durch die gewichtige Empfehlung eines anderen erwerben - ob dies in Form eines gemeinsamen Erstbesuches, eines Briefes oder einfach eines Telefongespräches geschieht. Wenn Sie sich ein solches Entree bei Ihrem Interessenten verschaffen können durch einen geschätzten Kollegen, einen Geschäftspartner, einen zufriedenen Kunden oder einen Freund, dem der Interessent vertraut, dann kann die von dieser Person verdiente Glaubwürdigkeit auf Sie übertragen werden. Diese Glaubwürdigkeit wird niemals so groß oder zuverlässig sein wie diejenige, die Sie sich selbst verdient haben, aber doch handelt es sich um einen "Kredit", den Sie in Anspruch nehmen können als eine Art "übertragene Glaubwürdigkeit".

3. Glaubwürdigkeit durch Ihren Ruf. Glaubwürdigkeit durch seinen Ruf zu erwerben, ist eine andere Form der übertragenen Glaubwürdigkeit. Es ist möglich, zeitweilige Glaubwürdigkeit zu erlangen, wenn das Unternehmen oder die Produkte, die Sie verkaufen, selbst einen guten Ruf bei Ihrem zukünftigen Kunden genießen. Bis zu einem gewissen Grad haben die Verkäufer von Hewlett-Packard, von BMW oder von Kimberly-Clark einen Vorschuß an Glaubwürdigkeit - einen "Glaubwürdigkeits-Kredit",

von dem Verkäufer weniger renommierter Unternehmen nur träumen können. Aber dieser Kredit steht nur in begrenzter Höhe zur Verfügung - und,
noch einmal, die Glaubwürdigkeit eines unbekannten Vertreters einer
hochangesehenen Firma ist niemals so groß wie die des Verkäufers eines
kleineren Unternehmens, der aber seinen Wert für den Kunden schon bewiesen hat.

Aber unabhängig davon, auf welchem der drei Wege Sie den ersten Schritt
gemacht haben, letztlich muß *jede Glaubwürdigkeit verdient werden*.
Glaubwürdigkeit durch Übertragung zu erlangen wie einen Bankkredit, für
den ein anderer die Bürgschaft übernommen hat, ist im besten Falle ein
Hilfsmittel, das der neue Spieler für gewöhnlich dann in Anspruch nimmt,
wenn er nicht auf eine persönlich erworbene Glaubwürdigkeit zurückgreifen kann. Kunden wie Banken lassen es darauf ankommen, wenn sie erkennen, daß Sie Ihr Bestes versuchen. Aber *egal, wie glänzend Ihre Referenzen sind*, ein zweites Mal findet das nicht statt, wenn Sie Ihre Zuverlässigkeit nicht durch Ergebnisse unter Beweis gestellt haben.

Manche dieser "Beweise" können Sie erst liefern, nachdem der Verkaufsvorgang erfolgreich abgeschlossen wurde. Aber manche von ihnen können
Sie schon auf dem Weg zum Ziel antreten - in den Verkaufsgesprächen,
die in ihrer Gesamtheit den Verkaufsprozeß selbst darstellen. Sie können
und *müssen* Glaubwürdigkeit in jeder einzelnen Begegnung mit Ihrem
Kunden erwerben. Wie das geschehen kann, dafür wollen wir Ihnen ein
paar Leitlinien aufzeigen.

Leitlinien, wie man sich Glaubwürdigkeit verdienen kann

1. Präzise Fragen stellen. Je zielgerichteter und spezifisch Ihre Fragen sind, umso deutlicher wird für Ihren Kunden, daß Sie sich vorher über Ihr Meeting mit ihm Gedanken gemacht, also Ihre Hausaufgaben erledigt haben. Vage, weitschweifige Diskussionen am Rande des Themas sind nicht geeignet, die Glaubwürdigkeit des Verkäufers zu begründen. Weil die Zeit Ihres Kunden so wertvoll ist wie Ihre eigene, sollten Sie gegenseitige Verärgerung vermeiden, indem Sie präzise Fragen vor Ihrem Meeting schriftlich vorformulieren. Das ist nicht nur beeindruckend für den Kunden, sondern das macht es auch für Sie wesentlich leichter, an diejenigen spezifischen Informationen heranzukommen, die Sie benötigen, um einen Joint-Venture-Verkaufsprozeß weiterzuentwickeln.

Diese Leitlinie scheint im Widerspruch zu stehen zu unserer Empfehlung in Kapitel 4, nach der Sie an Ihren Kunden offene, erforschende Fragen richten sollten. Aber das ist kein wirklicher Widerspruch. Natürlich sollten Sie Ihrem Kunden viel Zeit einräumen, um unklare oder dunkle Punkte ausführlich zu erläutern. Aber Sie müssen dabei sicherstellen, daß genau verstanden wird, wonach Sie fragen. "Erzählen Sie mir mehr über Ihre Aktivitäten in diesem Bereich" wäre eine zu verschwommene Formulierung, um zu spezifischen Ergebnissen zu kommen. Wenn Sie Glaubwürdigkeit entwickeln wollen, sollten Sie statt dessen fragen: "Könnten Sie mir bitte die Einzelheiten Ihres derzeitigen Kosten-Kontrollsystems erläutern?"

2. Aufmerksam zuhören. Beweisen Sie Ihrem Kunden, daß Sie ihm aufmerksam zuhören durch eine entsprechende Körpersprache und unterstützende Antworten. Es geht hier um zwei Dinge. Aufmerksames Zuhören hilft Ihnen zum einen, das Konzept des Kunden besser zu verstehen - was ja der Kern dessen ist, was Sie im *Konzeptorientierten Verkaufen* tun. Zum zweiten zeigen Sie damit, daß Sie sich mit *seinen* Bedürfnissen auseinandersetzen - mit dem, was *er* über die Situation denkt und fühlt. Wirkliches Interesse an dem zu zeigen, was Ihre Kunden sagen, ist eine der einfachsten aller Methoden, sie zu veranlassen, *Ihnen* zuzuhören. Und wenn Sie sich beide aufmerksam zuhören, dann führt das zu einem flüssigen Informationsaustausch und zu gegenseitigem Vertrauen.

3. Das eigene Ich sein. Das mag wie ein Klischee klingen, ist aber trotzdem eine gute Empfehlung. Das letzte, was Sie im *Konzeptorientierten*

Verkaufen und speziell dann tun sollten, wenn Sie Glaubwürdigkeit erlangen wollen, ist eine Rolle zu spielen - jedwede Rolle. In den fünfzig Jahren unserer gemeinsamen Verkaufserfahrung hat es sich immer wieder bewahrheitet, daß Verkäufer, die mit scheinbarer Anteilnahme - mit strahlendem Lächeln, mit überschwenglichem Händeschütteln, mit sorgenvoller Miene Teilnahme heuchelnd - ihrer Umgebung begegnen, am Schluß wie Idioten dastanden. Heutige Kunden durchschauen dieses Spiel sofort. Darüber hinaus können Sie auf diese Spielchen verzichten, wenn Ihre Ware oder Dienstleistung in Ordnung ist und Sie sich ernsthaft um die Befriedigung der Kundenbedürfnisse bemühen. Wenn Sie schon das Vertrauen Ihres Kunden gewinnen wollen, dann sollten Sie auch bereit sein, *sich selbst* zu trauen.

4. Keine Alles- oder Besserwisserei.
Geben Sie Ihrem Interessenten keine Antworten wie am Schnürchen und erwecken Sie unter *keinen* Umständen den arroganten Eindruck, daß Sie ihm überlegen wären. Vielleicht wissen Sie tatsächlich mehr als er. Aber das ist irrelevant. Es ist sogar schlimmer als das. Denn Kunden, die den Eindruck haben, daß sie von Ihnen herablassend behandelt werden, werden niemals bereit sein, Ihnen einen Auftrag zu erteilen, es sei denn, sie hätten gar keine andere Möglichkeit. Millionen von Abschlüssen gehen jedes Jahr verloren durch "Senkrechtstarter", die versuchen, Glaubwürdigkeit dadurch zu erlangen, daß Sie demonstrieren, wie brillant sie sind. Das ist einer der sichersten Wege, die wir kennen, um Ihre Glaubwürdigkeit auf der Stelle zu *verlieren*.

Das soll nicht heißen, daß Sie nach unserer Meinung den bescheidenen Biedermann spielen müssen. Wenn Sie solide und umfassende Produktkenntnisse haben und wenn Sie eine wirklich überzeugende Vorstellung davon haben, wie das Problem eines Kunden gelöst werden könnte, dann sollten Sie ihn das selbstverständlich wissen lassen. Entscheidend ist die *Art und Weise*, in der Sie es ihm sagen. Glaubwürdigkeit kann man nicht erlangen, indem man den Kunden "überfährt". Man erzielt sie, indem man klare, verständliche Antworten gibt, die dem "Tempo" des *Kunden* und seinem Denkvermögen angepaßt sind - nicht Ihrem eigenen.

5. Im Ich gewinne/Du gewinnst-Quadranten bleiben.
Demonstrieren Sie Ihrem potentiellen Kunden, daß Sie sich - auch wenn Sie nicht vergessen, an sich selbst zu denken - ernsthaft Gedanken darüber machen, wie *er* in diesem Verkaufsvorgang zurechtkommt. Das ist besonders wichtig, wenn der Interessent negativ oder defensiv eingestellt ist. Wenn ein Kunde anfängt, Sie abzuschießen, ist die natürliche Tendenz, entweder zurückzuschießen - also mit Ich gewinne/Du verlierst zu antworten - oder Ich ver-

liere/Du gewinnst zu spielen, indem man sich übertrieben anpaßt. Wenn Sie bei einem Kunden Glaubwürdigkeit erlangen wollen, sollten Sie beiden Versuchungen widerstehen. Wirkliche Glaubwürdigkeit kann man nur in Ich gewinne/Du gewinnst-Situationen erringen. Es ist überhaupt nichts daran falsch, daß dies zwischen Kunde und Verkäufer absolut klar ist. Wenn der Kunde "schwierig" oder "widerspenstig" ist, suchen Sie nach Fundamentalen Problemen. Versuchen Sie herauszufinden, *warum* er Ihnen nicht vertraut. Sagen Sie ihm gerade heraus: "Werner, ich möchte, daß wir beide gewinnen bei diesem Geschäft und ich habe den Eindruck, daß Sie davon nicht überzeugt sind. Was müssen wir ändern, damit auch Sie sich als Gewinner fühlen?"

Wenn Sie es mit einem feindseligen Interessenten zu tun haben, können auch die folgenden Empfehlungen nützlich sein:

☐ Fragen Sie nach *spezifischen* Gründen, das heißt: Entschärfen Sie die allgemeine Feindseligkeit, indem Sie sich auf das Was, Wo, Wann und Wie der Situation konzentrieren.

☐ Machen Sie durch die Formulierung präziser Fragen klar, daß Ihr Ziel nicht einfach darin besteht, Einwände zu entkräften, sondern daß es Ihnen darauf ankommt, ein besseres *Verständnis* dessen zu erreichen, was vor sich geht.

☐ Laden Sie den Kunden dazu ein, sich auszusprechen. Unterbrechen Sie ihn dabei nicht und greifen Sie ihn nicht an, sondern erlauben Sie ihm vielmehr, seine Gefühle abzureagieren, bis der Ärger verflogen ist.

Natürlich wird der Ärger nicht immer verfliegen. Und in diesen Fällen - wir haben darüber in Kapitel 8 diskutiert - *können Sie einfach nicht* zu einem Ich gewinne/Du gewinnst-Ergebnis kommen. Aber diese Situationen begegnen einem selten. In den meisten Fällen ist es ein unvermeidlicher Teil des Weges zum Vertrauen des Kunden, das Ende der Feindseligkeit abzuwarten, wobei Sie nicht die Rolle des Sündenbocks übernehmen müssen, um dieses Problem aus der Welt zu schaffen. Wenn Sie durch klare Aussagen und vorgelebte Beispiele beweisen können, daß Sie sich beide, sich *und* Ihren Kunden, zu Gewinnern machen wollen, sind Ihre Chancen groß, Glaubwurdigkeit zu erlangen.

6. Nur Leistung bringt den Auftrag. Glaubwürdigkeit ist Ihnen nur dann sicher, wenn Sie sich diese *verdient* haben. Langfristiges Vertrauen schenkt Ihnen der Kunde nur, wenn Sie ihm die Ergebnisse liefern, die er benötigt - indem Sie sich beiden die persönlichen Gewinne verschaffen, die die Grundlage jeder Glaubwürdigkeit sind.

7. *Joint-Venture-Verkauf praktizieren.* Das heißt mit der Phase Erkennendes Denken des Entscheidungsprozesses zu beginnen, damit Sie die wirklichen Gründe des Kundenwiderstandes verstehen und ansprechen können, um daran anschließend in den nächsten logischen Schritten die Phasen des Entgegengesetzten Denkens und des Übereinstimmenden Denkens zu durchlaufen.

In der abschließenden Grafik sind die entscheidenden Stichworte dieser Leitlinien noch einmal zusammengefaßt.

Wie man sich Glaubwürdigkeit verdient

▪▪▪➤ präzise Fragen stellen

▪▪▪➤ durch aufmerksames Zuhören

▪▪▪➤ das eigene Ich sein

▪▪▪➤ keine Alles- / Besserwisserei

▪▪▪➤ echtes Engagement zeigen, kein Ich gewinne/Du verlierst-Spiel

▪▪▪➤ nur Leistung bringt den Auftrag

▪▪▪➤ Joint-Venture-Verkauf praktizieren

Abbildung 31: Wie man sich Glaubwürdigkeit verdient

Glaubwürdigkeit und Zeitplanung

Jeder Verkäufer hat seine eigene Lieblingsgeschichte zum Thema Verkäufe, die - obwohl sonst alles in Ordnung war - nur daran gescheitert sind,
daß "der Zeitplan nicht stimmte". Wie bei allem anderen auch, ist es auch
im Verkauf eine wichtige Erfolgskomponente, zur richtigen Zeit am richtigen Platz zu sein. Und am gleichen richtigen Platz zu sein, aber zur
falschen Zeit, kann genau so leicht in einer Katastrophe enden.

Dem Argument, daß die Wahl des richtigen Zeitpunktes für gutes Verkaufen wichtig ist, haben wir nichts entgegenzusetzen. Wo wir uns von den
meisten "Analytikern" der Verkaufsszene unterscheiden, ist in unserer
Überzeugung, daß Sie eine weitaus größere *Kontrolle* über den richtigen
Zeitpunkt haben, als man sich das gemeinhin vorstellt.

Die meisten Menschen neigen dazu zu glauben, die Zeiteinteilung sei etwas, was "einfach" passiert - und sie seien die ungewollten, passiven Opfer
dieses Ereignisses. Ähnlich nennen sie es Glück, wenn Sie beim Spa-
zierengehen einen Geldschein auf der Straße finden oder dem "Schicksal"
danken, wenn Sie das Flugzeug um wenige Minuten verpaßt haben, das
dann bei diesem Flug abgestürzt ist. Diese Argumentation mag zwar angemessen sein, wenn es um gefundene Geldscheine oder abgestürzte Flugzeuge geht, aber sie ist im Verkauf vollkommen unangebracht. Die
"schlechte Zeitplanung" als Begründung für einen schiefgegangenen Verkaufsvorgang zu nennen, ist nichts als eine Ausrede. Im *Konzeptorientierten Verkaufen* ist es Ihre Aufgabe, *den richtigen Zeitpunkt herauszufinden*
und zwar *jedesmal, wenn Sie sich mit einem Kunden treffen*. Wenn Sie das
nicht jedesmal tun, werden Sie am Ende auf eine Liste unproduktiver
Meetings zurückblicken können, in denen Sie "das Pech hatten, bei ihm
einen schlechten Tag erwischt zu haben". Das ist nicht Schicksal. Das ist
schlechte Planung.

Die eine Möglichkeit, um zu vermeiden, daß Sie das Opfer einer schlechten Zeitplanung werden, aber gleichzeitig die Vorteile einer guten Zeitplanung ausnutzen können, ist es, in jedem Verkaufsgespräch von Anfang an
sehr feinfühlig auf die individuelle Kauf/Verkauf-Situation zu achten. Zur
Illustration geben wir Ihnen zwei Beispiele, ein positives und ein negati-
ves.

Zuerst das negative Beispiel. Alex war ein fleißiger und zielstrebiger Verkäufer, dem es vor ein paar Jahren gelang, einen Termin mit dem Vorsit-

zenden der Geschäftsleitung eines großen Speditionsunternehmens zu vereinbaren. Es hatte ihn Monate gekostet, dieses Treffen auf höchster Ebene zu vereinbaren und er bereitete sich sehr sorgfältig darauf vor. Aber als er das Büro des Geschäftsleitungs-Vorsitzenden betrat, machte er einen einfachen Fehler. Er achtete nicht auf die Tatsache, daß der Mann nervös und zerstreut war. Obwohl dieser den Termin eingehalten hatte, war klar ersichtlich, daß er in Gedanken irgendwo ganz anders war. Wenn Alex darauf richtig reagiert hätte, dann hätte er gefragt, ob sie ihren Termin verschieben sollten - und hätte sich selbst damit die Möglichkeit verschafft, diese wichtige Präsentation zu einem Zeitpunkt nachzuholen, zu dem ihm der Geschäftsleitungs-Vorsitzende größere Aufmerksamkeit geschenkt hätte. Statt dessen legte Alex los wie ein Berserker und endete im Nichts. Später - zu spät, als daß es ihm noch etwas genutzt hätte - erfuhr er, daß sich sein Gesprächspartner drei Tage später einer schweren Operation unterziehen mußte. Kein Wunder also, daß er so zerstreut war - und kein Wunder, daß er Alex völlig ignorierte.

Nun, vielleicht wäre das Ergebnis seines Besuches nicht besser gewesen, wenn er mit dem gedankenverlorenen Vorsitzenden der Geschäftsleitung einen neuen Termin vereinbart hätte. Das wäre für ihn jedoch zumindest eine bessere Chance gewesen. Aber so wie es ablief, weil er die Hinweise auf den falschen Zeitpunkt nicht beachtet hatte, hatte Alex die Schuld an dem verkorksten Termin selbst zu tragen. Später sagte er uns: "Eine Stunde, nachdem ich gegangen war, wurde mir klar, daß der Mann nicht ein einziges Wort von dem, was ich gesagt hatte, wirklich aufgenommen hat." Das ist sehr häufig das Ergebnis von Verkaufsgesprächen, in denen sich aus Gründen, die der Verkäufer nicht beeinflussen kann, der vereinbarte Termin als schlecht gewählter Zeitpunkt herausstellt.

Hier das positive Beispiel. Karin ist eine der Topverkäuferinnen einer der großen Computerfirmen. Kürzlich befand sie sich in einer sehr ähnlichen Situation wie Alex, aber sie handelte vollkommen anders. Als *ihr* unruhiger, offensichtlich zerstreuter Interessent anfing, sie anzuschauen, als ob er in Gedanken auf Tahiti wäre, brach sie das Gespräch abrupt ab. "Herr Huber," sagte sie, "es sieht so aus, als ob Sie mit etwas anderem beschäftigt wären. Wenn der Zeitpunkt für Sie jetzt schlecht ist: möchten Sie vielleicht einen neuen Termin mit mir verabreden."

"Huber", sagte uns Karin später, "war erleichtert, dankbar und beeindruckt. Er sagte, er würde es sehr schätzen, daß ich auf seine Zerstreutheit so rücksichtsvoll reagiert habe. Es stellte sich heraus, daß er am Nachmittag des gleichen Tages ein Seminar über ein neues Trainingsprogramm zum

Thema Management by Objectives zu halten und daß er den Stoff noch nicht ganz verarbeitet hatte. Wie es der Zufall manchmal will, war ich auf diesem Gebiet fit und so bot ich ihm ein halbstündiges Briefing zu diesem Thema anstelle unseres Gespräches an. An diesem Tag haben wir keine zwei Worte über Computer gesprochen, aber seitdem haben wir uns viermal getroffen und seine Firma ist meine heißeste Anbahnung. Natürlich werden wir ihre Computerprobleme lösen, aber überzeugt habe ich ihn nicht mit Computern. Das geschah dadurch, daß ich spürte, daß er nicht bei der Sache war - daß ich die Symptome wahrgenommen habe, nach denen der Zeitpunkt für unser Gespräch nicht mehr der richtige war."

Das Wasser prüfen. Wie Karin ihren unruhigen Kunden behandelte, das war mehr als einfache "Feinfühligkeit". Das Beispiel zeigt uns, wie wertvoll es ist, in jedem Gespräch "das Wasser zu testen", bevor man hineinspringt. Die Glaubwürdigkeit, die Karin damit bei ihrem Kunden erlangte, war das unmittelbare Ergebnis dieses Tests: Bevor sie in das Gespräch einstieg, lotete sie mit einer guten Frage ihre augenblickliche Situation aus. Wenn es darum geht zu prüfen, ob man den richtigen oder falschen Zeitpunkt erwischt hat, ist das immer eine gute Methode, der man folgen sollte.

Diesen "Wassertest" sollten Sie so *früh* wie möglich in Ihren Verkaufsgesprächen machen. Tatsächlich ist es sogar durchaus angebracht, die meisten Gespräche mit einer Frage zum "richtigen Zeitpunkt" zu *beginnen*. Wir beginnen nahezu jedes geschäftliche oder private Telefongespräch mit einer einleitenden Bestätigung, ob der Zeitpunkt für das Gespräch in Ordnung ist. "Können wir jetzt miteinander sprechen oder paßt es Ihnen gerade nicht?" Oder: "Unterbreche ich Sie gerade bei einer Arbeit?" Indem Sie eine solche Frage - es handelt sich um eine bestimmte Art von Bestätigungsfragen - gleich am Anfang stellen, verschaffen Sie sich zwei unmittelbare Vorteile:

1. Durch die Höflichkeit Ihrer Frage demonstrieren Sie Ihr Interesse an den Bedürfnissen und Prioritäten Ihres Kunden. Das signalisiert Ihrem Gesprächspartner, daß Sie Ich gewinne/Du gewinnst spielen - und erhöht damit sofort Ihre Glaubwürdigkeit.

2. Sie geben dem Kunden die Moglichkeit, ein Gespräch zu verschieben oder einen neuen Termin zu vereinbaren, anstatt das Risiko einzugehen, daß Sie beide zum Verlierer werden, weil einer von Ihnen nicht "wirklich bei der Sache" ist. Damit bewahren Sie gleichzeitig sich selbst und Ihren Kunden davor, Zeit zu verlieren.

Der etwas versteckte Punkt, um den es hier geht, ist die Tatsache, daß Ihr Interessent eine andere Prioritätenliste haben kann als Sie. Selbst das am besten vorbereitete Verkaufsgespräch der Welt kann daneben gehen, weil sich seit dem Zeitpunkt, zu dem Sie es vereinbart haben, die Bedürfnisse Ihres Kunden geändert haben können oder weil persönliche Probleme seine Aufmerksamkeit in Anspruch nehmen oder weil aus irgend einem von tausend anderen Gründen aus dem "richtigen" Zeitpunkt ein falscher geworden ist. Gleich am Anfang zu fragen, ob der Zeitpunkt noch richtig ist, ermöglicht Ihnen also, das Beste aus Ihrer Zeit zu machen, weil Sie sich dadurch auf diejenigen Verkaufsgespräche konzentrieren können, in denen Sie beide eine gute Chance haben, zu Gewinnern zu werden.

Die "Höflichkeitsfalle" - und das Gegenteil. Auf zwei "Fallen" sollten Sie achten. Die erste davon könnte man die Höflichkeitsfalle nennen. Sie ist dann gegeben, wenn ein vielbeschäftigter oder gedankenverlorener Kunde, der Sie nicht beleidigen oder Ihren eigenen Terminkalender nicht durcheinanderbringen möchte, einen vereinbarten Termin wahrnimmt, obwohl sich der Zeitpunkt inzwischen als falsch erwiesen hat. Fallen Sie auf diese Höflichkeit, etwa nur wegen Ihres eigenen Zeitplanes, nicht herein. Wenn ein Kunde eine Terminvereinbarung nur aus Höflichkeit einhält, dann ist die Wahrscheinlichkeit sehr groß, daß Sie sich mit jemand unterhalten, der nicht ein Wort von dem hört, was Sie sagen. Reagieren Sie deshalb auf Herrn Hubers: "Ja, ich glaube dieser Zeitpunkt ist so gut wie jeder andere" beim geringsten Zweifel, ob er nicht einfach "nett" zu Ihnen sein will, damit, daß Sie ihm eine zweite Chance geben, den Termin zu verschieben. Sagen Sie ihm das direkt. "Ich weiß es zu schätzen, Werner, daß Sie unseren Termin aufrecht erhalten wollen, aber ich glaube, wir werden bessere Ergebnisse in unserem Gespräch erzielen, wenn es Ihnen besser paßt. Wollen Sie nicht doch den Termin verschieben?"

Die zweite Falle ist das Gegenteil der ersten. In diese tappen Sie, wenn Sie das *augenblickliche* Unbehagen eines Kunden bei dem Gedanken, sich mit Ihnen zu treffen oder sich mit Ihrem Angebot zu beschäftigen, mit einer *generellen* Ablehnung verwechseln. Wenn Herr Huber auf Ihr Angebot nervös, feindselig oder überhaupt nicht reagiert, muß das nicht notwendigerweise bedeuten, daß er Ihr Unternehmen und all das haßt, wofür er Sie nimmt. Das kann einfach bedeuten, daß Sie bei ihm einem schlechten Tag erwischt haben. Um herauszufinden, ob er auf Sie und Ihr Angebot oder einfach aufgrund des falschen Zeitpunktes so reagiert, wie Sie es erleben, wenden Sie die gleiche Methode an wie bei der "Höflichkeitsfalle": *Stellen Sie ihm entsprechende Bestätigungsfragen.*

Wann Terminvereinbarungen bestätigt werden sollten

Wir sagten, daß die laufende Überprüfung Ihres Zeitplanes ein fortwährender Bestandteil Ihrer Aktivitäten während des gesamten Verkaufszyklus sein sollte. Es gibt aber drei besondere Zeitpunkte, zu denen diese Überprüfung besonders wichtig ist.

1. Wenn Sie einen Termin vereinbaren und diesen bestätigen. Nur ein Mensch, der sich selbst schlecht organisieren kann oder ein Masochist werden bereit sein, sich mit Ihnen zu einem Zeitpunkt zu treffen, von dem sie wissen, daß er für sie ungünstig ist. Aber Menschen stimmen Terminen zu, die "nicht ganz ideal" sind. Deshalb sollten Sie bei jeder Terminvereinbarung versuchen, so nahe wie möglich an die "ideale Zeitplanung" Ihres Interessenten oder Kunden heranzukommen - natürlich ohne Ihre eigene Zeitplanung damit außer Kraft zu setzen. Wenn er Ihrem Terminvorschlag für Freitag zustimmt, Sie aber das Gefühl haben, das sei ihm nicht ganz recht, gehen Sie das Thema direkt an: "Wenn Ihnen ein anderer Zeitpunkt lieber ist als Freitag: Welcher Termin wäre für Sie günstiger?" Falls Sie es sich angewöhnt haben sollten, Ihre Termine ein oder zwei Tage vorher noch einmal telefonisch zu bestätigen, dann wäre das ein guter Zeitpunkt, um noch einmal sicher zu gehen, daß der vereinbarte Zeitpunkt nach wie vor gut ist. Falls Sie sich Ihre Verabredungen mit solchen "Kontrollanrufen" nicht noch einmal bestätigen lassen, ist das Risiko nicht auszuschließen, daß Sie sich zu einem Termin auf den Weg machen, dessen Zeitpunkt optimal war, als Sie ihn verabredet haben, der sich aber in der Zwischenzeit bei Ihrem Kunden als höchst unpassend herausgestellt hat.

2. Am Anfang des Verkaufsgespräches. Auf diese Notwendigkeit haben wir bereits weiter vorne in diesem Kapitel hingewiesen, deshalb wollen wir uns hier nicht wiederholen. Aber eine Ergänzung ist erforderlich. Wenn Sie sich am Anfang Ihrer Besprechung noch einmal bestätigen lassen, daß der Termin paßt, ist es oft angebracht, auch nach der Zeit zu fragen, *die Ihnen zur Verfügung steht:* "Paßt es Ihnen nach wie vor, mir eine halbe Stunde Zeit zur Verfügung zu stellen?" Wenn Sie sich die zeitlichen Parameter Ihres Meetings nicht auf diese Weise bestätigen lassen, kann es Ihnen passieren, daß Sie von Herrn Huber mitten im Thema unterbrochen werden. Wenn also Ihre Besprechung um 15.00 Uhr beginnt und Sie davon ausgehen, daß Sie bis 16.00 Uhr Zeit haben, sollten Sie sich das bestätigen lassen, damit Sie nicht von einem Abbruch des Gespräches um 15.30 Uhr überrascht werden.

3. Am Ende des Verkaufsgespräches. Im Kapitel über den Fragenprozeß haben wir festgestellt, daß es üblicherweise angebracht ist, am Ende eines Verkaufsgespräches Commitmentfragen zu stellen - also Fragen, mit deren Hilfe Sie das Versprechen des Kunden erhalten wollen, daß er etwas *tut*, um den Verkaufsprozeß weiter zu führen. Mit solchen Fragen können Sie auf elegante Weise Fragen zu seiner Zeitplanung verknüpfen: "Wird es Ihnen möglich sein, diese Ausarbeitung dem Komitee bis 21. Januar vorzulegen?" Oder: "Wir können mit der Installation Anfang März beginnen. Paßt das in Ihren Zeitplan?" Solche Fragen nach bestimmten Zeitpunkten helfen, den Verkaufsprozeß in Gang zu halten, indem sie *zukünftige* Erfordernisse der Zeitplanung definieren.

Kurz gesagt bleiben Sie durch die ständige Überprüfung der vereinbarten Termine während des gesamten Verkaufsprozesses in ständigem Kontakt mit den beim Kunden unausweichlich sich verändernden Prioritäten und Bedürfnissen. Das richtet nicht nur Ihr Augenmerk auf die Frage, wo Sie in dem Verkaufsvorgang und damit in diesem Verkaufsprozeß jeweils stehen. Dadurch, daß Sie sich Gedanken darüber machen, ob Ihre Zeitplanung nach wie vor auch für *ihn* richtig ist, zeigen Sie ihm Ihre Ich gewinne/Du gewinnst-Absichten und verstärken damit Ihre Glaubwürdigkeit.

12 Überzeugende Gesprächs- begründung

Die zweite Vorbedingung, die für jedes Verkaufsgespräch erfüllt sein muß, ist eine Begründung, warum dieses Gespräch überhaupt stattfinden soll. Damit meinen wir aber nicht *Ihren* Grund für das Gespräch, sondern den Grund Ihres potentiellen *Kunden*, warum er Sie sehen möchte. Jedesmal, wenn sich jemand mit Ihnen verabredet, stellt er Ihnen Zeit zur Verfügung, die er möglicherweise für andere Prioritäten vorgesehen hatte. Wenn Sie ihn also darum bitten, Ihnen Zeit zu widmen, dann verdient er es auch, einen Grund dafür genannt zu bekommen.

Eigentlich scheint das selbstverständlich zu sein, und doch unterlassen es die meisten Verkäufer. Anstatt Ihren Kunden vernünftige geschäftliche Gründe dafür zu liefern, mit ihnen ihre Zeit zu verbringen, konzentrieren sie sich auf gesellschaftliche Termine und Verabredungen zum Mittagessen. Das Ergebnis ist auch hier immer wieder das älteste Problem der Verkäufer: Sie schaffen es nicht, einen Fuß in die Türe zu kriegen.

Überzeugende Gesprächsbegründung: die Schlüsselgedanken

Eine Überzeugende Gesprächsbegründung, wie wir sie definieren, ist etwas, was Ihrem potentiellen Kunden einen Grund dafür liefert, einen Teil seiner wertvollen Zeit zur Verfügung zu stellen, um sich mit Ihnen zu treffen. Dieser Grund mag durchaus auch Ihren Wunsch verstärken, den Kunden zu sehen, aber es geht um die Beeinflussung *seiner* Prioritäten, nicht der Ihrigen. Im allgemeinen verfolgt eine Überzeugende Gesprächsbegründung zwei Ziele:

❐ Zunächst liefert sie dem potentiellen Kunden *Daten*, die er benötigt, um genau zu verstehen, wer Sie sind und warum Sie ihn zu dem vorgeschlagenen Zeitpunkt treffen wollen.

❐ Zweitens beinhaltet sie die gemeinsame *Grundlage* oder den Ausgangspunkt des Gespräches, so daß Sie bei Ihrem Gespräch einen effizienten Fragenprozeß beginnen können, indem Sie sich auf das Konzept des Kunden konzentrieren, um dieses zu verstehen.

Damit sollte eigentlich schon klar sein, daß eine gute Überzeugende Gesprächsbegründung - im Gegensatz zu den typischen "sozialen" Begründungen, die Verkäufer für ein Treffen oft anführen - außerordentlich *präzise* ist. Sie stellt nicht den Kunden oder Ihr Geschäft im allgemeinen in den Mittelpunkt, sondern ein spezifisches Verkaufsgespräch mit einem individuellen Kunden. Sie bestimmt, warum ein bestimmter Kunde sich mit *Ihnen* zu diesem Zeitpunkt treffen sollte - und zu welchem bestimmten *Zweck*. Zum Beispiel: "Ich würde mich gerne in der kommenden Woche mit Ihnen treffen, um mit Ihnen zu diskutieren, wie unser neuer Abfallrückgewinnungs-Prozeß Ihre Zuschnittverluste um ungefähr 15 Prozent vermindern könnte."

Seine Verluste, seine Bedürfnisse - das Hauptziel jeder guten Überzeugenden Gesprächsbegründung besteht darin, im Kunden den Wunsch zu wecken, sich mit Ihnen zu treffen, weil das vor *seinem* geschäftlichen Hintergrund Sinn macht. Aber es gibt noch andere Ziele. Wir betrachten die im folgenden genannten als die wichtigsten.

1. Die Überzeugende Gesprächsbegründung nennt unmißverständlich den *Grund* für das Verkaufsgespräch. Wenn Sie eine Überzeugende Gesprächsbegründung verwenden, um einen Termin zu bekommen, darf

mit ihr der Kunde nicht getäuscht werden. Vielmehr soll er genau erfahren, worum es Ihnen geht.

2. Mit der Überzeugenden Gesprächsbegründung zeigen Sie, daß Sie sich *vorbereitet* haben: Sie haben sich über seine (möglichen) Probleme Gedanken gemacht und Sie haben mit Ihren Hausaufgaben begonnen, um diese zu lösen.

3. Eine Überzeugende Gesprächsbegründung zu erstellen vermindert Ihren *Zeitbedarf für Besprechungen.* Die Überzeugende Gesprächsbegründung ist eine Art Sortierhilfe, durch deren Einsatz es Ihnen gelingt, die Zahl der zu führenden Gespräche zu vermindern, weil sie Ihnen zeigt, in welchen Fällen Sie eine gute Chance für einen gegenseitigen Erfolg haben. Wir sind uns bewußt, daß das in den Ohren von jenen Verkäufern ketzerisch klingen muß, die darauf trainiert wurden, so viele Verkaufsgespräche wie nur möglich zu führen. Aber im *Konzeptorientierten Verkaufen* geht es um Qualität und nicht um Quantität. Die *maximale* Anzahl von Gesprächen ist nicht notwendigerweise die *optimale* und wir wollen Ihnen zeigen, wie Sie zu diesem Optimum kommen. Außerdem hilft die Überzeugende Gesprächsbegründung, Zeitverluste zu eliminieren, nachdem das Verkaufsgespräch begonnen hat. Denn wenn der Kunde im voraus weiß, warum Sie kommen, müssen Sie keine wertvolle Zeit - sei es die Ihrige oder die Ihres Kunden - darauf verwenden, den Grund Ihres Besuches darzulegen. Sie können sich also sofort auf das Thema konzentrieren.

4. Eine Überzeugende Gesprächsbegründung wird vom Kunden als Synonym für "Zeit ist wertvoll" verstanden. Mit anderen Worten, sie *hilft* Ihnen nicht nur, Zeit zu sparen, sondern sie zeigt ihm auch, daß Sie es für *wichtig* halten, das zu tun. Bei einem potentiellen Kunden, der immer zu wenig Zeit hat (was heute für die meisten Menschen gilt), rückt Sie das in ein außerordentlich günstiges Licht. Die Aussage, die dahinter steht, ist die, daß Sie beide *höflich* sind und *effizient* arbeiten. Selbst wenn der Betreffende an Ihrem jetzigen Angebot nicht interessiert ist, kann diese Wahrnehmung des Kunden für zukünftige Verkaufsbemühungen eine Hilfe sein.

5. Die Überzeugende Gesprächsbegründung setzt gegenseitige *Erwartungen* in das Meeting. Sie informiert Kunden über das, worüber *Sie* sprechen möchten. Aber sie sagt *ihnen* auch, worüber zu sprechen sie nach Ihrer Meinung *bereit* sein sollten. Wenn der Kunde vorher weiß, warum Sie kommen, hat er Zeit, seine Informationen noch einmal zu

überprüfen, sein Verständnis des Problems, um das es geht, abzuklären und sich die notwendigen Daten zu besorgen, so daß Sie beide, wenn Sie sich zusammensetzen, das auch bekommen, was jeder von Ihnen erwartet.

6. Und schließlich verschafft die Überzeugende Gesprächsbegründung dem Kunden die *Zeit*, die er braucht, um die soeben genannten Vorbereitungsarbeiten zu erledigen. Sie liefert ihm auch Zeit, um über seine möglichen Positionen in diesem Vorgang im voraus nachzudenken. Erinnern Sie sich daran, daß im Ich gewinne/Du gewinnst-Verkaufen der Kunde und der Verkäufer verpflichtet sind, ihren Beitrag im Verkaufsgespräch zu leisten, um den Verkaufsprozeß der gegenseitigen Befriedigung näher zu bringen. Ihre Kunden können nur dann einen effektiven Beitrag zu dieser Aufgabe liefern, wenn sie *vor* dem Gespräch wissen, was passieren wird.

Überzeugende Gesprächsbegründung

Der Zweck

▶ Zeigt dem Kunden, wer Sie sind und warum Sie zu ihm wollen.

▶ Liefert eine gemeinsame Basis, die es Ihnen erlaubt, das Konzept des Kunden zu verstehen.

▶ Leitet Ihren Fragen-Prozeß ein.

▶ Konzentriert das Gespräch auf seine Zielsetzung und bestimmt die Atmosphäre.

Abbildung 32: Der Zweck einer Überzeugenden Gesprächsbegründung

Lassen Sie uns aber jetzt, nach einem Blick auf die Grafik auf dieser Seite, in der der Zweck einer Überzeugenden Gesprächsbegründung noch einmal dargestellt ist, etwas ausführlicher darüber diskutieren, wie Sie diesen

238

Zweck erfüllen können, damit Sie für jedes Ihrer Verkaufsgespräche eine Überzeugende Gesprächsbegründung liefern können.

Die Kriterien einer Überzeugenden Gesprächsbegründung

Bevor Sie sich über die Gründe Gedanken machen, warum Sie jemand sehen möchten, müssen Sie zuerst darüber nachdenken, ob Sie wirklich eine Überzeugende Gesprächsbegründung für das Meeting haben. Dazu konzentrieren Sie sich auf fünf Kriterien. Diese stellen wir Ihnen jetzt in Form von Fragen vor, die Sie sich selbst beizeiten vor dem vorgesehenen Verkaufsgespräch beantworten sollten.

1. *Wird der Kunde den Grund, warum ich ihn sehen möchte, als einen solchen akzeptieren, der auf sein Konzept oder seine "Lösungsvorstellung" eine Auswirkung hat?* Wir setzen voraus, daß, wenn Sie sich dem Ich gewinne/Du gewinnst-Verkaufen und dem Joint-Venture-Ansatz verpflichtet haben, Sie in jedem Verkaufsgespräch das Ziel verfolgen, Ihre Ware oder Dienstleistung mit dem zu verknüpfen, was aus der Sicht des Kunden erreicht werden soll. Aber es reicht nicht aus, nur die Probleme des Interessenten zu berücksichtigen. Dieser muß *wissen,* daß Sie das tun. Wenn Sie also Ihre Überzeugende Gesprächsbegründung formulieren, müssen Sie sicherstellen, daß er von Anfang an erkennt, daß es Ihnen an erster Stelle um *seine* "Lösungsvorstellung" geht und daß dies nicht nur zufällig geschieht.

2. *Liefert meine Überzeugende Gesprächsbegründung dem Kunden oder Interessenten einen Grund dafür, warum er dieses Gespräch auf die erste Stelle seiner Prioritätenliste setzen sollte?* Hier geht es um die Dringlichkeit. Immer, wenn Sie sich um einen Termin für ein Verkaufsgespräch bemühen, befinden Sie sich im Wettbewerb mit hundert anderen Prioritäten des Kunden: Gespräche, die Ihre Konkurrenz führen möchte, Meetings innerhalb der Käuferorganisation, Flugzeuge, die erreicht werden müssen, persönliche Verabredungen - und so weiter und so weiter. Ihre Überzeugende Gesprächsbegründung muß in Ihrem Kunden den Wunsch auslösen, sich als erstes mit Ihnen zu treffen oder zumindest so bald wie möglich. Deshalb haben diejenigen Begründungen, die mit den augenblicklichen, drängenden Problemen zu tun haben, die größten Erfolgschancen.

3. *Wird ihm meine Überzeugende Gesprächsbegründung helfen, eine Entscheidung zu treffen, eine Entscheidung, die er bereits getroffen hat zu bekräftigen, oder wird sie ihm Daten für zukünftige Entscheidungen liefern?* Potentielle Kunden - besonders solche, die in großen Organi-

sationen in der Hierarchie hoch angesiedelt sind - sind ständig aufgefordert, *Entscheidungen* zu treffen. Wie die meisten Menschen sind sie oft gezwungen, auf der Grundlage unzureichender Informationen zu entscheiden. Wenn Ihre Überzeugende Gesprächsbegründung ihm aus dieser Schwierigkeit heraushelfen kann und er das erkennt, ist die Wahrscheinlichkeit sehr groß, daß er Sie sehen möchte.

Wir haben weiter vorne den menschlichen Entscheidungsfindungs-Prozeß erklärt und darauf hingewiesen, daß die produktivsten Verkaufsgespräche dem Kunden erlauben, diesen Prozeß in der "idealen" Sequenz zu durchlaufen: vom Erkennenden zum Entgegengesetzten und dann zum Übereinstimmenden Denken. Das gleiche gilt sogar schon vor dem Verkaufsgespräch, wenn Sie also noch dabei sind, die Überzeugende Gesprächsbegründung für das Treffen zu finden. Die beste Überzeugende Gesprächsbegründung verbessert das sequentielle Denken des Kunden über ein Problem, das der Verkäufer ansprechen möchte.

4. *Ist aus der Überzeugenden Gesprächsbegründung ersichtlich, was das Gespräch für ihn bedeuten kann?* Der Kunde weiß von Anfang an, was das Gespräch für *Sie* bedeuten kann, oder er kann es sich zumindest vorstellen: Weil Sie sich um einen Termin bemühen, kann er ziemlich sicher davon ausgehen, daß Sie irgendwann im Laufe der Zeit die Unterschrift unter einen Auftrag haben wollen. Aber wird das auch für *ihn oder sein Unternehmen* irgendeinen Vorteil haben? Woher soll er wissen, was für ihn wichtig ist? *Eine* Funktion einer sauber formulierten Überzeugenden Gesprächsbegründung besteht darin, ihm hier Klarheit zu verschaffen, indem sie ihm aufzeigt, wie er gewinnen kann.

Das muß nicht heißen, daß die Überzeugende Gesprächsbegründung den ganzen Inhalt Ihres Gespräches vorwegnehmen muß, zumal nach wie vor das eigentliche Verkaufen im direkten Gespräch mit dem Kunden stattfindet. Aber um zu diesem direkten Gespräch zu kommen, müssen Sie ihm zeigen, daß das Gespräch für ihn von *Nutzen* sein könnte.

5. *Wird aus der Überzeugenden Gesprächsbegründung ersichtlich, daß es um das Geschäft des Kunden und nicht nur um meines geht?* Diese Überlegung weicht geringfügig von der soeben aufgeworfenen Frage ab. Natürlich wollen Sie sich mit Ihrem Kunden aus Gründen treffen, die mit Ihrer *beider* Geschäft zu tun haben. Aber in der Überzeu-

genden Gesprächsbegründung ist es das Geschäft des Kunden, das zählt - selbst wenn das vorübergehend "zu Ihren Lasten" geschehen muß. Indem Sie Ihren Kunden helfen zu gewinnen, begründen Sie Glaubwürdigkeit, gegenseitigen Erfolg und damit gleichzeitig zukünftige Geschäfte.

Die vier Hauptkriterien der Überzeugenden Gesprächsbegründung sind in der folgenden Grafik noch einmal zusammengefaßt.

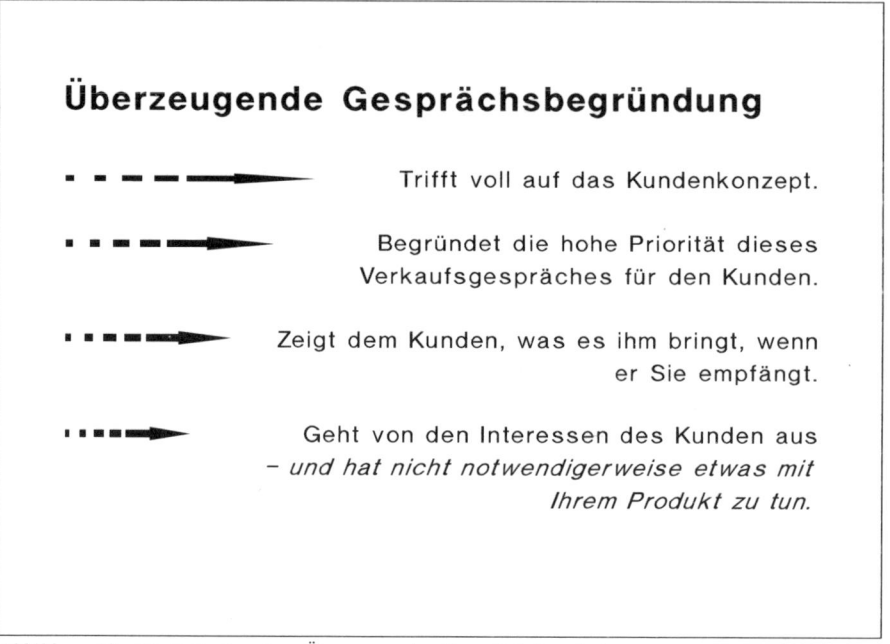

Abbildung 33: Die Kriterien einer Überzeugenden Gesprächsbegründung

Keine "Kalt-Akquise"

Alle hier genannten Kriterien implizieren die Voraussetzung, daß Sie sich immer, bevor Sie das erste Mal das Büro eines Kunden (wegen eines neuen Verkaufszieles) oder eines Interessenten betreten, schon Gedanken über sein Geschäft gemacht haben. Im *Konzeptorientierten Verkaufen* gibt es also tatsächlich keine "Kalt-Akquise", weil wir allen Profis, mit denen wir es zu tun haben, dringend empfehlen, jedes Gespräch vorher taktisch zu planen - selbst das erste Gespräch mit einem neuen Interessenten. Denn wenn Sie diese Planung nicht vorher machen - wenn Sie sich nicht ein paar Gedanken über den Menschen machen, den Sie treffen wollen, darüber, was seine möglichen Probleme sind und welche Bedeutung Ihre Ware oder Dienstleistung für die Lösung dieser Probleme haben kann -, dann haben Sie überhaupt keine Chance, eine überzeugende Gesprächsbegründung zu formulieren. Und dann müßten Sie wirklich versuchen, "kalt zu akquirieren".

Natürlich müssen Sie das Geschäft des potentiellen Kunden nicht bis ins Detail kennen. Vielmehr werden Sie vor dem ersten Gespräch mit einem neuen Interessenten über sein Geschäft sehr wenig wissen, und daran ist überhaupt nichts auszusetzen. Aber es kann nicht im Interesse irgendeines der Beteiligten sein, sich zu einem Treffen zu verabreden, *ohne* daß vorher einige Recherchen angestellt wurden. Das kann etwas so Elementares wie die Lektüre eines Zeitungsberichtes über die Branche des zukünftigen Interessenten sein, aus dem Sie zu erkennen glauben, daß Sie ihm etwas bieten können. Oder Sie haben etwas von Veränderungen in der Käuferorganisation erfahren, aus denen Sie entnehmen, daß neue Lieferanten (wie Sie) eine Chance haben, ins Geschäft zu kommen. Die Art der Information ist eigentlich unwichtig im Vergleich zu der Tatsache, daß Sie sich - im Gegensatz zum "Kalt-Akquisiteur" - überhaupt ein paar Gedanken über Ihren neuen Interessenten gemacht haben.

Unsere Recherchen in diesem Bereich haben abschließend ergeben, daß viele Verkaufsgespräche zu allgemein angelegt sind. Viele Verkaufsgespräche sind einfach zu wenig vorbereitet und zu wenig zielgerichtet, um für den Kunden oder den Verkäufer von irgendeinem Nutzen sein zu können. Über den spezifischen Kunden und sein Unternehmen vorher nachzudenken, ist ein Weg, um der geplanten Aktion einen Sinn zu geben, so daß Sie wissen, daß Sie Ihre Zeit *managen*, wenn Sie in das Gespräch gehen - und nicht nur mit ihr spielen.

Erwartungen in das Gespräch setzen

Es gibt im wesentlichen drei Zeitpunkte in einem Verkaufsvorgang, zu denen es wertvoll ist, eine Überzeugende Gesprächsbegründung einzusetzen: wenn Sie einen Termin vereinbaren, am Anfang der Besprechung selbst und wenn Sie "unerwartete Teilnehmer" bei einem vorher verabredeten Verkaufsgespräch haben.

Eine Überzeugende Gesprächsbegründung einzusetzen, um überhaupt einen Termin vereinbaren zu können, ist der offensichtliche Anwendungsbereich dieser Taktik, der unmittelbar einleuchtend ist. Aber ein Gesichtspunkt muß hier betont werden. Bei Ihrer telefonischen Terminvereinbarung müssen Sie die Überzeugende Gesprächsbegründung klar und unmißverständlich formulieren, denn, wie wir schon sagten, dann wird für Sie und Ihren Kunden klargestellt, was Sie beide von dem Gespräch *erwarten*. Wenn Sie so vorgehen, hat das einen unmittelbaren Vorteil für Sie: *Der Grad der Unsicherheit Ihres potentiellen Kunden vermindert sich* und macht es damit für Sie wesentlich einfacher, zu einer flüssigen Kommunikation zu kommen und einen wirklichen Fortschritt zu erzielen.

Wenn Sie die Erwartungen in das geplante Gespräch formulieren, sollten Sie die folgenden Leitlinien beachten.

❐ Stellen Sie Ihre *Absichten* in dem Gespräch im Zusammenhang mit Ihrem Verkaufsziel klar. Worüber wollen Sie sprechen, auf welche Fragenkomplexe des Kunden wollen Sie sich konzentrieren und welche spezifischen Informationen wollen Sie ihm liefern? Je genauer Ihre Angaben zu diesen Themen am Telefon sind, umso geringer wird das Risiko, daß Sie dem Kunden eine Präsentation liefern, die dieser nicht erwartet hat oder gar nicht hören will.

❐ Sagen Sie, was Sie *vom Kunden erwarten*. Das hängt mit dem zusammen, was wir früher über Commitments sagten. Im Joint-Venture-Verkauf *teilen* Sie und Ihr Kunde sich die Verantwortung für den Fortschritt des Verkaufsvorganges. Wenn Ihr Kunde in einem vorhergegangenen Gespräch versprochen hat, "zu Ihrem Angebot das nächste Mal Stellung zu nehmen" oder "die Antwort der Finanzabteilung" einzuholen, dann vergewissern Sie sich bei Ihrem Telefongespräch, daß er dieses Versprechen wahr machen kann.

❐ Formulieren Sie den *Zweck* des Meetings in Form einer Überzeugenden Gesprächsbegründung. Damit bestätigen Sie noch einmal Ihr Interesse an den Bedürfnissen Ihres Kunden und klären gleichzeitig den Zeitplan, den Sie beide haben. Da sich die Terminpläne der meisten Menschen laufend verändern, können Sie damit eine potentielle Unsicherheit ausschließen.

❐ Klären Sie, welche *Personen teilnehmen* sollen. Dafür sprechen zwei Gründe. Das erlaubt der Person, mit der Sie die Vereinbarung treffen, alle erforderlichen Vorkehrungen zu treffen, damit alle, die teilnehmen sollen, rechtzeitig da sein werden. Gleichzeitig vermindert sich das Risiko, daß entweder zu viele oder zu wenige Personen da sind, wenn Sie zum Termin kommen. Wenn Sie davon ausgehen, sich mit einer Person zu treffen und in der Besprechung sitzen Ihnen dann sechs Unbekannte gegenüber, dann kann das Ihren Zeitplan über den Haufen werfen, Ihre Glaubwürdigkeit untergraben und damit das ganze Gespräch in Frage stellen. Andererseits laufen Sie Gefahr, daß Sie zwei Gespräche anstelle von nur einem führen müssen, wenn für eine Entscheidung zwei Personen erforderlich sind und nur eine davon anwesend ist, weil die andere nicht rechtzeitig über die Besprechung informiert wurde. Schützen Sie sich vor diesen beiden gegensätzlichen Fallen, indem Sie das "Publikum" in Ihrem Telefongespräch definieren.

❐ Listen Sie die *Hilfsmittel* auf, die Sie benötigen. Wenn Sie für eine einwandfreie Präsentation ein Flipchart, einen Overhead-Projektor oder einen speziellen Raum benötigen, müssen Sie das Ihrem Kunden natürlich bei der Terminvereinbarung sagen. Es muß auch eindeutig mit ihm abgesprochen werden, wer für die benötigten Hilfsmittel zu sorgen hat. Das gilt auch in dem Fall, in dem Sie sich selbst um diese Dinge kümmern, denn sonst investiert er möglicherweise seine kostbare Zeit in doppelte und damit unnötige Arbeit.

Die bis jetzt besprochenen Leitlinien sind in der nachfolgenden Grafik noch einmal zusammengestellt. Nur ein Punkt ist jetzt noch offen. Sollten Sie die Besprechung sehr frühzeitig verabredet haben und sich deshalb den Termin vor dem Gespräch noch einmal bestätigen lassen, ist es durchaus angebracht, die einzelnen Punkte dieser Leitlinien *noch einmal* durchzusprechen. Auch wenn das eine Wiederholung ist, macht dies Sinn, denn Sie können damit das Risiko falscher Erwartungen vermindern oder sogar ganz ausschließen.

Grundlagen der Terminvereinbarung

- ▶ Liefern einer Überzeugenden Gesprächsbegründung bei der Terminvereinbarung

- ▶ Nennen der Gesprächsgrundlagen, um den Grad der Unsicherheit beim Kunden zu senken

- ▶ Stichworte zu den Gesprächsgrundlagen

  - ■ die eigenen Verantwortlichkeiten
  - ■ die Verantwortlichkeiten des Kunden
  - ■ der Zweck des Meetings
  - ■ die teilnehmenden Personen
  - ■ die benötigte Technik (Overhead, Flipchart etc.)

Abbildung 34: *Grundlagen der Terminvereinbarung*

Den Zweck der Besprechung verifizieren

Es ist sehr sinnvoll, die Überzeugende Gesprächsbegründung zu Beginn des Verkaufsgespräches noch einmal zu wiederholen. Dafür sprechen dieselben Gründe, die wir soeben für die Formulierung einer Überzeugenden Gesprächsbegründung selbst (und die anderen Grundlagen der Terminvereinbarung) genannt haben. Das kann auf natürliche Weise und sehr leicht geschehen, indem Sie eine Bestätigungsfrage stellen - was, wie wir festgestellt haben, ohnedies ein gutes Entree für ein Verkaufsgespräch ist. Eigentlich gibt es sogar keine bessere Eröffnung eines Meetings als die nochmalige Bestätigung seiner Zielsetzung: "Heute Nachmittag wollen wir die Probleme mit den Schaltkreisen besprechen. Ist das richtig?" Oder: "Habe ich Sie richtig verstanden, Joachim: Sie möchten heute einen Bericht darüber, welche Serviceleistungen wir Ihrer Branche anbieten können?" Indem Sie den Grund Ihres Hierseins an den Anfang stellen, signalisieren Sie Ihren Zuhörern, daß Sie genau wissen, *was Sie tun* - und laden Sie gleichzeitig dazu ein, Ihnen zu bestätigen, daß das *nach ihrer Meinung weiterhin getan werden soll*, bevor kostbare Zeit verloren geht.

Der Umgang mit "Überraschungsgästen"

Was ist zu tun, wenn Sie den Besprechungsraum betreten und feststellen, daß Sie sich nicht der Person oder den Personen gegenübersehen, die Sie erwartet haben? Auf diese Frage waren wir schon einmal im Zusammenhang mit dem Joint-Venture-Verkauf zu sprechen gekommen. Dort hatten wir gesagt, daß Sie immer herausfinden müssen, wer Ihre Zuhörer sind, *bevor* Sie mit einem Gespräch beginnen. Eine Möglichkeit, dies zu erreichen, ist wiederum die nochmalige Formulierung der Überzeugenden Gesprächsbegründung am Anfang des Meetings, weil dann Ihr "Publikum" so gut wie Sie weiß, daß es zur richtigen Zeit am richtigen Platz ist.

Wenn Sie das nicht tun, dann können Sie manchen Teilnehmern Kummer bereiten. Ein Bekannter von uns lieferte neulich einem Saal voller Manager eines multinationalen Unternehmens eine Präsentation. Er versäumte es, die Überzeugende Gesprächsbegründung, die ihn hergebracht hatte, an den Anfang seiner Ausführungen zu stellen mit der Konsequenz, daß plötzlich, nachdem er bereits zehn Minuten geredet hatte, ein sichtlich verwirrter Manager in der ersten Reihe aufstand, etwas wie "Das ist ganz und gar nicht mein Thema, ich muß im falschen Meeting sein" murmelte und verlegen den Raum verließ. Der Manager fühlte sich beschissen, seine Kollegen waren außer sich und verlegen wegen ihm und unser Freund mußte kostbare Zeit darauf verwenden, seine Haltung und Beherrschung wiederzufinden. "Mein Zeitplan ist total durcheinander gekommen," erzählte er uns. "Ich fühlte mich wie ein Professor, der Studenten der griechischen Sprache eine Vorlesung in organischer Chemie gegeben hat." Dabei hätte all die Verwirrung durch die einleitende Wiederholung der Überzeugenden Gesprächsbegründung vermieden werden können.

Drei persönliche Probleme -
und unsere Antworten auf sie

Praktisch alle Verkaufsprofis, mit denen wir arbeiten, anerkennen den Wert einer Überzeugenden Gesprächsbegründung für jedes Verkaufsgespräch. Aber gelegentlich begegnen wir Widerständen, und zwar für gewöhnlich von Verkäufern, denen gelehrt wurde, daß "Freundschaft" oder "den Kontakt halten" durchaus adäquate Gründe seien, einen Kunden zu besuchen. Auf ihre Einwände antworten wir wie folgt.

Problem 1: *"Es kann nicht sein, daß das bei jedem Verkaufsgespräch notwendig ist.* Es gibt immer wieder Besprechungen, in denen gesellschaftliche Dinge das einzige Thema sind und für die ich keine Überzeugende Gesprächsbegründung brauche, weil es nicht um geschäftliche Fragen geht; es geht mir nur darum, die Beziehung warm zu halten."

Natürlich gibt es solche Szenarien. Es gibt viele gesellschaftliche Situationen, in denen Sie einfach einen Kunden zum Essen einladen, weil Sie ihn oder sein Unternehmen mögen. *Aber solche Situationen sollten Sie nicht mit Verkaufsgesprächen verwechseln.* In einem wirklichen Verkaufsgespräch bitten Sie einen potentiellen Geschäftspartner darum, Ihnen seine *berufliche Zeit* zur Verfügung zu stellen, um die Möglichkeit gemeinsamer geschäftlicher Aktivitäten auszukundschaften. Wenn Sie auf diese Weise beruflich zusammenarbeiten, sind Sie dieser Person etwas schuldig - unabhängig davon, wie gut Sie sich persönlich kennen. Und der einzige Weg, das Konto auszugleichen, besteht darin, daß Sie für Ihr Treffen eine Überzeugende Gesprächsbegründung liefern - jedesmal. Wenn Sie es unterlassen, wird der beste persönliche Freund mit Ihnen keine Geschäfte mehr machen - er kann es sich nämlich nicht leisten. Erinnern Sie sich daran, daß der klassische Fall des "gesellschaftlichen" Verkäufers - des Jungen, der nie eine Überzeugende Gesprächsbegründung brauchte - Willy Lohman war, der "sympathische" Verlierer im *Tod eines Handlungsreisenden*.

Problem 2: *"Ich will nicht hartnäckig erscheinen.* Ich will nicht so stur auf der geschäftlichen Seite bestehen, daß er den Eindruck bekommt, er würde mich als Mensch überhaupt nicht interessieren. Miller-Heiman sagt, ich solle Mittel und Wege finden, damit alle meine Kunden persönlich gewinnen. Wie soll ich das denn erreichen, wenn ich immer nur vom Geschäft rede?"

Auch dieses Problem bringt persönliche und berufliche Aspekte einer geschäftlichen Beziehung durcheinander. Wenn Sie sich am Pool oder auf einer Golfrunde mit dem guten alten Joe entspannen, fein: entspannen Sie sich. Aber ein Verkaufsgespräch ist etwas anderes, etwas mit klaren Ansprüchen. Aber selbst in einer solchen Umgebung mit klaren Ansprüchen sollten Sie natürlich eine überstürzte Zielstrebigkeit vermeiden, wie sie aus der Formulierung "Laß uns keine Zeit verlieren" oder "Guten Tag, Fritz, das Ziel dieser Besprechung ist ..." herausklingt. Aber das ist eine Frage des persönlichen Stils und des Einfühlungsvermögens in Ihre individuellen Kunden. Die Freundlichkeiten, mit denen viele Verkaufsgespräche eröffnet werden, sind vollkommen akzeptabel, um das Eis zu brechen. Das haben wir schon in der Diskussion über den Fragenprozeß erklärt. Aber machen Sie sich bitte nicht selbst etwas vor: *Sie sind nicht Bestandteil des Verkaufsgespräches selbst.* Wenn Sie sich mit Ihrem Kunden zu einer geschäftlichen Besprechung zusammensetzen, dann geht es darum, sich auf die beiderseitigen geschäftlichen Bedürfnisse zu konzentrieren.

Weit davon entfernt, "rücksichtslos" oder "hartnäckig" zu sein, ist die Formulierung einer Überzeugenden Gesprächsbegründung für jedes Verkaufsgespräch das genaue Gegenteil: Es ist eine *sehr* rücksichtsvolle Art, Geschäfte zu machen. Es beweist dem potentiellen Kunden - ob Sie ihn nun seit zwanzig Jahren oder erst seit zehn Minuten kennen -, daß Sie sich ein paar Gedanken über seine Situation gemacht haben und daß Sie nach Möglichkeiten suchen, diese zu verbessern.

Problem 3: "Ich fühle mich unwohl, wenn ich die Gesprächsbegründung laut aussprechen soll. Das ist mir zu offensichtlich, zu direkt, einfach unverhohlen zu sagen: 'Wir treffen uns heute aus dem folgenden Grund'. Außerdem kommt mir das fast beleidigend vor, so, als ob das der Kunde nicht selbst wüßte. Ich mache das auf meine Art und nicht in dieser unverblümten Weise."

Unsere Antwort? Immer, wenn Sie sich bei der Formulierung der Zielsetzung Ihres Meetings unwohl fühlen, ist das ein untrügliches Zeichen dafür, daß mit Ihrer "überzeugenden" Begründung etwas nicht stimmt. Vielleicht haben Sie sie (sich selbst oder Ihrem Kunden gegenüber) unkorrekt formuliert; oder Sie wissen selbst nicht ganz genau, weshalb Sie beide sich treffen werden. Wenn die Überzeugende Gesprächsbegründung korrekt formuliert ist, wird sie den Kunden *niemals* beleidigen - und sie wird nie in Ihnen den Wunsch wecken, es "auf Ihre Art zu machen". Wenn Sie sich davor scheuen, laut auszusprechen, warum Sie hier sind, sollten Sie noch einmal überprüfen, was Sie als den Grund des Meetings empfinden. Vielleicht hilft es Ihnen, wenn Sie die Überzeugende Gesprächsbegründung in Form einer Bestätigungsfrage formulieren: "Gehe ich recht in der Annahme, daß das Ziel dieser Besprechung ..."

Wir haben festgestellt, daß es drei grundsätzliche Szenarien dafür gibt, daß sich jemand bei der Formulierung einer Überzeugenden Gesprächsbegründung unwohl fühlt. Entweder der Betreffende kennt den Zweck der Besprechung selbst nicht - dann gibt es dafür keinen geschäftlichen Grund. Oder, zweitens, ist er sich nicht sicher, daß der Kunde den Zweck so sieht wie er selbst und will nicht, daß diese Abweichung offenkundig wird - was bedeutet, daß er sich selbst Scheuklappen anlegt und sich die Chance zu einem erfolgreichen Gespräch nimmt. Zum dritten fürchtet er, der Kunde würde ihm an den Kragen springen, weil er ihn ja für "einfältig" halte und ihm seine Zeit stehle. In diesem letzten Szenario macht der Verkäufer die stillschweigende Annahme, der Kunde sei *gewitzter* als er selbst und sei außerdem so *ungeduldig*, daß er keine zehn Sekunden Zeit hat, um zu bestätigen, warum er sich zu der Besprechung bereit erklärt hat. Wenn Sie tatsächlich einem solchen sogenannten "brillanten" Unmenschen begegnen, haben wir nach wie vor den gleichen Rat für Sie. Durch die Formulierung einer Überzeugenden Gesprächsbegründung versuchen Sie eine Ich gewinne/Du gewinnst-Beziehung herzustellen. Wenn er die Überzeugende Gesprächsbegründung aber "zurückweist", sollte für Sie klar sein, daß er möglicherweise gar nicht Ich gewinne/Du gewinnst mit Ihnen spielen will und daß Sie deshalb in seinem Büro falsch am Platze sind.

Und wieder kommen wir auf Ich gewinne/Du gewinnst zurück. Ihre Zielsetzung durch eine Überzeugende Gesprächsbegründung klarzustellen, ist eine offene und notwendige Taktik, um die Klarheit des Geschehens zu erhöhen und den Informationsfluß zu verbessern. Jeder Kunde, der ein aufrichtiges Spiel mit Ihnen treiben will, wird die Gelegenheit begrüßen, sich mit Ihnen auf der Basis einer Überzeugenden Gesprächsbegründung treffen zu können. Jemand, der Ihre Zielsetzung zurückweist oder sich darüber lustig macht oder der denkt, die Zielsetzung sei entweder "offensichtlich" oder "irrelevant", wird mit Ihnen kein gutes Geschäft machen. Warum sollten Sie also Ihre Zeit vergeuden und ihn besuchen?

Der langfristige Rücklauf

Ergänzend zu den Vorteilen einer Überzeugenden Gesprächsbegründung, die wir schon beschrieben haben, gibt es einen Vorteil, der so wichtig und so unerwartet ist, daß wir ihn besonders hervorheben möchten. Dieser Vorteil ist der langfristige Rücklauf, den Sie in Form von *Differenzierung* erhalten.

Im Kapitel "Informationen geben" haben wir gesagt, daß Kunden durch Differenzierung entscheiden und daß eines Ihrer Hauptziele in Verkaufsgesprächen darin besteht, dem Kunden dabei zu helfen, zu Ihren Gunsten zu differenzieren. Die Verwendung einer Überzeugenden Gesprächsbegründung ist eine perfekte Möglichkeit für Sie, das zu erreichen, und zwar aus dem einfachen Grunde, weil sie so selten benutzt wird. Die meisten Verkäufer meinen immer noch, sie müßten sich in ihre Besprechungen hineinmogeln, indem sie ihrem Kunden "gesellschaftliche" oder "unverfängliche" Gründe für ein Treffen anbieten wie der Bodenleger, der seinen Fuß in Ihre Türe stellt unter dem Vorwand, "er müsse etwas ausmessen" oder der Vertreter, der behauptet, er interessiere sich nicht für das Geschäft des Kunden, sondern wolle nur "mit ihm essen gehen". Von diesem traditionell manipulativen Hintergrund hebt sich derjenige Verkäufer weit ab, der von Anfang an sein geschäftliches Interesse erkennen läßt und der dem Interessenten eine Überzeugende Gesprächsbegründung für eine Besprechung liefert. An ihn wird man sich *erinnern* und ihm wird man *zuhören*, womit eine eindeutig positive Differenzierung zur Konkurrenz stattgefunden hat.

Ein früherer Teilnehmer an unserem Workshop *Konzeptorientiertes Verkaufen* hat es einmal so formuliert: "Ich kann Ihnen nicht sagen, mit wie vielen Leuten ich durch eine Überzeugende Gesprächsbegründung zu einem Termin gekommen bin, von denen man behauptet hat, man käme nicht an sie heran. Der Überraschungseffekt dieser Taktik ist überwältigend. Die Leute sind es so gewöhnt, daß Verkäufer versuchen, sich 'hereinzulavieren'. Wenn ich komme und von Anfang an klar sage, *warum* ich sie sprechen möchte, bin ich automatisch eine Klasse besser. Mehrere meiner Kunden haben mir später gesagt, das sei Ihnen vorher nie passiert." Das ist Glaubwürdigkeit, die Sie sich nicht kaufen können, egal, wie oft Sie jemand zum Essen einladen.

13 Das Ziel Ihres Verkaufsgespräches

Die dritte Vorbedingung, die Sie erfüllen müssen, bevor Sie in ein Verkaufsgespräch gehen, ist ein klares und präzises Verständnis dessen, was Sie am Ende des Gespräches erreicht haben wollen. Mit anderen Worten: Das *Ziel Ihres Verkaufsgespräches* mit diesem Kunden oder Interessenten an diesem Platz und zu diesem Zeitpunkt muß formuliert sein. Wir haben häufig erwähnt, daß Sie auf jeden Ihrer Kunden mit einem Individuellen Verkaufsziel vor Augen zugehen sollten: Sie sollten zu jedem beliebigen Zeitpunkt im Verkaufszyklus definieren können, was jetzt geschehen soll. Das Konzept des vorher bestimmten Zieles eines Verkaufsgespräches holt diesen Anspruch auf die Ebene einer individuellen Besprechung herunter. Wenn Sie sich an diesem Dienstag von 15.00 Uhr bis 16.00 Uhr mit Jürgensen zu einer Besprechung treffen, dann bedeutet ein spezifisches Ziel für dieses Verkaufsgespräch zu besitzen, daß Sie wissen, wie dieser Verkaufsvorgang am Dienstagnachmittag um 16.00 Uhr aussehen soll und nicht diesen Freitag oder nächste Woche oder nächsten Monat.

Es mag Ihnen offensichtlich erscheinen, daß ein Verkäufer ein Ziel vor Augen haben sollte, wenn er in ein Gespräch geht. Immerhin sind Verkäufer sehr "ergebnisorientiert"; sie setzen sich fortwährend Leistungsziele, die sie zum Topproduzenten des Quartals, zum Verkäufer mit den höchsten Provisionseinnahmen der ganzen Branche oder zum Verkäufer des Jahres machen würden, wenn sie sie erreichten. Zusammen mit der Marketingabteilung und ihren Verkaufsmanagern haben die meisten Verkäufer ihre Augen ständig auf *irgendein* Ziel gerichtet. Demgegenüber haben unsere Nachforschungen ergeben, daß, trotz dieser ergebnisorientierten Haltung, die *meisten* Verkaufsprofis es versäumen, sich selbst klare und realistische Ziele von einem Verkaufsgespräch zum anderen zu setzen. Sogar für die erfahrensten Verkäufer sind die Jahres- und die Karriereziele klar, aber das Ziel für diesen Dienstagnachmittag ist ungewiß.

Das traditionelle "Ziel"

Wenn wir in unseren Workshops *Konzeptorientiertes Verkaufen* auf das Ziel des Verkaufsgespräches als der dritten Vorbedingung zu sprechen kommen, bitten wir die Teilnehmer, uns die Erfolgsmaßstäbe zu beschreiben, die sie sich selbst vor einigen ihrer letzten Verkaufsgespräche gesetzt hatten. In aller Regel sind unsere Teilnehmer Profis mit großer Berufserfahrung, und doch stellen wir immer wieder fest, daß selbst sie Schwierigkeiten haben, genau zu sagen, was sie mit diesen Gesprächen erreichen wollten. Wir haben festgestellt, daß es drei typische, miteinander zusammenhängende Probleme mit ihren "Zielen" gibt: Sie sind zu allgemein, sie sind unrealistisch und sie sind fast immer "verkäuferbezogen" und nicht "kundenbezogen".

1. Zu allgemein. Solange das Ziel eines Verkaufsgespräches nicht spezifisch, greifbar und meßbar ist, kann es einem Verkäufer sehr leicht passieren, daß er das Gespräch beendet, ohne zu wissen, ob er das Ziel erreicht hat oder nicht. Ein gutes Ziel eines Verkaufsgespräches ist ein Bezugspunkt und wenn dieser Bezugspunkt etwas so Vages ist wie "den Prozeß voranbringen", ist die Ungewißheit am Ende des Gespräches groß, wie weit oder in welche Richtung dies geschehen ist. Gutes Management der Verkaufsgespräche sagt Ihnen genau, wo Sie in dem Gespräch stehen und was immer noch getan werden muß, um den Verkaufsprozeß dem Ziel Ich gewinne/Du gewinnst näherzubringen. Je präziser Sie das Ziel Ihrer Verkaufsgespräche definieren, umso leichter wird Ihnen deren Management fallen. Mit einem spezifischen Ziel vor Augen sehen Sie immer, ob Sie ins Schwarze getroffen haben; mit einem unspezifischen "Ziel" - einem, das *jede* Bewegung als "Fortschritt" bewertet - schießen Sie einfach ins Blaue.

2. Unrealistisch. Fragen Sie zehn Verkäufer, was sie bei ihrem nächsten Verkaufsgespräch erreichen wollen, und wir wetten mit Ihnen, daß neun von ihnen sagen: "Den Auftrag erhalten". Natürlich ist das in manchen Branchen - wie etwa im Einzelhandel oder bei Niedrigpreis-Artikeln - nicht immer eine unrealistische Erwartung. Aber in den meisten Fällen wäre es das. In den meisten Industrien, wo der typische Verkaufsvorgang fünf oder zehn Einzelgespräche mit verschiedenen Kaufbeeinflussern erfordert, wäre "den Auftrag zu erhalten" nur selten das realistische Ziel eines Verkaufsgespräches. Aber in unserer ungeduldigen Welt, in der der Glanz des Endresultates oft den Prozeß vergessen macht, der notwendig war, um es zu erreichen, bleibt "den Auftrag zu erhalten" ein gerne formuliertes Ziel, obwohl nur ein geringer Prozentsatz aller Verkaufsgespräche diesen glücklichen Ausgang nimmt.

Die Funktion unseres "Ziels für das Verkaufsgespräch" als Vorbedingung besteht darin, Sie auf den Boden der Tatsachen zu holen, indem wir Ihnen zeigen, wie Sie sich Ziele setzen können, die bei jedem Gespräch zu erreichen *sind*. Ein gutes Gesprächsziel kann Ihnen einen Orientierungssinn verschaffen, den Sie mit keinem Wunschdenken und mit keiner "Super-Verkaufstechnik" jemals erzielen können. Es kann Ihnen helfen, den Kummer zu vermeiden, den führungslose Gespräche verursachen, die planlos von einem Punkt zum anderen wandern und Sie dabei nicht weiterbringen. Jeder Verkäufer, den wir kennen, hat solche "Strömungen" schon erlebt. Wir bezeichnen das Konzept des Ziels des Verkaufsgespräches deshalb auch gerne als ein Navigationsinstrument, mit dessen Hilfe Sie eine Abdrift erkennen und korrigieren können - bevor Sie auf einen Felsen auflaufen.

3. "Verkäuferbezogen". Wenn unsere Workshop-Teilnehmer die Ziele ihrer Verkaufsgespräche formulieren, konzentrieren sich die meisten von ihnen ausschließlich auf das, was *sie* tun wollen anstatt auf das, was der potentielle Kunde tun müßte. Das ist durchaus natürlich, weil man den meisten Verkäufern immer noch erzählt, daß sie den Verkaufsvorgang ständig unter "Kontrolle" halten müßten und das Geschehen niemals dem Kunden (will sagen dem Feind) überlassen dürften. So setzen sie sich Ziele wie "das Pflichtenheft der Verpackung erstellen" oder "unsere großartigen Serviceleistungen hervorheben".

Solche Ziele vernachlässigen zwei fundamentale Lektionen des *Konzeptorientierten Verkaufens*.

Die erste Lektion ist, daß Verkaufsvorgänge notwendigerweise "kundenbezogen" und nicht "verkäuferbezogen" sind. Weil alles mit dem beginnt, was sich im Kopf des Kunden abspielt, können Sie ein Verkaufsgespräch nicht sauber managen, wenn Sie sich ausschließlich auf das fokussieren, was *Sie* denken und tun. Hinzu kommt, daß, wenn durch das Ziel des Verkaufsgespräches nur Sie in die Pflicht genommen werden, es für Sie sehr leicht ist, den Kopf aus der Schlinge zu ziehen, wenn Sie die Besprechung mit leeren Händen verlassen müssen. Sie brauchen nur zu sagen: "Ich habe meinen Job erledigt. Ich habe alles getan, was von mir erwartet wurde. Also ist es nicht mein Fehler, daß nichts dabei herausgekommen ist."

255

Die zweite Lektion besagt, daß jeder gute Verkauf nicht nur gegenseitige Befriedigung bedeutet, sondern auch gegenseitige *Verpflichtung*. Deshalb *muß* ein gutes Ziel des Verkaufsgespräches auch ein Commitment des Kunden beinhalten.

Noch einmal: Commitment

Im Kapitel "Commitment erreichen" sagten wir, daß jedes gute Verkaufs-gespräch mit der Feststellung enden sollte, *was der Kunde als nächstes tun wird*. Im Ich gewinne/Du gewinnst-Verkauf sind Sie und Ihre verschiedenen Kunden und Interessenten Partner in einem Joint-Venture-Prozeß. Als Partner haben *Sie beide* Bedürfnisse, die befriedigt werden sollen, aber auch Verantwortlichkeiten. Es ist die fundamentale Überzeugung, die der Jeder-gewinnt-Philosophie zugrundeliegt, daß die einzig wirklich gesunden Geschäftsbeziehungen auf lange Sicht nur solche sind, in denen *beide* Parteien ihre Verantwortlichkeiten akzeptieren und sich auf die Befriedigung der Interessen des anderen verpflichtet haben. Deshalb bestehen wir darauf, daß *jedes* Verkaufsgespräch mit einem spezifischen, aktionsorientierten Commitment des Kunden beendet werden muß. Dieses Commitment signalisiert Ihnen, daß Sie nicht alleine verkaufen. Es zeigt Ihnen, daß der Kunde *weiß*, daß Sie ihm nicht nur ein kostenloses Mittagessen anbieten.

Wie Sie wissen, sind wir in der Definition des Kunden-Commitments sehr genau. Wir sagen, es sei niemals genug, daß der potentielle Kunde ein paar Wochen "darüber nachdenkt" oder "wieder auf Sie zukommt", wann es ihm beliebt. Für eine wirkliche Verpflichtung muß der Kunde etwas von seiner Zeit opfern, *um etwas Konkretes für den Verkaufsvorgang zu tun*. Es müssen Taten folgen, Worte alleine genügen nicht. Aus diesem Grund sprechen wir in unseren Workshops oft, wenn wir den Abschnitt über das Setzen von Zielen für das Verkaufsgespräch behandeln, nicht einfach von Commitment, sondern von einem *Commitment zur Aktion*, von einer *Kundenaktion*.

Um realistisch zu sein, müssen wir von zwei verschiedenen Commitment-Ebenen sprechen, auf die es Ihnen in einem konkreten Verkaufsgespräch ankommen muß. Diese beiden Ebenen stellen die Grenzwerte des möglichen Commitments dar. Der eine Grenzwert ist das *Beste*, auf das Sie hoffen sollten, und der andere ist das *Geringste*, was Sie noch akzeptieren können.

Lassen Sie uns zunächst die wünschenswertere Ebene des Kunden-Commitments betrachten. Wir nennen sie die *Optimale Kundenaktion*.

Optimale Kundenaktion

Wie der Name impliziert, liegt die Optimale Kundenaktion am oberen Ende der Commitment-Skala. Sie ist die höchste Commitment-Ebene, die Sie realistischerweise von Ihrem Kunden als Ergebnis dieses konkreten Verkaufsgespräches erwarten können. Die ultimativ Optimale Kundenaktion wäre die Unterschrift unter den Auftrag, aber wie wir schon betont haben, ist dies selten ein realistisches Ziel. In den meisten Verkaufsgesprächen - und das gilt für alle, bis auf das letzte eines langen Verkaufsprozesses - müssen Sie sich mit einem geringeren Ziel als dem Auftrag zufrieden geben.

In Kapitel 7 haben wir über *steigende* Commitment-Qualität gesprochen. Das ist ein wichtiger Punkt, an den Sie sich erinnern sollten, wenn Sie sich an die Definition der Optimalen Kundenaktion als Ziel Ihres Verkaufsgespräches machen. "Ich möchte ihn veranlassen, mir einen Termin für ein Gespräch zu geben, in dem er mir den Schlußbericht der Projektgruppe zeigt", könnte eine vernünftige Optimale Kundenaktion gegen Ende eines komplexen Verkaufsvorganges sein; am Anfang desselben Verkaufsvorganges wäre das sicherlich ein sehr unrealistisches Ziel. Die Aufgabe bei der Definition Optimaler Kundenaktionen besteht darin, sicherzustellen, daß die gewünschte Aktion *dem aktuellen Stand des Verkaufsprozesses angemessen ist* - daß sie auf dem letzten Kunden-Commitment aufbaut und daß sie die Grundlage bildet für größere Commitments in der Zukunft.

Stellen Sie sich eine hypothetische Situation vor. Sie wollen an einen großen Industriebetrieb eine Lösung verkaufen, die die Effizienz seiner Produktion erhöht. Sie stehen kurz vor dem nächsten Verkaufsgespräch mit Werner Jürgensen, dem Werksleiter, der schon auf Ihr Angebot verpflichtet ist. Sie unterhalten mit ihm eine angenehme Ich gewinne/Du gewinnst-Beziehung, aber Sie wissen, daß er nicht das endgültige Ja zu diesem Kauf sagen kann, und Sie wissen nicht, wer das kann. Eine Optimale Kundenaktion für das bevorstehende Gespräch könnte sein: "Seine Zustimmung dazu einholen, mir die Person zu nennen, die das endgültige Ja sagt und mich mit dieser Person bekannt zu machen." Das würde auf Ihrer vorhandenen, guten Beziehung *aufbauen*, indem Sie ihn weiter einbinden in den Verkaufsprozeß und gleichzeitig würden Sie *vorausblicken*, indem Sie mit einem anderen wichtigen Kaufbeeinflusser Kontakt bekommen. Das ist steigendes Commitment.

Sie können in diesem Szenario für das bevorstehende Verkaufsgespräch beliebig viele andere Optimale Kundenaktionen definieren. Objektiv gesehen gibt es nicht eine, die eine "ideale" Optimale Kundenaktion für ein Verkaufsgespräch, sondern vielmehr eine Reihe von guten Optimalen Kundenaktionen, aus denen Sie, als der Verkaufs-"Manager", die für *Sie* beste heraussuchen müssen. Weil keiner Ihre Verkaufsvorgänge so gut kennt wie Sie selbst, können wir nicht sagen, welches die beste für Sie wäre. Aber wir können Ihnen ein paar Leitlinien geben, um sicherzustellen, daß Sie sich auf solche Aktionen fokussieren, die wirklich ein Commitment des Kunden beinhalten. Bei der Auswahl der Optimalen Kundenaktion für ein bestimmtes Verkaufsgespräch empfehlen wir Ihnen, sich die folgenden Fragen zu beantworten:

1. *Ist dieses Commitment zur Aktion spezifisch?* Wird das Wer, Was, Wo und Wann der Aktion bestimmt? Spezifische Dinge, besonders ein spezifischer *Zeitplan*, sind wichtig, wenn Sie Ihre Kunden verpflichten wollen, weil das "Wann" eines Commitments oft am schwersten zu erreichen ist. Aber es muß festgenagelt werden, weil Sie sich sonst umsonst bemüht haben. Es ist großartig, wenn sich Jürgensen bereit erklärt, Sie mit dem Leiter des Geschäftsbereiches bekannt zu machen, aber wenn er sich nicht verpflichtet, dies bis zu einem bestimmten Zeitpunkt zu tun, warten Sie möglicherweise sechs Monate darauf, daß dies geschieht. Deshalb würden wir in dieser Situation empfehlen, "mich innerhalb von dreißig Tagen bekannt zu machen" (oder welcher Zeitraum auch immer für Ihre Art von Geschäft realistisch sein mag).

2. *Konzentriert sie sich auf das, was er tun wird?* Erinnern Sie sich: Es geht um gegenseitiges Commitment. Stellen Sie also sicher, daß Ihre Optimale Kundenaktion auch den Kunden verpflichtet, einiges an Energie für Sie einzusetzen - in Ihrem *beidseitigen* Interesse. Und achten Sie auf ein potentielles Problem. Sie müssen davon ausgehen können, daß die Aktion, zu der sich Jürgensen verpflichtet, nicht nur etwas darstellt, was er gerne tun *möchte*, sondern etwas, was er auch tun *kann*. Viele Verkäufer machen den Fehler, Manfred um seine Zustimmung zu etwas zu bitten, von dem auch Ingrid betroffen ist, ohne daß Manfred in dieser Situation die Autorität hätte, Ingrid zu dem geplanten Geschehen zu veranlassen. In unserem Szenario kann angenommen werden, daß Jürgensen als Betriebsleiter in der Lage ist, Sie mit dem Leiter des Geschäftsbereiches bekannt zu machen. Aber wenn Jürgensen nur ein Abteilungsleiter oder gar Sachbearbeiter wäre, wäre das vermutlich keine vernünftige Annahme. Ein Gespür für die Verantwortlichkeiten und die Autorität Ihrer individuellen Kunden wie für

deren geschäftlichen Bedürfnisse kann Ihnen sehr viel dabei helfen zu definieren, was sie tun können und was nicht.

3. *Ist die Optimale Kundenaktion meßbar?* Wir meinen meßbar durch Sie, den Verkäufer. Anders ausgedrückt: Woran können Sie *erkennen*, daß Jürgensen die Optimale Kundenaktion, um die Sie ihn gebeten haben, tatsächlich umgesetzt hat? Sie wissen so gut wie wir, daß Menschen nicht immer sagen, was sie tun und auch nicht immer tun, was sie sagen. Wenn Sie sich also ein Commitment zur Aktion einholen, sollten Sie sich später auch nicht scheuen zu fragen, ob die Aktion stattgefunden hat. Wenn das Commitment in der Terminvereinbarung mit dem Leiter des Geschäftsbereiches besteht, kann Ihnen eine telefonische Bestätigung des Termins bei dessen Sekretärin die gewünschte Sicherheit bringen. Wenn die Optimale Kundenaktion darin bestand, Ihren Bericht an die Projektgruppe weiterzuleiten, liefert die Antwort der Projektgruppe die Bestätigung. Wir wollen Sie also nicht dazu veranlassen, herumzuschleichen und Ihrem Kunden "nachzuspionieren". Aber Sie investieren Ihre Zeit und haben deshalb das Recht zu erfahren, welches Kunden-Commitment Sie dafür erhalten. Commitment heißt, daß etwas getan wird, und wenn etwas getan *wurde*, dann sollten Sie auch das Ergebnis kennen.

4. *Ist diese Optimale Kundenaktion realistisch?* Das ist immer der letzte, der alles entscheidende Test, der wirklich eine Zusammenfassung der Antworten auf die drei ersten Fragen darstellt. Eine realistische Optimale Kundenaktion als Ziel eines Verkaufsgespräches ist spezifisch, sie konzentriert sich auf das, was der Kunde tun kann und will und Sie können messen, ob es geschehen ist oder nicht. Wenn Ihr von Jürgensen initiiertes Treffen mit dem Leiter des Geschäftsbereiches irgendwann in der Zukunft stattfinden wird, wenn Sie nicht einmal sicher sein können, daß er diese Person kennt und/oder wenn es für Sie keine Möglichkeit gibt zu überprüfen, ob dieses Meeting tatsächlich stattfinden soll, dann ist Ihre Optimale Kundenaktion - ex definitionem - nicht realistisch.

Realismus ist die Grundlage jedes soliden Commitments, aber aus dem, was viele Verkaufstrainer sagen, können Sie das nicht heraushören. Mit ihrer Betonung auf "positivem Denken" und der "Kauf-sie-Dir-Haltung" scheinen sie oft zu sagen, daß die tatsächlichen Gegebenheiten einer Situation weniger wichtig sind als Ihre Einstellung zu ihnen: Es gibt "keine Probleme, nur Möglichkeiten". Wir kritisierten diese naive "Triumph-des-Geistes-über-die-Sache-Betrachtung" schon im ersten Kapitel und wir wiederholen unsere Kritik an dieser Stelle. Bleiben Sie realistisch - nicht pessimistisch oder negativ denkend, sondern *realistisch*. Wenn Sie mit offenen Augen verkaufen, wissen Sie, was wir mit Realität meinen. Sie wissen, was von Jürgensen unter realistischen Bedingungen erwartet werden kann und was nicht. Wir möchten Ihnen dringend empfehlen, bei der Formulierung von Optimalen Kundenaktionen immer von dieser Basis auszugehen.

Wenn Sie in einer bestimmten Situation wirklich nicht wissen, was realistisch ist, dann gibt es eine sichere Methode, das herauszufinden: *fragen Sie*. Setzen Sie bei diesem Verkaufsgespräch, beim nächsten und bei jedem weiteren in der Zukunft den Fragenprozeß ein, den wir Ihnen vorgestellt haben, um Ihr Verständnis für die Realität, in der Jürgensen sich bewegt, zu verstehen, so daß Sie *wirklich* wissen, was er tun *kann* und was nicht, ebenso wie das, was er tun *will* und was nicht. Je öfters Sie das tun, umso leichter werden Sie im Laufe der Zeit in jedem Verkaufsgespräch beurteilen können, welches die *wirklich* Optimale Kundenaktion ist, um die Sie bitten können.

Aber so realistisch Sie auch sein mögen, es wird Ihnen nicht immer gelingen, Ihre Optimale Kundenaktion jedesmal zu erzielen. Manchmal wird das daran liegen, daß Sie Ihre Möglichkeiten falsch interpretiert haben. Manchmal wird es daran liegen, daß sich die Situation geändert hat, seitdem Sie Jürgensen das letzte Mal gesehen haben, oder es kann daran liegen, daß Ihr Kunde aus einem von tausend Gründen die Situation nicht so sieht, wie Sie sich das erhofft hatten. Aus allen diesen Gründen müssen Sie sich immer für sich selbst auch ein Ziel am unteren Ende der Skala setzen. Dieses Ziel am unteren Ende nennen wir die *Noch akzeptable Kundenaktion*.

Noch akzeptable Kundenaktion

Die Noch akzeptable Kundenaktion ist genau das, was ihr Name sagt: das Minimum dessen, was der potentielle Kunde tun muß, damit Sie das Ergebnis des Verkaufsgespräches noch akzeptieren können. Es ist das geringste Commitment, mit dem Sie sich noch zufrieden geben können, weil es das geringste ist, mit dem er Ihnen beweisen kann, daß es immer noch ein gemeinsames Interesse gibt, den Verkaufsvorgang voranzutreiben.

Wieder landen wir beim gemeinsamen Interesse. Erinnern Sie sich an die Summe von 1.000 Mark, die wir im Kapitel "Commitment erreichen" genannt haben? Das ist der Betrag, den Sie jedesmal ausgeben, wenn Sie einen Interessenten erneut besuchen. Die Noch akzeptable Kundenaktion ist der geringste Gegenwert, den Sie für diese 1.000-Mark-Investition Ihrer Zeit und Ihrer Energie noch tolerieren können. Wenn Sie nicht wenigstens den bekommen, sollten Sie nicht noch einmal hingehen.

Bei der Definition der Noch akzeptablen Kundenaktion sollten Sie auf die Leitlinien zurückgreifen, die wir Ihnen gerade für die Optimale Kundenaktion geliefert haben. Jede Noch akzeptable Kundenaktion sollte - auch wenn sie sich am unteren Ende der Skala bewegt - *spezifisch* sein; auch sie sollte darauf fokussiert sein, was der *Kunde* tun kann (und will); das Ergebnis der Aktion sollte für Sie, den Verkäufer, *meßbar* sein; und auch sie sollte *realistisch* sein.

Aber ein weiterer Punkt kommt hinzu. Die Noch akzeptable Kundenaktion sollte zu Ihrer Optimalen Kundenaktion für dieses Verkaufsgespräch *in Beziehung stehen*. Diese Verknüpfung des oberen mit dem unteren Ende der "Akzeptanz-Skala" hilft Ihnen, Ihr Hauptziel im Auge zu behalten und schützt Sie vor einem "Abdriften", das sehr leicht eintreten kann, wenn Sie ohne klare Endzielvorstellung in ein Gespräch gehen. Die Verknüpfung der Optimalen Kundenaktion mit der Noch akzeptablen Kundenaktion macht Ihnen klar, daß Sie selbst dann, wenn Sie in diesem Gespräch die Optimale Kundenaktion nicht erreichen, immer noch etwas in der richtigen *Richtung* erreicht haben. Sie kommen dadurch nicht in die traurige Lage dessen, der *jede* positive Antwort zu jeder Zeit für akzeptabel hält - und sich am Schluß mit den Knochen des Festmenus zufrieden geben muß.

Nehmen Sie noch einmal das Jürgensen-Beispiel. Ihre hypothetische Optimale Kundenaktion war es, daß er Ihnen denjenigen benennt, der die letzte Entscheidung trifft und Sie mit dieser Person bekannt macht - der

Person, die über das nötige Geld befinden kann. Die Noch akzeptable Kundenaktion, die Sie für dieses Gespräch definieren, sollte ebenfalls diesen endgültigen Entscheider zum Inhalt haben. Vielleicht ist Jürgensen dazu bereit, Ihnen zu erklären, wie in seinem Unternehmen Entscheidungen der geforderten Art zustande kommen. Vielleicht ist er dazu bereit, Ihr Angebot dem "Vortänzer" persönlich vorzulegen und Ihnen über dessen Reaktion zu berichten. Was immer Sie als Minimum - als minimale Gegenleistung für die von Ihnen investierten 1.000 Mark - determinieren, diese Aktion von Jürgensen muß Sie Ihrer Optimalen Kundenaktion näher bringen und sie muß ein steigendes Commitment seinerseits erkennen lassen.

Die Optimale Kundenaktion und die Noch akzeptable Kundenaktion sind in der nachfolgenden Grafik noch einmal zusammengefaßt.

Optimale Kundenaktion

Welches ist die bestmögliche Aktivität, die ich von diesem Kunden als Ergebnis dieses Verkaufsgespräches erwarten kann?

Noch akzeptable Kundenaktion

Welches ist die noch akzeptable Aktivität, die ich von diesem Kunden als Ergebnis dieses Verkaufsgespräches erwarten kann?

Kriterien zur Beurteilung der Kundenaktion

Ist sie klar definiert?   Ist sie meßbar?

Ist sie wirklich eine   Ist sie dem "Stand der
Aktion des *Kunden?*   Dinge" angemessen?

Abbildung 35: *Alternative Kundenaktionen und die Kriterien ihrer Beurteilung*

Was tun, wenn Sie das Minimum nicht erreichen?

Diese Frage stellt man uns immer wieder. Verkäufer scheinen wenig Schwierigkeiten zu haben, das Konzept der Optimalen Kundenaktion zu verstehen, aber die Idee, eine "Untergrenze" zu setzen, die nicht unterschritten werden darf - das scheint für manche unrealistisch und für andere bedrohlich zu sein. "Wenn ich immer da, wo ich nicht das Geringste erreichte, das ich haben wollte, nicht mehr hingehen würde," hören wir manchmal, "dann wäre ich morgen aus dem Geschäft. Alle Beteiligten werden zu sehr unter Druck gesetzt, wenn man ein solches Ergebnis verlangt. Manchmal muß man einfach mit nichts zufrieden sein und den Kampf am nächsten Tag wieder aufnehmen."

Dieses Argument ist scheinbar überzeugend - es klingt solide, realistisch und flexibel -, aber es kann sehr leicht als Ausrede dienen: eine Entschuldigung, mit der beide, der Kunde und der Verkäufer, den Kopf aus der Schlinge ziehen. Es kann als die Verschleierung der folgenden Aussage verstanden werden: "Dieses Mal habe ich meine Hausaufgaben nicht richtig gemacht und bin deshalb zurückgewiesen worden. Also vergiß das Ganze und hoffe, daß er sich das nächste Mal besser fühlt." Aber das ist selten der Fall. Denn solange er ohne Ihr Produkt leben kann und Sie sich vor Ihrer Verantwortung drücken, den Verkaufsvorgang vorwärts zu bringen, ist die natürliche Tendenz des Kunden, es Ihnen gleich zu tun, und schon hat die "Abdrift" begonnen.

Eine Sache müssen wir klarstellen. Wir gehen davon aus, daß Sie Ich gewinne/Du gewinnst spielen und langfristige Geschäftsbeziehungen aufbauen wollen, in denen Sie *in jedem Verkaufsgespräch die bestmöglichen Ergebnisse erzielen*, zu jeder Zeit. Und wo Sie - wenn diese Resultate nicht möglich sind - bereit sind zu sagen: "Das ist nicht Ich gewinne/Du gewinnst", mit der Konsequenz, sich zu verabschieden. Die Idee der Noch akzeptablen Kundenaktion haben wir nicht eingeführt, um irgend jemand unter Druck zu setzen oder einzuschüchtern - und ganz bestimmt auch nicht als Teil einer schein-psychologischen, optimistischen "Du-schaffst-es-Philosophie". Wir haben Sie eingeführt, weil Sie Ihnen ermöglicht zu erkennen, in welchen Ihrer Verkaufsvorgänge Sie Fortschritte erzielt haben und in welchen nicht. Wenn Ihr Kunde nicht dazu bereit ist, Ihre *niedrigsten* Erwartungen in ein Verkaufsgespräch zu erfüllen, dann ist mit dem Verkaufsvorgang etwas ernsthaft nicht in Ordnung. Und wenn das der Fall ist, dann müssen Sie sofort herausfinden, woran es liegt, daß der Verkaufsvorgang sich im Schneckentempo oder gar nicht vorwärts bewegt und sich dieser Tatsache stellen.

Wann immer der Kunde nicht bereit ist, Ihnen zu helfen, die Dinge voranzubringen, müssen Sie sich zuallererst die Frage stellen, ob es in diesem Vorgang eine reelle Chance dafür gibt, daß Sie mit Ihrem Angebot die Wünsche oder Bedürfnisse des Kunden abdecken können. Wenn es diese Chance *tatsächlich* gibt und Sie bei einem Gespräch nicht einmal die Noch akzeptable Kundenaktion erzielen können, dann können Sie wirklich nur drei Dinge tun. Sie können, erstens, Fragen nach Fundamentalen Problemen stellen, um herauszufinden, was der Grund für die fehlende Bereitschaft des Kunden zu einem Commitment ist. Zweitens können Sie mit Ihrer Noch akzeptablen Kundenaktion auf eine niedrigeres Niveau "herunterfahren" als Antwort auf das, was in dem Vorgang im Augenblick geschieht (oder nicht geschieht). Wenn keine dieser beiden Taktiken weiterhilft, können Sie, drittens, ganz leise Ihren Aktenkoffer zumachen und sich verabschieden. Lassen Sie uns jetzt diese drei Optionen der Reihe nach untersuchen.

1. Fragen nach Fundamentalen Problemen stellen. Darüber haben wir im Kapitel "Commitment erreichen" diskutiert. Wenn ein Verkaufsvorgang ins Stocken gerät, ist es wichtig, Fragen nach Fundamentalen Problemen zu stellen, weil Ihnen diese aus der verfahrenen Situation heraushelfen. Sie können Ihnen helfen, die Patententschuldigungen und die "gequälten" Einwände zu beseitigen, mit deren Hilfe Kunden, die sich als Verlierer fühlen, eine Nebelwand errichten. Und sie erlauben Ihnen, sich auf die *Ursache* ihres Widerstandes zu konzentrieren. Wenn Sie an das Ende Ihres dreißigminütigen Gespräches mit Jürgensen kommen und es Ihnen klar wird, daß er Ihnen nicht einmal sagen will, wer seine endgültige Zustimmung geben muß, dann wird es Zeit, eine Frage nach Fundamentalen Problemen zu stellen: "Sie scheinen sich bei dem Gedanken, daß ich diesen Mann treffen will, nicht wohl zu fühlen, Werner. Könnten Sie mir erklären, was Sie dabei beunruhigt?"

2. Das Niveau herunterfahren. Das Niveau herunterzufahren ist etwas, was wir nicht ernsthaft empfehlen möchten, denn das ist eine Taktik, die offensichtlich mißbraucht werden kann - bis Sie schließlich mit jedem weiteren Gespräch immer noch weniger erreichen. Aber es kann Situationen geben, in denen ein solches Vorgehen berechtigt ist. Im allgemeinen sollten Sie darüber nachdenken, das Niveau herunterzufahren, wenn Sie in ein Meeting gehen und feststellen müssen, daß die Situation *entscheidend abweicht* von dem, was Sie erwartet hatten. Wenn Sie zur Türe hereinkommen und erfahren, daß Jürgensen soeben befördert (oder degradiert) wurde, dann ist es offensichtlich Zeit, die eigenen Taktiken zu überdenken - einschließlich der definierten Optimalen und Noch akzeptablen Kundenaktion. Alle Überraschungen oder Veränderungen in den Bedingungen seit Ihrem letzten Besuch bei diesem Kunden bedeuten, daß Ihre Informationen nicht mehr auf dem neuesten Stand sind. Es wäre riskant, in einer solchen Situation "wie geplant" weiterzumachen, solange Sie die neuen Tatsachen nicht ganz genau kennen.

In einem spezifischen Fall sollten Sie die beiden Ziele Ihres Verkaufsgespräches ebenfalls revidieren, nämlich dann, wenn Sie auf eine Bestätigungsfrage eine unerwartete Antwort erhalten. Ein Beispiel: Nehmen wir an, Sie besuchen Jürgensen einen Monat nach Ihrem letzten Gespräch in seinem Büro und sagen: "Heute wollen wir uns über die Lieferfristen unterhalten, stimmt's?" Anstatt zustimmend mit dem Kopf zu nicken, schnauzt Sie Jürgensen an: "Zum Teufel, nein! So weit sind wir noch lange nicht!" Offensichtlich ist jetzt die Zeit für eine Revision gekommen. Wenn Ihre Noch akzeptable Kundenaktion für dieses Gespräch lautete: "Einen vorläufigen Zeitplan für die Lieferung erstellen," sollte die soeben erhaltene Information Sie zu einem bescheideneren Ziel veranlassen. Vielleicht könnte dieser vorläufige Zeitplan jetzt plötzlich das *Beste* sein, was Sie in dieser Situation erreichen können. Und die Noch akzeptable Kundenaktion könnte jetzt lauten: "Seine Zustimmung zu einem Überblick über den aktuellen Stand bekommen, damit wir in zwei Wochen einen vorläufigen Zeitplan für die Lieferungen erstellen können."

Optimale und Noch akzeptable Kundenaktion sollen nicht als sture "Friß-oder-stirb-Thesen" verstanden werden. Vielmehr können Sie jede von ihnen revidieren, wenn es die Situation erfordert. Wichtig ist dabei nur, daß dies nicht leichtfertig oder als Antwort auf einen nur unbedeutend "schwierigen" Kunden geschieht. Wenn Sie dazu bereit sind, mit dem Minimum jedesmal herunterzufahren, wenn Sie auch nur mit *irgendeiner* Schwierigkeit fertig werden müssen, dann brauchen Sie sich überhaupt kein Minimum zu setzen.

3. Sich verabschieden. Sich zu verabschieden, ist der letzte Ausweg. Aber nicht einer, den Sie unter allen Umständen vermeiden sollten. Denn wenn Sie die Noch akzeptable Kundenaktion realistisch und unter Berücksichtigung der hier genannten Leitlinien definiert haben, dann sollte es nur wenige Verkaufsgespräche geben, in denen der Kunde nicht bereit ist, diese Untergrenze zu akzeptieren. Wenn er es trotzdem tut, ist er dann wirklich an dem Geschäft mit Ihnen interessiert? Will er dann wirklich Ich gewinne/Du gewinnst spielen? Wenn Sie diese beiden Fragen nicht positiv beantworten können, dann stehlen Sie sich wahrscheinlich nur gegenseitig die Zeit und sollten daraus die Konsequenzen ziehen.

Manchmal fragen uns skeptische Verkäufer: "Gehen Sie *wirklich* nicht mehr hin, wenn Sie die Noch akzeptable Kundenaktion nicht erreichen?" Von den wenigen Ausnahmen, die wir soeben diskutiert haben, abgesehen, ist unsere Antwort ein sehr bestimmtes "Ja". Das ist unsere Einstellung. Wir definieren unsere Noch akzeptable Kundenaktion auf dem *geringsten* Niveau, das wir erreichen müssen, wenn jede weitere *Zeitinvestition* in diesen Verkaufsvorgang das wert sein soll. Wenn wir dieses Geringste nicht erreichen, dann verabschieden wir uns. Sonst würden wir den kürzeren ziehen. Und wir würden den Kunden, der kein Commitment eingehen will, wissen lassen: "Meine Zeit ist nicht so wertvoll wie Deine. Deshalb warte ich lieber auf die Brotkrumen, die Du mir zuwirfst, als daß ich mich verabschiede und nach wirklichem Geschäft umschaue." Ein Kunde, der diese indirekte Botschaft von Ihnen erhält, hat keine Skrupel, Sie zum Narren zu halten. Sie haben ihm den Freifahrschein dazu ja selbst gegeben.

Zwei zusammenhängende Vorbehalte müssen noch gemacht werden. Unsere Empfehlung, sich zu verabschieden, soll niemand als Entschuldigung dafür dienen, nicht zu verkaufen, wirklich hart zu verkaufen. Seien Sie offen und ehrlich mit sich selbst, aber auch mit Ihrem Kunden. Wenn Sie Ihre Hausaufgaben nicht gemacht haben oder wenn Sie die Fragen Ihres Kunden nicht beantworten oder wenn Sie den Verkaufsvorgang auf irgendeine Weise nicht sauber managen, dann sollten Sie nicht erwarten, ein Commitment von Ihrem Kunden zu bekommen - nicht einmal eine Noch akzeptable Kundenaktion. Aber wenn Sie Ihren Job richtig gemacht haben und dann immer noch kein Minimum bekommen, dann sollten Sie anfangen, darüber nachzudenken, warum der Maurer das Loch in der Wand gelassen hat.

Der zweite Vorbehalt folgt dem gesunden Menschenverstand. Wenn Sie in Erwägung ziehen, einen Verkaufsvorgang zu den Akten zu legen, sollten Sie darüber vernünftigerweise mit Ihrem Vorgesetzten reden. Immerhin haben Sie bei jedem Besuch, den Sie bei dem Interessenten gemacht haben, 1.000 Mark Ihres Unternehmens ausgegeben. Bevor Sie diese Beträge als Fehlinvestition abbuchen, macht es Sinn, den Vorgang mit einem Dritten zu diskutieren: Vielleicht kennt Ihr Chef einen Grund, aus dem ein weiteres Verkaufsgespräch Ihre Zeit wert ist.

Die Anforderungen steigern

Eine weitere nützliche Taktik, um Commitment-Ziele zu definieren, wurde von einem der Teilnehmer an unserem Workshop *Konzeptorientiertes Verkaufen* vorgeschlagen. Oft fällt es Verkäufern leichter, Optimale Kundenaktionen zu formulieren - immerhin geht es ja dabei um das, was sie wirklich wollen -, als eine gute Noch akzeptable Kundenaktion zu definieren. Wenn Sie diese Schwierigkeiten auch haben, schlagen wir Ihnen vor, es mit der "Trading-up-Technik" zu versuchen.

Wenn Sie die Optimale Kundenaktion kennen, die Sie erreichen wollen, aber nicht die Noch akzeptable, dann nehmen Sie im "Trading up" Ihre Optimale als die Noch akzeptable Kundenaktion und "steigern Ihre Anforderungen" an eine neue Optimale Kundenaktion. Nehmen Sie zum Beispiel an, die Optimale Kundenaktion, die Sie sich im Augenblick vorstellen können, sei es, daß Jürgensen zu einem vorbereitenden Test bereit ist. Zum jetzigen Zeitpunkt würden Sie das als einen wirklichen Erfolg in diesem Verkaufsvorgang betrachten. Andererseits können Sie sich aber kein geringeres Commitment vorstellen, das Sie befriedigen würde. Also wird der "vorbereitende Test" gleichzeitig zur Optimalen und zur Noch akzeptablen Kundenaktion. Gut. Nennen Sie dieses Ergebnis jetzt die Noch akzeptable Kundenaktion und erhöhen Sie Ihre Anforderungen, um eine *neue* Optimale Kundenaktion zu definieren. Vielleicht "Ihn dazu bringen, daß er mich mit der entscheidenden Person bekannt macht" oder "Sein Versprechen bekommen, daß er die Stellungnahme des Geschäftsbereichs-Leiters bis zum Monatsende einholt".

Die Gefahr der "Trading-up-Technik" liegt natürlich darin, daß Sie die Anforderungen an sich selbst zu sehr in die Höhe treiben, indem Sie die Optimale Kundenaktion zu weit oben auf der Commitment-Skala definieren. Wenn Sie "die Erläuterung des Kaufentscheidungsprozesses" zunächst für die schönste aller Welten gehalten haben, dann sollten Sie von dieser Stelle nicht zum "den Auftrag erhalten" nach oben hüpfen. Wie überall, so lautet auch hier die Parole Realismus.

Teil 5

Die Stunde Null

14 Üben

Jeder von uns, der einen Beruf ausübt, in dem er vor anderen Menschen auftreten muß, weiß um die Bedeutung des Übens. Öffentliche Redner, Schauspieler, Athleten - sie alle wenden viel Zeit dafür auf, ihre Vorstellungen immer und immer wieder ohne Zuschauer zu üben, so daß das meiste, wenn es darauf ankommt, wie automatisch abläuft. In diesen Bereichen hat oft nicht derjenige Erfolg, der *während* seiner Handlung die größten Anstrengungen unternimmt, sondern derjenige, der sie so oft geübt hat, daß er sie wie instinktiv managen kann.

Da Verkaufen ebenfalls eine Art öffentlichen Auftretens ist, gilt hier das gleiche, aber mit einem wichtigen Vorbehalt. Durch dieses ganze Buch hindurch haben wir betont, daß Verkaufen niemals eine "Schau mit Spiel und Gesang" sein soll, die man für einen potentiellen Kunden "ablaufen" läßt. Zugegeben, ein gutes Verkaufsgespräch ist eine Art Auftritt. Aber es ist ein Auftritt, für dessen Ergebnis Sie und der Kunde gleichermaßen wichtig sind - einer, in dem *sein* "Text" ebenso Bestandteil des "Drehbuches" ist wie alles, was zu *Ihrem* Auftritt gehört. Das Entscheidende im *Konzeptorientierten Verkaufen* ist tatsächlich viel mehr die *Interaktion* mit jedem Ihrer Kunden, als mit ihnen, für sie oder an ihrer Stelle zu "handeln". Die ganze Stoßkraft der taktischen Planung, wie wir sie erklärt haben, ist darauf gerichtet, ihnen zu ermöglichen, jede Interaktion so intelligent wie möglich zu managen und nicht, Ihr "Publikum" zu beeindrucken oder zu verwirren. Im *Konzeptorientierten Verkaufen* stehen Sie nicht einfach auf der Bühne wie Schauspieler oder Redner; in Wirklichkeit stellt sich der Erfolg nur dann ein, wenn Sie die Schranken zwischen "Akteur" und "Publikum" beseitigen, so daß sich in beiden Richtungen ein positiver Informationsfluß entwickeln und dieser aufrecht erhalten werden kann.

Das bedeutet aber nicht, daß Üben für den Verkäufer unwichtig wäre. Es ist sogar sehr wichtig. So kann das Durchgehen des "Textes" zu einem Verkaufsgespräch eine sehr produktive Übung kurz vor der Stunde Null, dem Zeitpunkt des Gespräches mit Ihrem Kunden, sein. In diesem Kapitel wollen wir mit Ihnen zusammen eine solche Übung durchgehen, indem wir die gesamte taktische Planung zusammenfügen, die wir Ihnen vorgestellt haben und Ihnen zeigen, wie sie anzuwenden ist - gewissermaßen als letzte "Generalprobe". Der Unterschied zwischen dieser Probe und den Proben der Schauspieler und Redner besteht darin, daß Sie einen *interaktiven*

Auftritt proben - mit anderen Worten: ein Gespräch - und nicht eine festgelegte Vorstellung.

Der erste Schritt der Übung besteht darin, daß Sie sich ein Verkaufsgespräch aussuchen, das Sie üben wollen. Weil dieses Kapitel gleichzeitig einen Überblick über die bereits vorgestellten Prinzipien taktischer Planung und eine praktische Anwendung dieser Grundsätze bringen wird, schlagen wir Ihnen vor, ein solches Verkaufsgespräch zu wählen, über das Sie sich bereits einige Gedanken gemacht haben, eines, das Ihnen in der nächsten Zukunft bevorsteht und das für Sie besonders wichtig ist.

Weil es sich bei unserer gemeinsamen Arbeit um eine letzte "Generalprobe" handelt, sollten Sie ein Verkaufsgespräch auswählen, das schon sehr bald stattfindet. Der Prozeß, den wir in diesem Kapitel entwickeln werden, ist erfahrungsgemäß dann besonders effektiv, wenn das zu bearbeitende Verkaufsgespräch schon ein oder zwei Tage nach der "Generalprobe" stattfindet.

Der Gesprächs-Leitfaden

Nachdem Sie sich für ein bevorstehendes Verkaufsgespräch entschieden haben, sollten Sie sich ein DIN A 3-Blatt zur Hand nehmen und im Querformat bereitlegen, damit Sie sich auf diesem Blatt ein Werkzeug erstellen können, das wir "Gesprächs-Leitfaden" nennen. Das ist auch gleichzeitig der Titel dieses Arbeitspapieres, den Sie als Überschrift oben quer über das Blatt schreiben sollten. Danach folgen links oben der Name des Kunden oder Interessenten, der Name oder die Namen Ihres beziehungsweise Ihrer Gesprächspartner in diesem Gespräch und Ihr *Individuelles Verkaufsziel* in diesem Verkaufsvorgang. Erinnern Sie sich daran, daß ein gutes Individuelles Verkaufsziel beschreibt, was Sie bei diesem Kunden bisher noch nicht erreicht haben und daß es immer spezifisch sein muß: Es beschreibt, *wieviel* Sie von *was* verkaufen wollen und *bis wann*.

Nun können Sie sich den Gesprächs-Leitfaden aufbauen, indem Sie unseren Anweisungen in den nachfolgenden Abschnitten folgen. Die linke Hälfte des Blattes wird in vier gleich große Felder und die rechte Hälfte horizontal in drei gleich große Felder eingeteilt. Zeichnen Sie diese Felder durch Trennlinien auf Ihr Blatt und vermerken Sie dann die folgenden Überschriften in den einzelnen Bereichen. Zunächst die vier gleich großen Felder auf der linken Blatthälfte: Das Feld links oben bekommt den Titel "Glaubwürdigkeit", das Feld rechts daneben den Titel "Ich gewinne/Du gewinnst-Matrix". Das Feld links unten trägt die Überschrift "Überzeugende Gesprächsbegründung" und das Feld rechts daneben "Verkaufsgespräch-Ansätze". Die drei Felder auf der rechten Blatthälfte heißen - von oben nach unten gelesen - "Informationen erhalten", "Informationen geben" und "Commitment erreichen".

Mit Ihrem bevorstehenden Verkaufsgespräch im Gedächtnis können Sie jetzt die "Leitlinien" dieses Gespräches formulieren, indem Sie die Informationen eintragen, die Sie nach den Anleitungen in den einzelnen Abschnitten dieses Buches dem jeweiligen Bereich zuordnen können, so daß daraus ein präzises taktisches Werkzeug entsteht. Wir werden Ihnen bei diesem ersten "Probelauf" helfen, indem wir Ihnen zu jedem Abschnitt des Gesprächs-Leitfadens einige Stichworte liefern.

Glaubwürdigkeit. Beginnen Sie links oben mit dem Feld "Glaubwürdigkeit", indem Sie folgende Eintragungen machen:

❐ Erstens. Besitzen Sie bei diesem Kunden eine große oder eine geringe Glaubwürdigkeit oder wissen Sie über Ihre Glaubwürdigkeit im Augenblick gar nichts? Wenn sie gering oder unbekannt ist, müssen Sie sie bei dem bevorstehenden Gespräch verbessern, indem Sie die Leitlinien in Kapitel 11 befolgen.

❐ Zweitens. Haben Sie sich Ihre Glaubwürdigkeit verdient, wurde sie auf Sie übertragen oder basiert sie auf Ihrem Ruf? Falls sie auf Sie übertragen wurde oder auf Ihrem Ruf basiert, sollten Sie hier entsprechende Stichworte vermerken. Und erinnern Sie sich daran, daß *jede* Glaubwürdigkeit letztendlich *verdient werden muß*.

Überzeugende Gesprächsbegründung. Vermerken Sie jetzt unter Berücksichtigung unserer Überlegungen in Kapitel 12 die folgenden Daten in der linken unteren Box auf der linken Blatthälfte:

❐ Formulieren Sie zunächst die Überzeugende Gesprächsbegründung für das Treffen mit *diesem* Kunden zu *diesem* Gespräch. Erinnern Sie sich daran, daß das die Zielsetzung dieses Gespräches ist und daß diese *für ihn* einen Sinn machen muß.

❐ Vermerken Sie dann, *wann* Sie diese Überzeugende Gesprächsbegründung formuliert haben: zu dem Zeitpunkt, als Sie das Treffen verabredet haben oder zu dem Zeitpunkt, zu dem Sie es sich noch einmal bestätigen ließen? Ob Sie die Überzeugende Gesprächsbegründung dem Kunden schon geliefert haben oder nicht, sollten Sie daran denken, diese Zielsetzung des Gespräches zum Auftakt Ihres Meetings (noch einmal) zu wiederholen.

Ich gewinne/Du gewinnst-Matrix. Erinnern Sie sich jetzt an unsere Überlegungen im Kapitel 8. Tragen Sie die beiden folgenden taktischen Überlegungen in Ihren Gesprächs-Leitfaden ein:

❐ Welches ist der *aktuelle* Quadrant der Ich gewinne/Du gewinnst-Matrix mit diesem Interessenten oder Kunden? Diesen Quadranten können Sie am besten definieren, wenn Sie sich den Quadranten ins Gedächtnis rufen, in dem Sie sich mit dieser Person am Ende Ihres letzten Verkaufsgespräches befunden haben.

❐ Notieren Sie jetzt die spezifischen Aktionen, die Sie bei dem bevorstehenden Gespräch unternehmen können, um sich innerhalb des Ich gewinne/Du gewinnst-Quadranten zu bewegen. Angemessene Aktionen, die diesem Ziel dienen, müssen realistisch, individuell (also etwas, was *Sie* tun können) und konkret sein. Erinnern Sie sich auch daran, daß gut formulierte *Fragen* auch "Aktionen" im hier definierten Sinne sein können.

Verkaufsgespräch-Ansätze. Schreiben Sie jetzt in das rechte untere Feld der linken Blatthälfte unter Beachtung der Ausführungen in Kapitel 10 folgendes:

❐ In welchem Quadranten der Matrix befinden Sie sich im Augenblick? Das heißt, in welchem Quadranten der Matrix der Verkaufsgesprächs-Ansätze haben Sie und Ihr Kunde die meiste Zeit in Ihrem letzten Verkaufsgespräch zugebracht: Joint-Venture/Konzept, Einseitig/Konzept, Joint-Venture/Produkt oder Einseitig/Produkt?

❐ Welchen Quadranten müssen Sie jetzt anstreben? Auf welchen müssen Sie sich in diesem nächsten Verkaufsgespräch konzentrieren?

❐ Wie können Sie in diesen Quadranten gelangen? Welche spezifischen Aktionen können Sie unternehmen, um Sie in den produktivsten Quadranten der Matrix für diesen Verkaufsvorgang in seiner jetzigen Konstellation zu bringen? Erinnern Sie sich daran, daß gute Fragen bei dieser Arbeit ein Schlüsselfaktor sind und daß es Ihre Verantwortlichkeit ist, jedes Verkaufsgespräch so zu *managen*, daß der Verkaufsprozeß in den Ich gewinne/Du gewinnst-Quadranten der Jeder gewinnt-Matrix mündet.

Informationen beschaffen. Wenden Sie sich jetzt der rechten Hälfte Ihres Gesprächs-Leitfadens zu und sortieren Sie die Daten, die Ihnen zu den drei Phasen des Verkaufsgespräches vorliegen. Beginnen Sie ganz oben mit den Informationen zu dem Abschnitt "Informationen beschaffen". Beachten Sie dabei die Anweisungen zum Fragenprozeß und zu den verschiedenen Arten von Fragen im Kapitel 4, wenn Sie die folgenden Informationen notieren:

❐ Formulieren Sie mindestens eine gute Bestätigungsfrage: eine Frage, die Informationen bestätigt oder widerlegt, die Sie bereits zu besitzen glauben.

❐ Mindestens eine Frage zu Neuen Informationen: eine, die Ihnen hilft, Informationen zu verifizieren, Informationslücken zu schließen, Abweichungen zu klären und/oder weitere Informationen zu erhalten über die Resultate, die von Ihrem Gesprächspartner gewünscht oder angestrebt werden.

❐ Wenigstens eine gute Meinungsfrage: eine gute Frage, die Ihnen hilft, die individuellen Wertvorstellungen und Haltungen Ihres/Ihrer Gesprächspartner sichtbar zu machen.

❐ Und schließlich eine gute Commitment-Frage, die Ihnen bestätigt, an welcher Stelle des Verkaufsprozesses Sie sich befinden und was immer noch getan werden muß, um Sie dem angestrebten Ich gewinne/Du gewinnst-Ergebnis näher zu bringen.

Informationen geben. Bearbeiten Sie jetzt das mittlere der drei Felder auf der rechten Blatthälfte, indem Sie sich an unsere Aussagen im Kapitel 6 erinnern. Notieren Sie folgende Punkte:

❐ Beachten Sie unsere Überlegungen zu den "Einmaligen Stärken", wenn Sie Ihre Einmaligen Stärken in diesem Verkaufs-Szenario mit diesem Kunden festhalten. Vergewissern Sie sich, daß Sie solche "Stärken" vermeiden, die eher "Wir-auch-Stärken" darstellen; und erinnern Sie sich daran, daß der höhere *Grad* in der Ausprägung einer Stärke ebenfalls eine "Einmaligkeit" begründen kann.

❐ Was soll's? Testen Sie die Stichhaltigkeit Ihrer vermuteten "Einmaligkeit" durch die Beantwortung der Frage "Was soll's?". Berücksichtigen Sie dabei, daß Ihre Antwort oder die Antworten für *diese* Person genau zum *jetzigen* Zeitpunkt relevant sein muß beziehungsweise müssen.

❐ Beweise! Abschließend notieren Sie den "Beweis" für Ihre Einmaligkeit durch die Ergänzung der beiden Feststellungen "Wir sind die einzigen, die ..." und/oder "Wir unterscheiden uns, weil ...". Überzeugen Sie sich davon, daß jede Antwort, die Sie hier geben, Ihre Ware oder Dienstleistung effektiv mit dem Konzept *dieses* Gesprächspartners verbindet.

Commitment erreichen. Die "dritte Phase" des Verkaufsgespräches planen Sie im rechten unteren Feld Ihres Gesprächs-Leitfadens. Grundlage Ihrer Überlegungen in diesem Bereich sind die Abschnitte über "Fundamentale Probleme" im Kapitel 7 und die Abschnitte über "Kundenaktionen" im Kapitel 13. Halten Sie folgende Informationen fest:

☐ Bestimmen Sie die Commitment-Ebenen dieses Verkaufsgespräches mit diesem Kunden, um die Grundlage für die Fortsetzung dieses Verkaufsvorganges zu legen. Definieren Sie also in Stichworten die Optimale Kundenaktion und die Noch akzeptable Kundenaktion, die Sie anstreben. Beachten Sie dabei, daß das Commitment, das sich für Ihren Gesprächspartner aus diesen Aktionen ergibt, *größer* sein muß als sein letztes Commitment und beachten Sie, daß jedes Commitment eine Aussage darüber machen muß, was *der Kunde tun wird*, nicht Sie.

☐ Welches sind die Fundamentalen Probleme, die ein Kunden-Commitment in diesem Verkaufsgespräch verhindern könnten? Erinnern Sie sich daran, daß ein Fundamentales Problem die *Ursache* eines vorgebrachten Einwandes sein kann. Das hat mit dem Gefühl des potentiellen Kunden zu tun, daß er zum Verlierer wird.

☐ Welche Frage nach Fundamentalen Problemen sollten Sie stellen? Um den Eindruck des Kunden, zum "Verlierer" zu werden, aufdecken und sich diesem Problem stellen zu können, müssen Sie Fragen nach Fundamentalen Problemen formulieren. Wir haben festgestellt, daß die effektivsten Fragen nach Fundamentalen Problemen positiv formuliert sind und daß ihr Ziel darin besteht, die Bereiche aufzuzeigen, in denen der Kunde Unsicherheiten oder Betroffenheit empfindet. Bereiten Sie also genau solche Fragen vor, indem Sie hier eine "Vorformulierung" vornehmen.

Sobald Sie alle verfügbaren Informationen auf Ihrem Gesprächs-Leitfaden zusammengetragen haben, verfügen Sie über ein exaktes, organisiertes Planungswerkzeug, das sich darauf konzentriert, was in diesem Verkaufsgespräch stattfinden soll unter Berücksichtigung der Erfahrungen, die Sie mit diesem Kunden (Gesprächspartner) gemacht haben. Das ist die notwendige Grundlage einer Probe, aber es bleibt dennoch nur eine Grundlage. Diese ist ungefähr vergleichbar mit dem Status, den ein Schauspieler erreicht hat, wenn er seinen Text auswendig gelernt hat. Um diesen "Text" in die Tat umzusetzen, bringt Ihnen eine weitere "Trockenübung" zusätzliche Sicherheit. Und genau eine solche Trockenübung wollen wir Ihnen als nächsten Schritt vorschlagen.

Eine Probe "ohne Risiko"

Suchen Sie sich einen Freund, einen Kollegen oder ein Familienmitglied aus, den beziehungsweise das Sie bitten, Ihren Kunden zu spielen. Nehmen Sie sich fünf oder zehn Minuten Zeit, um den Betreffenden in die gegebene Verkaufssituation einzuführen, so daß er Ihren Kunden auf möglichst effektive Weise spielen kann. Natürlich wird diese Einführung von der jeweiligen Situation abhängen, aber die folgenden Informationen sollten Sie Ihrem "Sparringspartner" auf alle Fälle geben:

❒ die Rolle, die Ihr Gesprächspartner als Kaufbeeinflusser in der Käuferorganisation spielt;

❒ die Geschäfte, die Sie mit dieser Person in der Vergangenheit abgewickelt haben und in welchem Quadranten der Jeder-gewinnt-Matrix Sie sich mit ihm befinden;

❒ Ihr spezifisches Individuelles Verkaufsziel in diesem Vorgang ebenso wie das "untergeordnete" Ziel, das Sie sich für dieses konkrete Verkaufsgespräch gesetzt haben;

❒ eine Zusammenfassung der Reaktion Ihres Gesprächspartners zu Ihrem Angebot - sowohl im Hinblick auf die von ihm angestrebten (geschäftlichen) Resultate als auch auf das, was er sich persönlich wünscht und auch im Hinblick auf seine persönliche Einstellung zu diesem Verkaufsvorgang;

❒ alles andere, was im Hinblick darauf wichtig sein könnte, wie diese Person in dem bevorstehenden Verkaufsgespräch auf Ihre Vorschläge, Fragen und Aktivitäten reagieren dürfte.

Sobald diese Einführungsrunde Ihres "Probenpartners" beendet ist, nehmen Sie sich mit ihm zusammen zehn oder fünfzehn Minuten Zeit, um das durchzugehen, was Sie sich als "Generalprobe" auf Ihrem Gesprächs-Leitfaden vorbereitet haben. Ermutigen Sie Ihren Partner dazu, so "widerspenstig" und "schwierig" zu sein, wie Sie dies von Ihrem wirklichen Gesprächspartner in dem bevorstehenden Gespräch erwarten. Dazu wird Ihr Partner natürlich nur in der Lage sein, wenn Sie ihn zuvor einwandfrei mit Ihrer Gesprächssituation vertraut gemacht haben.

Es ist uns klar, daß die Übung, die wir Ihnen hier vorschlagen, nicht immer so realistisch ablaufen wird, wie Sie sich das gerne gewünscht hätten. Möglicherweise wird Ihr Partner nicht so einfühlsam oder fordernd sein, wie das bei Ihrem richtigen Gesprächspartner der Fall sein wird - und außerdem wird Ihr Partner persönlich nicht so betroffen sein von dem bevorstehenden Gespräch. Wir sagen auch nicht, daß die Probe ein Ersatz für das eigentliche Gespräch sein kann, denn es gibt keine Möglichkeit, eine Realität "vorwegzunehmen", die in der Zukunft liegt. Jede Probe kann nur der Versuch sein, sich dem anzunähern, was passieren wird, wenn Sie Ihrem Kunden von Angesicht zu Angesicht gegenübersitzen.

Aber selbst eine solche Annäherung kann Ihnen enorme Vorteile verschaffen. Der Grund dafür liegt darin, daß Sie sich selbst in einer solchen, künstlich herbeigeführten Situation eine zwar vorläufige, aber nützliche "Straßenkarte" erstellen können, der Sie dann, mit den notwendigen Korrekturen, im eigentlichen Verkaufsgespräch folgen. Athleten sprechen in diesem Zusammenhang gelegentlich davon, daß sie eine bestimmte Bewegung oder Technik mental so lange immer und immer wieder üben, bis sie ihnen zur zweiten Natur wird und deshalb bei der eigentlichen Umsetzung automatisch abläuft. Ein Verkaufsgespräch mit einem Freund zu proben, scheint in einem gewissen Sinne eine ähnliche Funktion zu haben: Die Probe liefert Ihnen einen mentalen Ablaufplan, von dem aus Sie im eigentlichen Gespräch starten können.

Nun, um jetzt vor dem Verkaufsgespräch die letzte, noch mögliche zusätzliche Sicherheit zu bekommen, daß der mentale Ablaufplan angemessen ist, möchten wir Ihnen eine letzte Überprüfung Ihres geplanten Gespräches vorschlagen. Überprüfen Sie den Gesprächsfluß und die Effektivität Ihres mentalen Ablaufplanes, indem Sie sich ein *Feedback* für Ihre Generalprobe verschaffen.

Feedback zur Generalprobe

Dieses Feedback können Sie sich von einem Dritten beschaffen, den wir als "Beobachter" bezeichnen - von jemand, der die Generalprobe des Verkaufsgespräches beobachtet und anschließend konstruktive Kritik übt. Entweder Sie gehen so vor, oder Sie bitten einfach Ihren "Probekunden" anschließend um seine Meinung. In beiden Fällen sollten Sie sich auf Bereiche konzentrieren, in denen Ihre Interaktion effektiv und auf solche, in denen sie eher schlecht verlaufen ist. Bei der Fokussierung auf diese beiden unterschiedlichen Bereiche empfinden wir die folgende Checkliste hilfreich. Stellen Sie sich also, nachdem Ihr "dry run" vorüber ist, die folgenden Fragen:

1. Habe ich am Anfang des Gespräches eine Überzeugende Gesprächsbegründung geliefert?

2. Habe ich das Gespräch mit einer guten Bestätigungsfrage begonnen?

3. Habe ich zumindest eine gute Meinungsfrage gestellt?

4. Habe ich mindestens eine gute Commitmentfrage gestellt, die zu einem größeren Kunden-Commitment geführt hat?

5. War meine Fragensequenz in sich logisch?

6. Waren die Fragen sauber formuliert - das heißt, habe ich die richtigen Schlüsselworte benutzt?

7. Habe ich die Wissenslücken beim Kunden (und bei mir selbst) in der Phase des Erkennenden Denkens schließen können, bevor ich ihn auf Alternativen in der Phase des Entgegengesetzten Denkens aufmerksam gemacht habe?

8. Haben die Informationen, die ich dem Kunden gegeben habe, die Einmaligen Stärken meiner Position deutlich hervorgehoben?

9. Habe ich Goldenes Schweigen in Form der Denkpausen I und II praktiziert?

10. Habe ich es vermieden, gefährliche verbale Signale zu verwenden?

11. Habe ich Joint-Venture-Verkauf betrieben oder - falls ich Einseitiges Verkaufen praktizierte: Geschah dies als Antwort auf die spezifische Anforderung des Kunden nach einseitigen Informationen?

12. Habe ich meine Glaubwürdigkeit bei diesem Kunden vor und/oder während des Verkaufsgespräches überprüft?

13. Habe ich mich darum bemüht, daß das Gespräch im Ich gewinne/Du gewinnst-Quadranten ablief - und habe ich dafür gesorgt, daß der Kunde das wußte?

Im nächsten Kapitel werden wir erläutern, daß Sie die wahren Antworten auf diese Fragen nur von Ihrem wirklichen Kunden oder Interessenten erwarten können, nachdem das Verkaufsgespräch tatsächlich stattgefunden hat. Aber es erweist sich oft als wertvoll, diese Überprüfung vor dem eigentlichen Gespräch vorzunehmen. Sie stellt eine Möglichkeit dar, kritische Phasen des Gespräches zu durchleuchten und damit in der Lage zu sein, diese vor der Stunde Null noch zu korrigieren.

Wenn Ihr Partner zum Beispiel den Eindruck hat, daß Sie zu direkt auf Ihr Ziel losmarschieren, dann ist die Wahrscheinlichkeit sehr groß, daß es Ihrem Kunden genau so ergehen wird. Oder wenn Sie Ihr Partner daran erinnert, daß Sie nicht vergessen dürfen, am Anfang des Gespräches eine Bestätigungsfrage zu stellen, dann sollten Sie sich eine entsprechende Notiz machen, damit Sie das im wirklichen Verkaufsgespräch nicht vergessen. Dieses Feedback zur Generalprobe ist mit den letzten Regieanweisungen eines Regisseurs zu vergleichen: Es gibt Ihnen die Möglichkeit, vor dem Gespräch "Kanten und Ecken" abzurunden, bevor sich Ihr Kunde an ihnen stoßen könnte.

Das Verkaufsgespräch, das nicht "geprobt" werden kann

Die soeben beschriebene Übung kann nach unseren Feststellungen sogar hilfreich sein für Verkaufsgespräche, die Sie nicht proben können - also etwa für "Verkaufsgespräche", die Sie spontan führen müssen, weil Sie über einen Tresen oder in einer Verkaufshalle agieren müssen, wenn also die Kunden zu Ihnen kommen.

In einem solchen Verkaufsumfeld können Sie natürlich nicht alle Übungen und Proben, die wir beschrieben haben, einsetzen. Ein Gesprächs-Leitfaden bringt demjenigen nichts, der einen Kunden typischerweise nur einmal sieht, ihm dabei etwas verkauft oder nicht und diese Person danach oft nie mehr wiedersieht. Wenn das Ihre typische Verkaufssituation ist, können Sie darüber hinaus keine Überzeugende Gesprächsbegründung liefern oder eine einführende Bestätigungsfrage stellen: Also sind die Punkte 1 und 2 unserer "Feedback-Liste zur Generalprobe" für Sie nicht relevant.

Aber die Probentechnik *kann* auch für Verkäufer wertvoll sein, die darauf warten müssen, daß die Kunden zu ihnen kommen. Auch wenn Sie in einem Ausstellungsraum oder über den Tresen verkaufen, möchten wir Ihnen dringend empfehlen, Ihre taktischen Fähigkeiten mit einem Freund oder Kollegen zu üben. Mit Hilfe eines Kollegen, welcher den Kunden spielt, der sich "nur umsehen" möchte oder der nicht genau weiß, was er eigentlich will, können Sie Ihre eigene "Straßenkarte" entwickeln, die Ihnen in den verschiedensten Situationen eine Hilfe sein kann. Sie werden überrascht sein, wie Ihnen das helfen wird, Ihre Fähigkeit zur Interaktion zu verbessern.

Das zentrale Thema ist in diesen Situationen dasselbe wie in "normalen" Verkaufssituationen: *Beginnen Sie immer mit dem Konzept des Kunden.* Erinnern Sie sich an die Geschichte, die wir in Kapitel 2 über einen unserer Freunde erzählt haben, über den, der zu einem Herrenausstatter ging, um sich einen Blazer zu kaufen und schließlich den Laden mit der Hälfte des Lagers verließ, weil er einem Verkäufer begegnet ist, der sich auf das Konzept unseres Freundes fokussierte. Das ist die erste und wichtigste Lektion, die jeder im Verkauf lernen sollte, wie auch immer in seinem Umfeld die Transaktionen zwischen Kunde und Verkäufer ablaufen.

Zweitens sollten Sie sich das gleiche "Feedback zur Generalprobe" verschaffen, das wir zur Überprüfung Ihrer Probe-Interaktionen weiter oben beschrieben haben. Es bleibt dabei, daß Sie eine Überzeugende Gesprächsbegründung oder Bestätigungsfragen nicht sehr gut überprüfen können. Aber die restlichen elf Punkte der Checkliste *sind* auch für Ihre Verkaufssituationen *relevant* - sie sind relevant für *jede* Art von Verkauf - und deshalb möchten wir Sie dazu ermutigen, sie in Ihrer konkreten Verkaufssituation anzuwenden.

Wie oft soll geprobt werden?

Idealerweise sollten Sie jedes Verkaufsgespräch mit dem gleichen Eifer und in der gleichen Ausführlichkeit taktisch planen, wie das hier geschehen ist. Idealerweise sollten Sie sich einen Gesprächs-Leitfaden für jedes bevorstehende Meeting erstellen, in dem alle Fragen beantwortet und alle "Kästchen ausgefüllt" sind. Und idealerweise sollten Sie jede direkte Interaktion so üben, wie wir Sie gebeten haben, dies zu tun. Wenn Sie all das tun, wird die Qualität Ihrer Verkaufsgespräche ohne Zweifel um 100 Prozent in die Höhe schnellen.

Aber Sie leben in einer realen und nicht in einer idealen Welt. Sie wissen, daß Sie überhaupt keine Zeit zum Verkaufen mehr hätten, wenn Sie für jedes Ihrer bevorstehenden Verkaufsgespräche eine derart extensive Analyse machen würden. Weil wir das auch wissen, empfehlen wir Ihnen, eine so umfassende Analyse wie hier nicht für jedes Ihrer Gespräche zu machen. Was wir Ihnen in diesem Buch dargestellt haben, ist die nach unserer Überzeugung vollständigste und umfassendste Planung Ihrer Verkaufsgespräche, die Sie überhaupt vornehmen können. Aber für Ihre *wichtigsten*, für Ihre *dringendsten* oder Ihre *schwierigsten* Verkaufsgespräche haben Sie wahrscheinlich den Wunsch, so vorzugehen: jede einzelne Überlegung in den verschiedenen Kapiteln nachzuvollziehen, aus den Informationen, die sich daraus ergeben, einen Gesprächs-Leitfaden zu erstellen und auch die Zeit für eine Probe Ihres Verkaufsgespräches aufzuwenden. Aber nicht alle Verkaufsgespräche verlangen eine solche Behandlung.

Je länger Sie im Laufe der Zeit die Prinzipien des *Konzeptorientierten Verkaufens* verwenden, umso klarer werden Sie erkennen, welche Ihrer Gespräche Sie so umfassend behandeln müssen und welche einen geringeren Aufwand zulassen. Aber die grundsätzlichen Überlegungen für diese Entscheidung sind einfach:

❐ Um je mehr *Geld* es in einem Verkaufsvorgang geht, umso mehr Aufmerksamkeit verdient das einzelne Verkaufsgespräch.

❐ Je mehr *Zeit* Sie in einen Verkaufsvorgang in Form von einzelnen Verkaufsgesprächen bereits investiert haben, umso wichtiger wird die Planung. Wir sagen das nicht nur, weil jedes weitere Gespräch zusätzliche Investition bedeutet, sondern vor allem, weil jeder Verkaufsvorgang, der sich seinem Abschluß nähert, unausweichlich der Gefahr ausgesetzt ist, vom Verkäufer langsamer und träger bearbeitet zu werden und sich schließlich in Wohlgefallen aufzulösen.

❐ Je größer Ihre Chancen sind, mit einem Kunden eine *langfristige* Ich gewinne/Du gewinnst Beziehung aufzubauen, umso mehr Sinn macht es, jedes Verkaufsgespräch mit dieser Person gut vorzubereiten.

Deshalb lautet unser letztes Wort in diesem Zusammenhang, wie in den meisten Bereichen des *Konzeptorientierten Verkaufens*, daß jeder Verkaufserfolg letztendlich von dem Blick in die Zukunft abhängt. Es kommt darauf an, jedes Verkaufsgespräch so zu managen, daß es nicht nur in sich selbst zum Erfolg wird, sondern daß es diesem Maßstab auch in einem größeren Zusammenhang genügt. Letztlich bestimmt sich deshalb der Aufwand, den Sie in Proben stecken, nach dem, was für die Absicherung der *langfristigen, an Ihrer Karriere orientierten* Beziehungen mit diesem Kunden sinnvoll erscheint. Starten Sie also mit dem individuellen Verkaufsgespräch, aber lassen Sie das große Bild nie aus den Augen.

Einem Weg, der Ihnen hilft, dieses große Bild im Auge zu behalten und die Ergebnisse Ihrer Verkaufsgespräche beständig zu verbessern, wollen wir uns jetzt als dem abschließenden Element der taktischen Planung zuwenden: der Beantwortung der Frage, was die Stunde Null Ihnen gebracht hat und wie Sie sie zur Steuerung der Zukunft einsetzen können.

15 Beurteilung des Verkaufsgespräches

Das letzte Element unseres taktischen Planungssystems kann erst *nach* dem Verkaufsgespräch eingesetzt werden. Dieses Element ist die Beurteilung des Verkaufsgespräches, die - obwohl sie erst nach der "eigentlichen" Arbeit des Verkaufsgespräches erfolgt - unter keinen Umständen optionell oder einfach als "Anhängsel" zu sehen ist. Genau wie ein Schauspieler die Reaktionen seines Publikums als Orientierungshilfe zur Korrektur oder Feinabstimmung seiner zukünftigen Vorstellungen benutzt und wie ein Athlet sich Filmaufnahmen seiner Wettbewerbe anschaut, so analysiert auch der konzeptorientierte Verkaufsprofi nachträglich die Dynamik jedes seiner Verkaufsgespräche als Mittel zur Verbesserung zukünftiger Gesprächsabläufe. Die unmittelbare Auswertung des Geschehens im Anschluß an das Gespräch ist also ein wichtiger Faktor für beständigen Erfolg.

Es sind im wesentlichen zwei Gründe, die für eine Beurteilung nach jedem Verkaufsgespräch von Bedeutung sind:

1. Die Beurteilung hilft Ihnen, die "harten" Daten des Gespräches abzuwägen - das heißt zu erkennen, *welche Informationen* erfolgreich ausgetauscht wurden und welche noch ausgetauscht werden müssen.

2. Die Beurteilung hilft Ihnen, die "weichen", interpersonellen Daten des Gespräches zu erkennen - zu verstehen, *wie Ihre Interaktion* mit dem Kunden verlaufen ist und wie Sie Ihre Interaktion in Zukunft anders gestalten sollten.

Um diese beiden taktischen Vorteile - ein Verständnis des *Was* und ein Verständnis des *Wie* - zu gewinnen, haben wir das Element der Beurteilung des Verkaufsgespräches in den Prozeß eingeführt.

Um dieses Element effektiv zu nutzen, müssen Sie sich so kurzfristig wie möglich nach dem Verkaufsgespräch Papier und Bleistift zur Hand nehmen und drei verschiedene, aber miteinander im Zusammenhang stehende Beurteilungsprozesse durchlaufen. Mit Ihrem Beispiel eines Verkaufsgespräches im Gedächtnis können Sie diese drei Prozesse in diesem Kapitel durchgehen. Sollte das Gespräch noch nicht stattgefunden haben, empfehlen wir Ihnen, die Lektüre an dieser Stelle zu unterbrechen und sie nach dem Verkaufsgespräch an dieser Stelle wieder aufzunehmen.

Prozeß eins: Rückblick

In aller Regel haben Verkäufer nach einem Verkaufsgespräch nur ein vages Gefühl dafür, wie "die Dinge gelaufen" sind. Immer wieder bitten wir Verkäufer, uns eine "Interpretation" ihrer Gespräche zu geben. Wenn sie bei diesem Gespräch nicht gerade den Auftrag erhalten oder aus dem Geschäft hinausgeflogen sind, neigen sie zu unspezifischen Antworten: "Ich denke, es lief ganz gut." "Er scheint wirklich Interesse zu haben." Oder: "Es ist schwer zu sagen, was es ist, aber etwas läuft schief."

Das Ziel des Rückblicks besteht darin, diesen vagen Gefühlen mehr Sinn zu verleihen. Das kann erreicht werden, indem spezifische Elemente des Verkaufsgespräches genauer untersucht werden. Das erhöht das Verständnis dafür, *warum* Sie sich "okay" oder "ganz gut" oder "nicht sicher" fühlen.

Welches sind nun diese Elemente? Nun, die grundlegenden Elemente, die Sie überprüfen sollten, sind genau diejenigen, die wir in dem Abschnitt "Feedback zur Generalprobe" des vorigen Kapitels aufgelistet haben. Wir hatten betont, wie wichtig es ist, vom Partner der Generalprobe und/oder von einem (dritten) "Beobachter" ein Feedback zu bekommen. Es ist unwahrscheinlich, ein Feedback vom Kunden oder von jemand, der Ihnen bei dem Gespräch "über die Schulter geschaut hat", in ähnlicher Weise zu erhalten. Aber Sie können sich das Feedback bei *sich selbst* besorgen, indem Sie sich selbst die dreizehn Fragen beantworten. Tun Sie das jetzt und schreiben Sie sich Ihre Antworten auf.

Die Antworten sollten es Ihnen ermöglichen, die Gründe für Ihre angenehmen oder unangenehmen Gefühle besser in den Griff zu bekommen; und sie sollten Ihnen helfen, Ihre Taktik in zukünftigen Gesprächen mit diesem und mit anderen Kunden zu ändern. Wenn Sie zum Beispiel bei Ihrem Rückblick erkennen, daß Sie zu viele gefährliche verbale Signale verwandt haben ("Denken Sie darüber nach," oder "Richtig?" und so weiter), dann kann das teilweise für den Widerstand Ihres Kunden verantwortlich sein. Wenn Sie feststellen, daß Sie es versäumt haben, Ihre Glaubwürdigkeit bei Ihrem Gesprächspartner zu überprüfen, dann könnte das die Erklärung dafür sein, warum dieser nicht bereit war, mit Ihnen ein offenes Gespräch zu führen. Ob Ihre Antworten auf die Fragen "positiv" oder "negativ" ausfallen, sie werden Ihr Verständnis auf alle Fälle erhöhen - und das ist *immer* ein Vorteil.

Ergänzend zu den Fragen aus dem "Feedback zur Generalprobe" gibt es drei weitere Fragen, die Sie sich in dem Rückblick beantworten sollten. Sie hängen mit den drei Phasen des Verkaufsgespräches zusammen, die wir im Teil 2 dieses Buches diskutiert haben.

1. Welches ist der aktuelle Informationsstand? Die Frage richtet sich auf die Informationen, die Sie in diesem Gespräch zusätzlich bekommen haben und darauf, in welcher Beziehung diese (neuen) Informationen zu den Informationen stehen, von denen Sie unmittelbar vor dem Gespräch wußten, daß Sie sie benötigen. Erinnern Sie sich, daß Sie sich in der Phase "Informationen beschaffen" jedes Verkaufsgespräches auf Informationen konzentrieren sollten, die Sie benötigen, um das Konzept des Kunden zu verstehen. Wenn Sie gerade aus einem Meeting mit Herrn Heilmann kommen und sein Konzept immer noch nicht genau kennen, notieren Sie sich das als eine fehlende Information. Beginnen Sie damit, gute Fragen für Ihr *nächstes* Gespräch zu formulieren, mit deren Hilfe Sie diese Information dann bekommen.

Wir möchten Ihnen vorschlagen, an dieser Stelle noch einmal den Gesprächs-Leitfaden zur Hand zu nehmen, den Sie sich für das Gespräch erstellt hatten und Ihre Eintragungen im Feld "Informationen beschaffen" mit dem Ergebnis des Verkaufsgespräches zu vergleichen. Prüfen Sie also, welche der Informationen, die Sie erhalten wollten, jetzt auch tatsächlich vorliegen - und welche Sie sich immer noch beschaffen müssen.

Diese Überprüfung kann Ihnen einige wichtige Dinge über diesen Teil des Verkaufsprozeßes sagen:

❐ Es kann sich herausstellen, daß Sie *weniger* Informationen besitzen, als Sie zu haben glaubten. Wenn Sie zum Beispiel eine Frage zur Wettbewerbssituation formuliert und in dem Gespräch total vergessen haben, diese zu stellen, dann entdecken Sie jetzt, daß Sie *immer* noch nichts über die neuen Produkte Ihrer Konkurrenz wissen. Also muß diese Frage ganz oben auf die Liste für das nächste Gespräch.

❐ Es kann sich ergeben, daß Sie *mehr* (oder andere) Informationen haben, als Sie dachten. Wenn Sie sich auf den "Widerstand" des Interessenten konzentrieren, der Ihnen in den früheren Gesprächen aufgefallen ist, fällt Ihnen plötzlich wieder ein, daß er beiläufig von einer Einschränkung seines Verantwortungsbereiches gesprochen hat. An diese Möglichkeit hatten Sie unter Umständen *vor* dem Gespräch überhaupt nicht gedacht. Aber jetzt wissen Sie, daß Sie sich darum in Zukunft kümmern müssen.

❐ Die Überprüfung kann die Effektivität oder die nicht vorhandene Effektivität Ihres *Kommunikationsprozeßes* sichtbar machen. Wenn Sie nämlich bei diesem Rückblick feststellen, daß Sie jetzt immer noch die gleichen Informationslücken haben wie vorher, dann wissen Sie, daß mit dem Informationsfluß etwas nicht gestimmt hat. Aus dieser Erkenntnis heraus können Sie Ihren Fragenprozeß für das nächste Mal besser vorbereiten.

Worauf wir hier hinweisen möchten, ist, daß ein guter Informationsfluß nicht statisch ist. Dieser ist vielmehr Teil eines dynamischen, sich ständig verändernden Systems zwischenmenschlicher Interaktionen, das nur dann voll wirksam bleiben kann, wenn Sie sich des *aktuellen* Informationsstandes bewußt sind und ständig daran arbeiten, diesen zu erhöhen.

2. Welches ist der aktuelle Stand der Differenzierung? In der Phase "Informationen geben" des Verkaufsgespräches liefern Sie dem Interessenten Daten, mit deren Hilfe er Sie positiv zu Ihrem Wettbewerb differenzieren kann. Durch die Überprüfung dieser zweiten Phase wollen Sie feststellen, wie erfolgreich es Ihnen gelungen ist, diese spezielle Art von Informationen zu geben.

Hierbei sollten Sie sich auf Aussagen fokussieren, die der Kunde in dem Verkaufsgespräch gemacht hat hinsichtlich Ihres spezifischen Angebotes, der vorliegenden Angebote Ihrer Konkurrenz und des aktuellen Status quo (erinnern Sie sich hierbei auch daran, daß einer Ihrer Hauptkonkurrenten in jedem Verkaufsvorgang die Art und Weise ist, wie Ihr Kunde die anstehenden Dinge jeweils erledigt). Wenn aus seinen Äußerungen herauszuhören ist, daß Sie der "einzige Lieferant" mit der erforderlichen Lieferfähigkeit sind oder daß Sie sich in einem wichtigen Punkt "vom Rest der Welt unterscheiden", dann haben Sie wahrscheinlich einen hohen Differenzierungsstand erreicht. Wenn er aber behauptet, er könne "die gleiche Lösung, aber billiger" woanders auch bekommen, oder wenn er "diese Veränderung jetzt noch nicht" vornehmen möchte, dann kann das nur bedeuten, daß Sie in diesem Bereich noch einiges an Arbeit vor sich haben.

Es gibt nur einen Weg zu einer für Sie günstigen Differenzierung durch den Kunden. Das ist die Einmalige Stärke, die er in Ihrem Vorschlag zur Lösung für sein besonderes Problem sieht. Wenn die Überprüfung aufzeigt, daß er sie weniger klar differenziert hat, als Sie das gerne hätten, müssen Sie sich ein paar Fragen beantworten. Zum Beispiel:

❑ Habe ich *wirklich* eine Einmalige Stärke in dieser Situation? Das heißt, kann ich diesem Kunden wirklich eine Lösung anbieten, die in bedeutendem Umfange verschieden (und besser) ist als das, was jemand anders anbietet? Wenn Sie sich in diesem Punkt nicht sicher sind, sollten Sie die Möglichkeit in Erwägung ziehen, daß Ihre Ware oder Dienstleistung und das Konzept des Kunden nicht genau zusammenpassen - und Sie sollten sich überlegen, ob Sie dieses Geschäft überhaupt weiter verfolgen wollen.

❑ Habe ich meine Einmaligkeit und meine Stärken *klar* herausgearbeitet? Wenn Sie davon überzeugt sind, daß Sie das Problem oder die Aufgabe des Kunden wirklich gut lösen können und dieser immer noch am Preis herummäkelt oder ihm Ihre Lösung immer noch "unklar" ist, dann haben Sie vielleicht Ihre Einmalige(n) Stärke(n) nicht sauber dargestellt. Wenn dies das Ergebnis der Überprüfung ist, müssen Sie anfangen, sich Gedanken über Taktiken für das nächste Gespräch zu machen, mit denen Sie eine klare *Beziehung* zwischen Ihrer Ware oder Dienstleistung und seinem Konzept herstellen können.

❑ Habe ich den *Entscheidungsfindungsprozeß* unterstützt oder behindert? Ein Grund dafür, daß der Kunde Ihre Einmaligen Stärken nur widerwillig bestätigt hat, könnte der sein, daß er zu schnell in Entgegengesetztes Denken hineingetrieben wurde und dadurch die Phase des Erkennenden Denkens zu kurz gekommen ist. Aus dieser möglichen Erklärung heraus könnten Sie jetzt einen taktischen Plan für das nächste Verkaufsgespräch ausarbeiten, der sich auf Erkennendes Denken und die persönliche "Lösungsvorstellung" des Kunden konzentriert.

Auch hier kommt es wieder entscheidend darauf an, was der Kunde für Vorstellungen im Kopfe hat. Einer der Hauptvorteile der Überprüfung des Standes der Differenzierung, den Sie beim letzten Gespräch erreicht haben, ist der, daß sie Ihnen aufzeigt, wann Sie vor der Falle der "Verkäufer-Orientierung" (anstelle der "Kunden-Orientierung") auf der Hut sein müssen. Einen ungenügenden Stand der Differenzierung zu identifizieren, liefert Ihnen die Erkenntnis, daß Sie das nächste Gespräch in einer produktiveren, "kunden-orientierten" Art und Weise führen müssen und die Gelegenheit, sich darauf vorzubereiten.

3. *Welches ist die aktuelle Ebene des Kunden-Commitments?* Diese Frage ist relativ leicht zu beantworten, denn hier geht es um Fakten und nicht um Eindrücke. Bei der Beurteilung des Kunden-Commitments zur Aktion gibt es zwei Fakten, die Sie beachten müssen. Erstens: Konnten Sie am Anfang des Verkaufsgespräches klären, ob der Kunde die Aktion bereits umgesetzt hat, die er Ihnen das letzte Mal bis zu diesem Gespräch versprochen hatte? Das heißt, hat er wirklich das getan, was bis zum Zeitpunkt dieses Meetings geschehen sollte? Zweitens: Konnten Sie am Ende des jetzt analysierten Verkaufsgespräches ein neues, *qualitativ höherwertigeres* Commitment bis zum nächsten Mal von ihm bekommen? Und ist dieses qualitativ höherwertigere Commitment Ihrer Optimalen Kundenaktion, zumindest aber Ihrer Noch akzeptablen Kundenaktion gleichwertig?

Wenn der Kunde bis zu diesem letzten Gespräch das getan hatte, was er Ihnen versprochen hatte, und Sie konnten darüberhinaus Ihre Optimale Kundenaktion erzielen, dann ist das großartig: Offensichtlich bewegt sich der Verkaufsvorgang in der richtigen Richtung. Aber wenn er Sie mit seinem letzten Versprechen "sitzenließ" oder nicht dazu bereit war, Ihnen ein weiteres, höherwertigeres Commitment zu geben, dann müssen Sie anfangen, nachzudenken. Und wenn es Ihnen bei diesem letzten Verkaufsgespräch nicht einmal gelungen ist, Ihre Noch akzeptable Kundenaktion umzusetzen, dann wird es Zeit, eine Entscheidung zu treffen.

Wir hatten gesagt, daß der Rückblick und die Beurteilung des letzten Gespräches Ihnen helfen können, die Effektivität jedes Ihrer Verkaufsgespräche, das stattgefunden hat, zu ermitteln und Sie damit in der Lage sind, eine "Feinabstimmung" Ihrer Taktiken für das nächste Gespräch vorzunehmen. Aber wenn Sie das letzte Mal nicht einmal Ihre Noch akzeptable Kundenaktion bestätigt bekamen, dann sollten Sie sich überlegen, ob Sie zum jetzigen Zeitpunkt diese Feinabstimmung überhaupt noch vornehmen sollten. Es könnte nötig sein, um mit den Worten von Sam Goldwyn zu sprechen, "ihn auszulassen".

Aber wir empfehlen Ihnen, diesen drastischen Schritt erst zu gehen, wenn Sie den zweiten Beurteilungsprozeß abgeschlossen haben: das Sortieren.

Prozeß zwei: Sortieren

Wir sagten, daß Sie ohne Noch akzeptable Kundenaktion am Ende eines Verkaufsgespräches den Kunden "vergessen" sollten. Das ist im wesentlichen richtig. Aber weil wir wissen, wie schwierig es für Verkäufer ist, einen solchen Schlußstrich zu ziehen und weil Sie Ihren Interessenten nach unserer Meinung immer eine angemessene Anzahl von Chancen geben sollten, mit Ihnen Ich gewinne/Du gewinnst zu spielen, wollen wir eine zusätzliche Anmerkung zu dieser Empfehlung machen. Der zweite Beurteilungs-Prozeß, das Sortieren, ermöglicht Ihnen eine allerletzte Überprüfung von schwierigen Kunden, um sicherzugehen, daß Sie es sich mit ihnen nicht einfach zu leicht machen, indem Sie sich von ihnen abwenden.

Um Ihre potentiellen Kunden in die beiden Gruppen mit wirklichem Potential und ohne dieses einzusortieren, erinnern Sie sich an die Phase "Commitment erreichen" und identifizieren Sie das, was wir die "drei G's" möglicher Fundamentaler Probleme nennen. Sie erinnern sich, daß der Hauptgrund jeder Commitment-Verweigerung ein Fundamentales Problem ist - das Gefühl des Kunden, er würde verlieren, wenn Sie beide den Verkaufsprozeß fortsetzen. Wir bitten Sie jetzt, die Fundamentalen Probleme zu identifizieren, die bei Ihrem letzten Verkaufsgespräch *geäußert* wurden, die *gelöst* werden konnten und die *geblieben* sind.

1. Welche Fundamentalen Probleme wurden geäußert? Sie erinnern sich daran, daß demjenigen, der ein Fundamentales Problem besitzt, dies bekannt, aber auch nicht bekannt sein kann. Bei der Bearbeitung des Feldes "Commitment erreichen" in Ihrem Gesprächs-Leitfaden hatten wir Ihnen empfohlen, sich auch über Fundamentale Probleme Gedanken zu machen und hierzu Fragen zu formulieren. Rufen Sie sich nun die Fundamentalen Probleme - die "Verlierer"-Gefühle - ins Gedächtnis zurück, die Sie beim letzten Gespräch mit Ihrem Kunden diskutiert haben. Fragen Sie sich dann: Kann es immer noch Fundamentale Probleme geben, die das fehlende Commitment des Kunden mit verursachen können und die ich noch *nicht* identifiziert habe? Wenn die Antwort hierauf auch nur ein unsicheres Ja wäre, dann dürften Sie den Wunsch haben, ihm noch eine weitere Chance zu geben, um seine persönlichen Gründe ans Licht zu bringen, die ihn von einem Commitment abhalten.

2. Welche Fundamentalen Probleme wurden gelöst? Wenn Sie beim letzten Verkaufsgespräch Fundamentale Probleme des Kunden identifiziert und angesprochen haben: Wie wurden sie gelöst? Sind Sie sicher, daß Ihre

Reaktion auf seine Sorgen diese Unsicherheiten beseitigt hat? Sind Sie sicher, daß Sie die Sorgen nicht einfach als "unbedeutend" oder "irrelevant" zurückgewiesen haben, anstatt durch gemeinsame Arbeit mit dem Kunden das potentielle Ich gewinne/Du gewinnst-Ergebnis sichtbar zu machen? Wenn Sie nicht ganz sicher sind, daß Sie sein Verlierer-Gefühl wirklich ausräumen konnten und wenn Sie denken, daß Sie dies im nächsten Gespräch erreichen könnten, dann sollten Sie diesen Kunden jetzt vielleicht noch nicht auslassen.

3. *Welche Fundamentalen Probleme sind geblieben?* Und schließlich, welche Fundamentalen Probleme stecken immer noch in dem Kauf/Verkauf-Szenario? Gab es Sorgen, die der Kunde geäußert hat und von denen Sie ihn nicht befreien konnten? Haben Sie in der Vergangenheit Versprechungen gemacht, die Sie noch nicht eingelöst haben? Ist es möglich, daß dieser Kunde Sorgen über eine Zusammenarbeit mit Ihnen hegt, die Sie noch nicht einmal identifiziert haben? Gibt es, anders ausgedrückt, irgendwo noch mögliche *versteckte* Probleme? Wenn die Antwort auf eine beliebige dieser Fragen Ja lautet, dann kann es für diesen Kunden durchaus vernünftig sein, ein Commitment zur Aktion zu verweigern. Und es kann für Sie durchaus sinnvoll sein, mit ihm noch ein weiteres Gespräch zu führen, um sein Gefühl zu verlieren doch noch in einen persönlichen Gewinn umzuwandeln.

Aber was geschieht, wenn die Antwort auf all diese Fragen ein klares Nein ist? Was tun, wenn unabhängig von dem, was Sie bei früheren Gesprächen geleistet haben und unabhängig davon, was Sie sich als Ihre Beiträge in der Zukunft vorstellen können, Sie weiterhin das Gefühl haben, daß dieser Kunde nicht zu bewegen ist? Was tun, wenn Sie trotz der Standard-Problemhaltung des Verkäufers, des "Hoffnung währet ewiglich" feststellen, daß bei einer kritischen Würdigung der Situation Ihre Chancen vergleichbar sind mit denen eines Schneeballs in der Hölle?

Wenn das der Fall ist, ist es an der Zeit, diesen Interessenten auszusortieren und Ihre Zeit auf potentiell ertragreicheres Geschäft zu verwenden. Es wird immer wieder Verkaufssituationen geben, die Sie nicht zu einem Ich gewinne/Du gewinnst führen können. In einigen Situationen - Sie können es ja versuchen - gibt es einfache keine solide Übereinstimmung zwischen dem, was Sie haben und dem, was der Kunde braucht; in diesen Fällen führt "dort herumzuhängen" *niemals* zu einem akzeptablen Ergebnis. In anderen Fällen, in denen Angebot und Nachfrage optimal zusammenpassen, will dies der Kunde einfach nicht wahrhaben, weil er nicht daran interessiert ist, mit Ihnen ein Ich gewinne/Du gewinnst zu erzielen; in diesen

Ich verliere/Du gewinnst-Fällen verlieren Sie immer weniger, wenn Sie den Vorgang beenden, als wenn Sie hart bleiben würden.

Wenn der Verkaufsprozeß, kurz gesagt, sich zur *Schlacht* entwickelt, dann können Sie ziemlich sicher davon ausgehen, daß es Zeit ist, Schluß zu machen. Wir haben im *Konzeptorientierten Verkaufen* immer wieder darauf hingewiesen, daß Sie Ihren Kunden niemals als "Feind" betrachten sollten, den es zu "schlagen" gilt. Es stimmt genauso, daß Sie Ihrem Kunden niemals erlauben sollten, über *Sie* so zu denken. Wenn Sie alles andere als Ich gewinne/Du gewinnst spielen, dann sollten Sie aufhören zu spielen. Verkaufen soll immerhin *Freude* machen; auch wenn es harte Arbeit ist, es sollte Ihnen Spaß machen, oder was soll das Ganze sonst? Wenn Sie also bei der Arbeit mit einem Kunden kein *Vergnügen* empfinden - wenn Sie beide sich meistens nicht zufrieden fühlen -, dann kann die Zeit gekommen sein, diesen Kunden auszusortieren und sich charmant zu verabschieden.

Nicht notwendigerweise für immer. Manchmal werden Sie feststellen, daß ein Verkaufsvorgang, der im März auf dem Nullpunkt angekommen war, im Juli reibungslos weiterläuft, weil sich die Situation verändert hat und weil es jetzt eine klare Übereinstimmung zwischen dem Produkt und dem Bedarf gibt. So ist manchmal Vorsicht nicht nur die Mutter der Porzellankiste, sondern es existiert auch ein Ermessensspielraum in die Zukunft hinein. Wenn die besten Verkäufer, die wir kennen, gezwungen sind, einen Nicht-Gewinner-Kunden aus ihren Anbahnungen auszusortieren, behalten sie dennoch den Vorgang im Auge, für Monate und manchmal sogar für Jahre. Die Zeitplanung ist, wie wir in Kapitel 11 festgestellt haben, ein entscheidender Aspekt der Glaubwürdigkeit. Den richtigen Zeitpunkt abzuwarten, kann manchmal den entscheidenden Unterschied ausmachen zwischen dem Versuch, mit dem Kopf durch die Wand zu gehen oder gemeinsam eine tragfähige Beziehung aufzubauen.

Prozeß drei: "Vorwärtsschreiten"

Der dritte und abschließende Prozeß der Beurteilung besteht darin, alle Informationen, die Sie jetzt besitzen, in das *nächste* Stadium Ihrer taktischen Planung zu übernehmen. Sie haben soeben alle Daten überprüft und analysiert, die als Ergebnis des letzten Verkaufsgespräches vorliegen. Wenn dieses nicht das allerletzte Gespräch war, das Sie jemals mit diesem Kunden geführt haben, dann ist es unabdingbar erforderlich, diese Informationen zu nutzen, um das nächste Gespräch mit diesem Kunden noch besser zu machen. Mit anderen Worten, Sie haben sich das "Feedback" besorgt, das Sie benötigen, um zu verstehen, wie die Dinge gelaufen sind. Jetzt haben Sie die Chance, "vorwärts zu schreiten", damit Sie nicht die gleichen Fehler noch einmal machen - und damit Sie beim nächsten Verkaufsgespräch in der Lage sind, auf ein qualitativ höheres Commitment hinzuarbeiten.

Das absolute Minimum, was dafür erforderlich ist, ist das *Wer, Was, Wann* und *Wo* des nächsten Meetings mit diesem Kunden oder Interessenten aufzuschreiben. Aber damit sollten Sie nicht aufhören. Solange Sie alles noch frisch im Gedächtnis haben, sollten Sie auch identifizieren, welche spezifischen Commitments Sie und Ihr Kunde bis zum Termin Ihres nächsten Treffens eingegangen sind. Ich gewinne/Du gewinnst heißt Commitment *teilen*. Erinnern Sie sich also genau daran, was Sie versprochen haben zu tun - und was der Kunde als Gegenleistung versprochen hat.

Wir möchten Sie dazu ermutigen, diese Commitments aufzuschreiben als ein wesentliches Merkmal eines neuen taktischen Planes. Es ist wirklich nicht zu früh, mit diesem Plan jetzt schon zu beginnen. Weil gegenseitiges Commitment das ist, was den Prozeß vorantreibt, sollten Sie mit der Spezifizierung der Commitments beginnen. Aber nicht nur den beiden, die Sie als diejenigen identifiziert haben, die Sie sich gegenseitig am Beginn des nächsten Verkaufsgespräches "schuldig" sind. Schreiben Sie sich auch die Parameter des Commitments auf, das Sie am *Ende* Ihres nächsten Gespräches von Ihrem Kunden wollen: die Optimale Kundenaktion, auf die Sie hoffen und die Noch akzeptable Kundenaktion, die Sie unbedingt erreichen wollen.

Nachdem Sie das getan haben, schlagen wir Ihnen vor, alle anderen Teile des Beurteilungsprozesses, den wir in diesem Kapitel dargestellt haben, durchzugehen und sich diejenigen taktischen "Lektionen" herauszupicken, mit deren Hilfe Sie Ihre Interaktion das nächste Mal verbessern können.

Wenn Sie beim letzten Gespräch Goldenes Schweigen unzulänglich praktiziert haben, dann notieren Sie sich das und machen Sie vor Ihrem nächsten Kundengespräch mit einem Freund einen "dry run" in dieser Technik. Wenn Sie sich mit Ihrem Gesprächspartner schon drei oder vier Mal getroffen haben und immer noch nicht wissen, wer seine endgültige Zustimmung zu Ihrem Angebot geben muß, formulieren Sie eine gute Frage nach Neuen Informationen, um das beim nächsten Mal herauszufinden. Wenn Sie das letzte Mal so auf Produkt-Spezifikationen "abgefahren" sind, daß Sie das Konzept des Kunden aus den Augen verloren haben, dann setzen Sie in Ihrem neuen taktischen Plan eine Priorität auf die Joint-Venture-Methode anstelle des einseitigen Vorgehens.

Wir könnten mit solchen Beispielen endlos fortfahren, aber Sie haben inzwischen längst erkannt, worauf wir hinaus wollen. Das Ziel des Beurteilungsprozesses liegt nicht nur darin, Ihnen aufzuzeigen, wo Sie gewesen *sind*; er soll Ihnen auch mit größerer Klarheit und Effizienz zeigen, wo Sie *hingehen* - mit einem Maximum an Kooperation von seiten Ihres Kunden. Durch das "Vorwärtsschreiten" nach jedem Verkaufsgespräch sind Sie in der Lage, die Gegenwart *und* die Zukunft zu managen. Das Ergebnis ist, daß Sie - unabhängig davon, ob Sie am Anfang eines langen Verkaufsprozesses stehen oder zwanzig Minuten vor der Unterzeichnung des Auftrages - einen wesentlichen taktischen Anhaltspunkt zu der Situation erhalten: Sie wissen immer genau, *wo Sie sind* in jedem Verkaufsgespräch und Sie wissen immer, *was noch getan werden muß*, um den Verkaufsprozeß zu einem gegenseitig befriedigenden Ich gewinne/Du gewinnst-Abschluß zu bringen.

Und das nicht nur für *diesen* Verkaufsvorgang. *Konzeptorientiertes Verkaufen* bedeutet fortwährende Neubeurteilung. Es bedeutet, daß Sie jeden Ihrer Verkaufsvorgänge effektiv managen - aber nicht nur im Interesse des unmittelbaren Geschäftserfolges. Wenn Sie sich ein *Schema* zur ständigen Verfeinerung Ihrer Methoden erarbeiten, erzielen Sie weit mehr als eine Kette von individuellen "guten Geschäften". Daraus leitet sich vielmehr ein Schema steigenden Erfolges ab, in dem jedes von Ihnen gemanagte Ich gewinne/Du gewinnst-Ergebnis in ein sich ausdehnendes Netzwerk zukünftiger Verkäufe mündet. Letztendlich ist dies das wichtigste Ergebnis, in das "Vorwärtsschreiten durch Feedback" mündet.

Schluß:
Verkaufen nach dem Abschluß

Der Abschluß ist nicht der Abschluß.

Das sagten wir am Anfang dieses Buches und es gibt keinen besseren Rat, den wir Ihnen zum Schluß geben könnten. In dem heutigen, heißlaufenden Verkaufsumfeld mit seinen zahllosen, ausgebufften Konkurrenten und seinen gleichermaßen ausgebufften Kunden reicht es nicht mehr, sich nur um einen einzelnen Auftrag zu bemühen. Jeder Verkäufer, der sich auf die alte Philosophie des "Abschließen-und-dann-nichts-wie-weg" verläßt, wird bald im Nichts verschwinden. Die Zukunft gehört dem Verkäufer, der weiß, wie man *nach* dem Abschluß verkauft.

Der Grund dafür ist einfach. Wir bewegen uns in einem computerisierten, hoch belesenen und stark interaktiven Verkaufsumfeld, in dem alles, was Sie für den Kunden tun - sei es gut oder böse -, früher oder später in die elektronisch gespeicherten Daten einfließt. In den Tagen des Wilden Westens, in denen Schlangenölverkäufer an der Tagesordnung waren, konnte es jeder zwielichtige Ich gewinne/Du verlierst-Akteur auf jede beliebige Anzahl von Kunden bringen und die Konsequenzen seines Tuns trotzdem von sich fernhalten: Er bewegte sich in "Gottes freier Natur", in der es keine Telefone und keine Fax-Geräte gab. Heute kann sich das niemand mehr leisten. Ob Sie daran glauben, daß McLuhans "globales Dorf" existiert oder nicht: Es ist eine unwiderlegbare Tatsache, daß heute Nachrichten schneller um die Welt gehen als jemals zuvor in der Geschichte. Sich vor den Konsequenzen zu verstecken, die sich aus dieser Tatsache ergeben, ist unmöglich geworden. Wenn Sie Ihren Kunden hereinlegen, ist es nur eine Frage der Zeit, wann Ihnen dasselbe passiert. Leisten Sie es sich, auf die langfristigen Effekte Ihrer Verkaufsmethode nicht zu achten und Sie werden den Preis dafür mit großer Wahrscheinlichkeit in Form von unzufriedenen Kunden, lausigen Referenzen und verlorengegangenen Anbahnungen bezahlen müssen.

Ein IBM-Manager, der von Peters und Waterman in ihrem Buch *Auf der Suche nach Spitzenleistungen* zitiert wird, hat es auf hervorragende Weise auf den Punkt gebracht: "Den Auftrag zu bekommen," sagt er, "ist das *leichteste*, es ist der Service nach dem Verkauf, der zählt."

Die Bezugnahme auf den Service ist speziell im Falle der IBM angebracht. Aber diese Lektion läßt sich auf jedes andere Geschäft genauso anwenden, ob es über einen hervorragenden Service verfügt oder nicht und ob es einen Ruf auf IBM-Niveau zu verlieren hat oder nicht. Wenn Sie mit langfristigen Verkaufsvorgängen jedweder Art zu tun haben, müssen Sie darauf achten, was passiert, *nachdem* Sie den Auftrag erhalten haben, oder Sie werden bald nichts mehr zu tun haben.

Damit meinen wir nicht, daß Sie bei jedem Unwetter loshetzen müssen, wenn einer Ihrer Kunden ein Wartungsproblem hat. Das liegt im Verantwortungsbereich des Service oder der Auftragsabwicklung, die Bestandteil Ihres Jobs sein können oder nicht. Wir meinen damit auch nicht, daß Sie Ihre Aufträge "nachbearbeiten" sollten, indem Sie peinlichst darauf achten, daß jeder Kunde eine Weihnachtskarte oder seinen Lieblings-Scotch erhält. Diese Art des "Beziehungsverkaufes" wird schnell zum Relikt der Vergangenheit. Natürlich ist daran an sich nichts Falsches - aber damit alleine kann man heute keine soliden Geschäfte mehr machen.

Was wir meinen ist, daß Sie sich jedesmal, wenn Sie in ein Verkaufsgespräch gehen, daran erinnern müssen, daß dieses Verkaufsgespräch nur *ein* Schritt in einer langfristigen - ja *karrierelangen* - Beziehung ist. Mehr noch: Sobald Sie den Auftrag und eine dicke Provision eingestrichen haben, müssen Sie auch diesen einzelnen Auftrag als nur einen Teil eines wesentlich längeren Prozesses betrachten. Das meinen wir mit "Verkaufen nach dem Abschluß": die ständige Beobachtung dieses sich weiterentwickelnden Prozesses.

Der Schlüssel zum effektiven Management dieses Prozesses hat nichts zu tun mit kleinen Gags in Verkaufsgesprächen und fast gar nichts mit den Provisionszahlen des laufenden Quartals. Das hat vielmehr damit zu tun, zwei miteinander verbundene Ideen zu verstehen. Erstens ist Ihr langfristiger Erfolg sehr stark abhängig vom Erfolg Ihrer verschiedenen Kunden, und zweitens beginnt jedes gute Verkaufen, wie jedes gute Kaufen, im Kopf des *Kunden*. Erst wenn Sie erkannt haben, was sich im Kopf Ihres Kunden abspielt, haben Sie eine reale Chance zu einem Verkaufsabschluß, der für Sie beide gut ist.

Um es noch genauer zu sagen: Jeder gute Verkauf beginnt ausschließlich mit dem, was der Kunde *zu benötigen glaubt*. Wir haben die "Wahrnehmung seiner Bedürfnisse" sein Konzept genannt. Sich auf das Konzept des Kunden zu konzentrieren, ist der wahrscheinlich einzig zuverlässige Weg, an die "Kundenbedürfnisse" zu verkaufen.

Unglücklicherweise ist dies für viele Verkäufer nach wie vor eine "radikale" Betrachtungsweise. Im allgemeinen denken Verkäufer an ihr eigenes Bedürfnis zu verkaufen, wenn sie von "Bedürfnis" reden. Im traditionellen Verständnis heißt Verkaufen immer noch, den potentiellen Kunden - unabhängig von seinen geschäftlichen Anforderungen und seinen individuellen Gefühlen - davon zu *überzeugen*, daß er das zu brauchen hat, was der Verkäufer verkaufen will. Dadurch kommt der traditionell trainierte Verkäufer in gefährliche Nähe zum typischen Drogen-Dealer: Er hat *ein Bedürfnis zu schaffen*, das noch gar nicht existiert. Wir sind wieder bei den Kühlschränken für Eskimos.

Untersuchen wir den entgegengesetzten Ansatzpunkt. Wir glauben, daß normalerweise der Interessent oder Kunde mindestens so gut wie Sie - und wahrscheinlich sogar besser - weiß, welche Probleme er zu lösen hat. Aber er muß nicht unbedingt die beste Lösung dafür kennen, und an dieser Stelle kommen Sie ins Spiel. Wir glauben, daß, wenn Sie Ihre Kunden dazu ermutigen, mit Ihnen gemeinsam Lösungen zu suchen, Ihre Chancen für einen qualitativ hochstehenden Verkauf wesentlich größer sind, als wenn Sie nur Ihr Produkt puschen und Ihre Kunden so zu hypnotisieren versuchen, daß sie ein "Bedürfnis" nach Ihrem Produkt haben.

Das "Unangenehme" an dieser Philosophie ist, daß Sie manchmal zurückstecken müssen. Manchmal müssen Sie - ob es der Kunde genauso sieht oder nicht - akzeptieren, daß Angebot und Nachfrage nicht gut zusammenpassen und daß selbst dann, wenn Sie ihm etwas "verkauft" haben, der Kunde das nicht "gekauft" hat - und deshalb davon nicht überzeugt ist. Wenn Sie erkennen, daß Sie einen Kunden nicht *auf Dauer* überzeugen können, müssen Sie manchmal einfach nein sagen und damit das Geschäft verlieren. Wenn Sie nach dem Abschluß verkaufen wollen, ist das unvermeidlich.

Aber wir behaupten, das ist es wert. Wir behaupten, die Strategie sei auf lange Sicht wesentlich besser, das "todsichere" Geschäft jemand anderes machen zu lassen, wenn *Sie* es nur auf Kosten eines Verlierers machen könnten.

Damit meinen wir auch *Sie* als Verlierer, nicht nur Ihren Kunden. Wir wollen Ihnen ja schließlich nicht empfehlen, mehr an Ihren Kunden zu denken und sich selbst dabei zu vergessen, im Gegenteil. Wir haben die *doppelte* Verantwortlichkeit des Verkäufers hervorgehoben. Sie haben sicherzustellen, daß sich Ihr Kunde in Ihrer Geschäftsbeziehung wohl fühlt, aber auch, daß Sie selbst sich in ihr wohlfühlen. Ohne diese Ausgewogenheit wird immer jemand zum Verlierer. Und das kann nicht professionell sein.

Schlußendlich ist das "Geheimnis" unseres Systems sehr einfach. *Konzeptorientiertes Verkaufen* macht die Dinge für Sie beide, für Sie *und* Ihren Kunden, einfacher und produktiver, weil es auf der neuen Realität des Verkaufens aufbaut. *Konzeptorientiertes Verkaufen* sagt, daß heute jeder gute Verkauf ein Schritt in die Zukunft sein muß. Wirklich zu gewinnen muß heute gegenseitig sein. Und schließlich sagt *Konzeptorientiertes Verkaufen*, daß Erfolg das Ergebnis eines logischen Prozesses ist - eines Prozesses, in dem Sie *mit* Ihrem Kunden arbeiten, nicht gegen ihn, um Lösungen zu entwickeln, mit denen Sie sich beide identifizieren können. Für einen Profi sind das die einzigen brauchbaren Lösungen, weil das die einzigen sind, die solides, dynamisches Geschäft ermöglichen.

Geschäft, das den Abschluß überdauert.

Miller Heiman, Inc.

Miller Heiman, Inc. ist eine internationale Dienstleistungs-Organisation, die hochqualifizierte, individualisierte Verkaufssysteme an erfahrene Verkaufsprofis und ihre Manager liefert. Das Unternehmen wurde 1978 von Robert B. Miller und Stephen E. Heiman, den Autoren dieses Buches, gegründet, die gemeinsam über eine Verkaufserfahrung, Erfahrung im General Management und in der Beratung von mehr als fünfzig Jahren verfügen.

Unsere Profis vermitteln unser Verkaufssystem in einer Reihe von interaktiven Workshops, an denen zwischen fünfzehn und fünfundzwanzig Teilnehmer partizipieren. Das Vorgehen in jeder Veranstaltung ist sehr pragmatisch. Wir benutzen keine Fallbeispiele, sondern wenden die einzelnen Programme den Teilnehmer-Bedürfnissen entsprechend auf deren eigene Verkaufssituationen an. Derzeit bieten wir fünf verschiedene Workshops an.

❏ *Strategisches Verkaufen* ist ein zweitägiger Workshop, der den Teilnehmern unmittelbar anwendbare Strategien für ihre wichtigsten Kunden und Interessenten vermittelt.

❏ *Konzeptorientiertes Verkaufen* ist ebenfalls ein zweitägiger Workshop, der sich auf die Taktik des Verkaufsgespräches konzentriert. Die Teilnehmer planen und üben Interaktionen für spezifische Verkaufsvorgänge mit spezifischen Kunden.

❏ Unser *Managers Coaching Program* ist ein Folgeprogramm zu den Workshops *Strategisches Verkaufen* und *Konzeptorientiertes Verkaufen*. Die beiden Coaching-Programme sind intensive, eintägige Workshops für Führungskräfte im Verkauf und das Top-Verkaufsmanagement.

❏ Unser *Schlüssel-Kunden-Management-Prozeß* (SKMP) ist ein längerfristiges Programm für alle Mitarbeiter eines Unternehmens (Verkauf, Support, Marketing, Top-Management), in dem mittelfristige Gesamtstrategien für die größten und wichtigsten Kunden eines Unternehmens entwickelt werden.

Im deutschsprachigen Raum (Deutschland, Österreich, Schweiz) werden die Rechte der Miller Heiman, Inc. auf der Basis eines Exklusiv-Lizenzvertrages von der

Infoteam AG
Beratung und Ausbildung
in Führung und Verkauf

wahrgenommen. Wenn Sie nähere Informationen darüber wollen, wie Sie das volle Potential Ihrer Verkaufsorganisation ausschöpfen können, wenden Sie sich bitte an unseren Vertragspartner. Die zuständigen Anlaufstellen sind auf der nachfolgenden Seite mit Adresse, Telefon- und Fax-Nummer vermerkt.

Die **Infoteam AG** verfügt über die Exklusiv-Lizenz der Miller-Heiman Inc. für den deutschsprachigen Raum und ist ausschließlich berechtigt, deren Programme durchzuführen. Hierzu gehört auch der Workshop

Konzeptorientiertes Verkaufen.

Wenden Sie Sich bitte bei Interesse an weiteren Informationen

in der Bundesrepublik Deutschland und in Österreich an die

intra-team GmbH
Managemententwicklung
Königsallee 60B
D-40212 Düsseldorf

Tel.: (0211) 1 36 31-0
Fax: (0211) 1 36 31-50

in der Schweiz an die

Infoteam AG
Geissbergstrasse 2
CH-8302 Zürich Kloten

Telefon 01-814 22 45
Telefax 01-814 27 76

Stichwortregister

Abhängigkeit
    gegenseitige ~   156
Arten des Denkens   178
    Denkschritte   185
    Entgegengesetztes Denken   179
    Erkennendes Denken   179
    Übereinstimmendes Denken   179
Aufträge "nachbearbeiten"   300
Bedeutung des Preiswettbewerbs   64
Bestätigungsfragen
    ~ formulieren   86
    Einsatz von ~   87
    Schlüsselworte   86, 89
    Zweck und Einsatz von ~   86
Beziehungsverkauf   300
BMW   223
Bumerangeffekt   64
Coca-Cola   13
Commitment
    Gegenseitiges ~   103
Commitment des Kunden   197, 257
    Commitment-Skala   268
    das Minimum   264
    das Niveau herunterfahren   265
    Fragen nach Fundamentalen
        Problemen   265
    Noch akzeptable Kunden-
        aktion   262, 293
    Optimale Kundenaktion   258, 293
Commitment erreichen   45, 194, 276
    Schlüsselideen   134
Commitment-Ebenen
    Noch akzeptable Kunden-
        aktion   277
    Optimale Kundenaktion   277
Commitmentfragen
    ~ formulieren   100

Einsatz von ~   102
Schlüsselworte   102
Standortbestimmung durch ~   100
Zweck und Einsatz von ~   101
Dauerkunden   155
Denkprozeß
    drei Arten des Denkens   178
    Entgegengesetztes Denken   194
    Erkennendes Denken   194
    Übereinstimmendes Denken   194
Der "magnetische" Quadrant   170
Differenzierung
    Bedeutung der ~   125
    Einmalige Stärke   292
    Einmalige Stärken   194, 205
Differenzierung zur Konkurrenz   252
Digital Equipment Corp.   129
Drogen-Dealer   301
Effekthaschereien   22
Einmalige Stärken   194, 202
    Bereich möglicher ~   130
Einseitig gegen Joint Venture   190
Entgegengesetztes Denken   179, 182,
    188, 191, 194, 205
Entschei-dungsfindungs-
    prozeß   185
Entscheidungs- oder Kaufprozeß
    natürliche Ordnung des ~es   177
Entscheidungsfindung
    Differenzierung   125, 127
Entscheidungsfindungs-
    prozeß   292
    Entgegengesetztes Denken   182
    Erkennendes Denken   180
    Übereinstimmendes Denken   184
    Verkehrt herum verkaufen   187
    Zeitaufwand und Reihenfolge   185

Entscheidungsprozeß 177
    die drei natürlichen Phasen
        des ~es 191
Entscheidungsprozeß des Kunden 42
Enttäuschung des Kunden 148, 161
Erkennendes Denken 179, 180, 188,
    191, 194, 201
    Folgen der Vernachlässigung 180
Folgegeschäfte 155
Fragen nach Fundamentalen
    Problemen 265
Fragenprozeß
    Denkpause 112
    Fragensequenz
        Leitlinien zur ~ 104
    Goldenes Schweigen 117
    Schnellschuß-Methode 109
    Sprech- und Denkpausen 112
Fragenschock 110
Fundamentale Probleme 277
    die drei G's der ~ 294
    Fragen zu ~ 145
        Schlüsselworte 146
        Zweck und Einsatz
            von ~ 145
    mögliche ~ 141
    Symptome 143
Gegenschlag-Quadrant 160
General Motors 165
Geschäftsbeziehungen
    langfristige ~ 155
Gesprächs-Leitfaden 273
    Commitment erreichen 276
    Fundamentale Probleme 277
    Glaubwürdigkeit des
        Verkäufers 273
    Ich gewinne/Du gewinnst-
        Matrix 274
    Informationen
        beschaffen 275
        geben 276

Probe des Verkaufs-
    gespräches 284
Überzeugende Gesprächs-
    begründung 274
Verkaufsgespräch-Ansätze 275
Glaubwürdigkeit
    Elemente der ~
        Erfahrung des Verkäufers 216
        Erscheinungsbild des
            Verkäufers 217
        Kenntnisse des Verkäufers 216
        Umgebung des Verkäufers 218
Glaubwürdigkeit des Verkäufers 213,
    227, 228, 273
    ~ durch seinen Ruf 223
    ~ erkennen 219
    ~ erlangen 222
    ~ und Zeitplanung 229
        Höflichkeitsfalle 232
        Terminvereinbarung 232
        Wassertest 231
    Bedeutung der ~ 214
    Elemente der ~ 216
    fehlende ~ 219
    Glaubwürdigkeit
        ~ erlangen 226
    Glaubwürdigkeit verdienen
        Leitlinien 225
    Glaubwürdigkeits-Kredit 223
    Signale fehlender ~ 220
    Signale vorhandener ~ 219
    Übertragene ~ 223
    Verdiente ~ 223
    vorhandene ~ 219
    Wege zur ~ 222
Gleichung für den Verkaufs-
    erfolg 33, 44
Glücksspiel 168
Goldwater, Barry 105
Guilford, J. P. 178
Hewlett-Packard 129, 223

Hundebein der Ich gewinne/Du
    gewinnst-Matrix   166
IBM   129, 172, 299, 300
Ich gewinne/Du gewinnst   155, 157,
    169, 174, 227, 231
    Bedeutung von ~   159
    im ~-Quadranten
        bleiben   172
    Joint-Venture-Verkauf   177
Ich gewinne/Du gewinnst-
    Quadrant   226
Ich gewinne/Du gewinnst-Matrix   157,
    158, 199, 274
Ich gewinne/Du verlierst   157, 162,
    169, 170, 226
Ich gewinne/Du verlierst-
    Verkaufen   160
Ich verliere/Du gewinnst   157, 164,
    169, 170, 174, 226
    Glücksspiel   168
    seinen Laden verschenken   164
Ich verliere/Du verlierst   158, 165, 169
    der "magnetische" Quadrant   170
Informationen
    beschaffen   45, 71, 194, 275
    geben   45, 194, 276
Informationsfragen
    Einsatz von ~   92
    formulieren   91
    Schlüsselworte   91, 92
    Zweck und Einsatz von ~   90
Interaktion mit Kunden   271
Jeder-gewinnt-Philosophie   157
    Grundlagen   176
    Ich gewinne/Du gewinnst   155
Joint Venture und der Denk-
    prozeß   194
Joint-Venture-Verkauf   177, 191, 228
    Commitment   244
    Effizienz des ~s   192
    langfristiges Commitment   197
Kalt-Akquise   243

Kaufentscheidung
    vernünftige ~en   192
Kaufmotive
    ~ der Menschen   31
Kaufsignale   150
Kennedy, John F.   110
Keough, Donald R.   14
Kimberly-Clark   223
Konzept des Käufers   52
Konzept des Kunden   54, 59, 64, 67,
    201, 202, 203, 282, 300
    ~ identifizieren   52
    Abweichung   54
    Differenzierung   125
    Einmalige Stärken   128
    einseitig verkaufen   190
    Lösungsvorstellung   63
    Problem lösen   55
    Schlüssel zu den Resultaten   54
    Verknüpfen des Produktes mit
        dem ~   60
    weiterentwickeln   67
    Wertvorstellungen und
        Haltungen   94
    Wichtigkeit   55
Konzept hinter dem Produkt   52
Kunden
    Überprüfung von schwie-
        rigen ~   294
Kundenbedürfnisse   300
    Befriedigung der ~   226
Kundenkonzept   49, 51, 52
Loman, Willy   88
Matrix der Verkaufsgespräch-
    Ansätze   199
McLuhan   299
Meinungsfragen
    ~ formulieren   96
    Einsatz von ~   97
    Schlüsselworte   96, 97
    Zweck und Einsatz von ~   95
Merkmal-und-Nutzen-Spiel   124

Nixon, Richard   105
Noch akzeptable Kunden-
    aktion   262, 277
Noch akzeptable Kundenaktion
    niedrigeres Niveau der ~   265
Optimale Kommunikation   45
Optimale Kundenaktion   258, 277
    Anforderungen steigern   268
    Leitlinien   259
    Trading-up-Technik   268
Peters, Tom   39, 299
Positives Denken   40
Probe des Verkaufsgespräches   284
Produkt
    ~ zuerst verkaufen   62
    ~-Puscher   64
    ~-Verkäufer   62
    Merkmale und Nutzen   128
Produkt-Präsentation   208
Produkt/Einseitig-Falle   208
Produkt/Einseitig-Quadrant   208, 209
Produkt/Joint-Venture-Quadrant   209
Produkte puschen   37
Produktmasche   19, 48
Produktmerkmale
    Grenzen der ~   129
    Informationen über die ~   60
    Produkt-Weihrauch   47
Produktpräsentation   203
Quota   173
Rache des Kunden   161, 162
Schlüssel zu den Resultaten   54
Schlüsselphasen des Verkaufs-
    gespräches   44
Seinen Laden verschenken   164
Senkrechtstarter   226
Shade Information Systems   21
Super-Präsentation   188
Taktische Planung   44
Telefon-Marketing   121
Toyota   165
Track Selling   38, 102, 105

Übereinstimmendes Denken   179, 184,
    187, 188, 191, 194
Überraschungsgäste   248
Überzeugende Gesprächsbe-
    gründung   235, 274
    Absichten   244
    Bestätigungsfrage   247
    Differenzierung zur Kon-
        kurrenz   252
    Erwartungen   244
    gegenseitige Erwartungen   237
    Grund für das Verkaufs-
        gespräch   236
    Hilfsmittel   245
    Kriterien   240, 242
    Schlüsselgedanken   236
    Teilnehmer   245
    Zeitverluste eliminieren   237
    Ziele   236
    Zweck des Meetings   245
Verantwortungen des Verkäufers   170
Verkaufen
    einseitiges ~   190
    Entscheidungsprozeß des
        Kunden   42
    Korrektur der Mythen   42
    Kundenorientiertes ~   57
    Mythen des ~s   37
    verkehrt herum ~   188
Verkaufserfolg
    ~ langfristiger   155
Verkaufsergebnisse   155
Verkaufsgespräch
    ~ über einen Tresen   282
    80-Prozent-Syndrom   73, 74, 76,
        190
    Alles- oder Besserwisserei   226
    Austausch von Informationen   107
    Bestätigungsfragen   85
    Beurteilung   287
    Bühnenschau   207

Commitment
    kein ~ 138
    wachsendes ~ 136
Commitment des Kunden 257
Commitment erreichen 133, 194
Commitment-Ebenen 257
Commitmentfragen 99
Commitmentsignale 150
Elemente überprüfen 289
Fragen 78
Fragen stellen 71
Fragenprozeß 78
    Bestätigungsfragen 83
    Commitmentfragen 83
    Drei Leitlinien 80
    Fragen zu neuen Infor-
        mationen 83
    Goldenes Schweigen
        Nutzen 116
        Technik 112
    Meinungsfragen 83
Fragenschock 109
Fragensequenz 104
Fundamentale Probleme
    Definition 140
gefährliche verbale Signale 118
Generalprobe 271
    Feedback 280
Generalprobe ohne Risiko 278
Gesprächs-Leitfaden 273
Glaubwürdigkeit des Ver-
    käufers 213
Informationen beschaffen 71, 194
Informationen geben 123, 194
Informationsaustausch 225
Informationsfragen 90
Interaktion mit Kunden 271
Joint-Venture-Verkauf 192
Katz-und-Maus-Spiel 119
Kaufsignale 150
Kommunikationsprozeß 72, 79,
    291

Kosten eines Besuchstermins 133
Manipulation 78
Meinungsfragen 94
Nachplappern 119
Optimale Kommunikation 107
Optimale Kundenaktion 258
Produkt-Blabla 207
produktives ~ 113
Rhetorische Fragen 120
Taktische Planung
    Phasen des ~es 44
Überraschungsgäste 248
Überzeugende Gesprächs-
    begründung 235
    persönliche Probleme 249
Ziel des ~es 253
Ziel kundenbezogen 255
Ziel unrealistisch 254
Ziel verkäuferbezogen 255
Ziel zu allgemein 254
Zirkus-Präsentation 208
Zirkusnummern 205
Zuhören
    Aufmerksam ~ 225
Zweiwege-Kommunikation 191
Verkaufsgespräch-Ansätze
    Einseitige Präsentation 209
    Joint Venture und der Denk-
        prozeß 194
    Joint-Venture-Präsentation 209
    Kommunikations-Struktur
        Einseitig gegen Joint
           Venture 190
    Konzept/Einseitig-Quadrant 203
    Konzept/Joint-Venture-
        Quadrant 201
    Matrix der ~ 199
    Produkt/Einseitig-Falle 208
    Produkt/Einseitig-Quadrant 205,
        209
    Produkt/Joint-Venture-
        Quadrant 202, 209

Vierter Quadrant
    Die Falle ~ 207
Verkaufsgespräche
    Anzahl der ~ 40
Verkaufsgesprächs-Ansätze 275
Verkaufsmaschen 20
Verkaufsprozeß
    aktueller Informationsstand 290
    Aufträge "nachbearbeiten" 300
    Beziehungsverkauf 300
    Commitmentsignale 150
    Differenzierung
        aktueller Stand 291
        Einmalige Stärke 291
    Fundamentale Probleme
        Definition 140
    Joint-Venture-Verkauf 225
    Kalt-Akquise 243
    Konzept des Kunden 282, 300

Kunden-Commitment
    aktuelle Ebene 293
Kundenbedürfnisse 300
kundenorientierter ~ 191
Verkehrt herum verkaufen 187
Verlierer-Strategien 165
Versuch-und-Irrtum-Methode 38
Vertrauen des Kunden
    langfristiges ~ 227
Vollreferenz 155
Waterman, Bob 39, 299
Wertvorstellung 50
Wettbewerb unterbietet mich 173
Woodruff, Robert W. 13
Zeitplanung
    Termin bestätigen 233
    Termin vereinbaren 233
Zirkusnummer 32
zufriedene Kunden 155